Informatique

Synthèse de cours & exercices corrigés

Algorithmique en Java 5

Jean-Michel Léry
Université Denis Diderot (Paris 7)
Université de Marne-La-Vallée

collection **Synthex**

PEARSON Education France

ISBN : 2-7440-7178-1
ISSN : 1768-7616

Composition sous FrameMaker : IDT

Sommaire

L'auteur

Docteur en informatique, **Jean-Michel Léry** dirige le service informatique dédié à l'enseignement de l'université Pierre et Marie Curie (Paris 6, Jussieu). Il enseigne l'algorithmique, la programmation en langage C, C++ et Java, et l'administration des systèmes UNIX en DESS puis Master informatique depuis dix-sept ans, à l'université Denis Diderot (Paris 7) et à l'université de Marne-La-Vallée.

Son parcours professionnel l'a conduit de la gestion informatique pour le compte de sociétés privées à la recherche universitaire où, durant cinq ans, il a travaillé sur des algorithmes de traitement d'images et de reconnaissance de l'écriture manuscrite, en partenariat avec la poste française dans le cadre de la reconnaissance des adresses postales. Il a également développé des algorithmes de synthèse de la parole au laboratoire européen de Texas Instrument.

Il exerce par ailleurs la fonction d'expert auprès du ministère de l'Éducation nationale, siège à la commission qui définit les programmes des concours de recrutement des ingénieurs informaticiens de la fonction publique, et nomme les experts siégeant dans les jurys des concours de recrutement.

Introduction

Ce livre a pour objectif de proposer une approche pédagogique de l'algorithmique. Il est structuré en deux grandes parties, la conception d'algorithmes et l'étude d'algorithmes existants.

La première partie traite de l'algorithmique et de l'analyse des données. Elle montre comment créer ses propres algorithmes et présente la gestion de structures complexes, de listes chaînées et de tableaux qui servent de support à de nombreux algorithmes. Elle montre comment, à partir de l'analyse d'un problème, aboutir à un algorithme utilisant des mécanismes comme les boucles. Cette partie correspond à de l'algorithmique élémentaire. Elle permet d'assimiler les méthodes usuelles dans la conception logique des programmes, utiles à la compréhension d'algorithmes plus complexes.

La seconde partie présente des algorithmes connus. Elle en analyse le fonctionnement et détaille, pour chacun d'eux, les processus logiques utilisés. On y trouve, par exemple, des algorithmes de tri et de recherche.

Les exercices permettent au lecteur de mettre en pratique les notions présentées. Les algorithmes et les programmes Java associés sont fournis sur le site Web de l'éditeur, ce qui facilite le travail d'apprentissage en épargnant la saisie.

Qu'est-ce qu'un algorithme ?

Un algorithme est une *méthode logique de résolution d'un problème donné*, en vue d'être développé dans un langage de programmation. C'est la suite logique des actions à entreprendre pour aboutir à la solution finale, c'est donc… *un programme*.

Ce qui différencie un algorithme d'un programme écrit dans un langage de programmation est l'aspect *logique*. En algorithmique, le développeur se concentre sur la logique d'action pour produire un programme qui fournit une solution, en essayant de minimiser le temps de calcul et/ou l'espace mémoire occupé, sans se soucier des contraintes techniques de l'écriture du programme. La logique et l'efficacité du programme sont privilégiées. L'algorithme utilise souvent un langage simplifié (appelé pseudo-langage) pour décrire la méthode qui aboutit à la solution, et présenter la logique d'action.

L'intérêt principal du pseudo-langage est de s'affranchir des contraintes techniques liées à un langage de programmation particulier. À l'inverse, ce n'est qu'un langage théorique, inventé pour les besoins de l'écriture de l'algorithme, qui ne peut pas être compilé directement.

L'étape finale du développement d'une application consiste à réécrire l'algorithme dans un langage de programmation pour produire un programme exécutable. Le travail porte alors sur la traduction de l'algorithme dans le langage choisi. Cette étape n'est que technique, car la logique du programme est déjà décrite dans l'algorithme.

L'algorithme est donc primordial, car ce sont les solutions qu'il propose qui seront programmées. La qualité et la rapidité du programme final découlent directement de l'algorithme.

Pseudo-langage et langage Java comme support de développement

Le choix du pseudo-langage ou d'un langage de programmation particulier pour écrire l'algorithme est un débat qui n'est toujours pas tranché. Les partisans du pseudo-langage mettent en avant que la priorité de l'algorithme est de présenter la méthode qui aboutit à la solution, et qu'un langage de programmation risque de noyer le lecteur dans des détails techniques, et de spécialiser la solution selon les contraintes du langage choisi. Les adeptes du langage de programmation argumentent qu'un programme écrit en pseudo-langage ne peut être ni compilé, ni exécuté, ce qui lui enlève tout intérêt puisque l'utilisateur ne peut pas l'évaluer réellement. Nous pensons que c'est un faux débat, et que les deux méthodes sont complémentaires. Il est souhaitable de présenter la logique sous-jacente à l'algorithme en pseudo-langage pour se concentrer sur l'essentiel, et indispensable d'en proposer une version finale en langage de programmation pour permettre de le tester. Avec ces deux versions, le lecteur peut différencier la logique du programme de son aspect technique, ce qui lui laisse la liberté de le réécrire dans un autre langage que celui utilisé dans cet ouvrage.

De plus, un algorithme présenté uniquement en pseudo-langage revêt souvent une connotation théorique pour la plupart des étudiants qui ne perçoivent pas toujours son utilité, et surtout qui ne savent pas le traduire dans un langage de programmation. Il est donc important, surtout dans une collection comme Synthex qui base une partie de l'apprentissage sur la pratique, de présenter l'algorithme réécrit dans un langage de programmation usuel, sous la forme d'un programme qui peut être compilé et exécuté.

Cet ouvrage utilise le langage Java 5 comme langage de développement. Le langage Java a pris une part très importante dans l'univers Internet où il est devenu incontournable. Il était donc indispensable de présenter la conception et l'analyse d'algorithmes dans cet environnement. De plus, c'est un langage objet, ce qui permet d'écrire plus facilement certains algorithmes qui portent sur des données structurées possédant leur propres méthodes de traitement, comme les files, les piles ou les arbres. Cependant, comme cet ouvrage d'algorithmique n'a pas vocation à être spécifique à la programmation objet, les algorithmes présentés en pseudo-langage utilisent une programmation classique pour privilégier la logique du traitement. Seuls les programmes sources Java en présentent une version objet. Les programmes sources ont été développés sous Linux avec jdk-1_5_0_06 (J2SE 5.0 Development Kit Update 6).

Le fond et la forme

Cet ouvrage est conçu pour donner des bases d'algorithmique avant d'aborder des algorithmes plus complexes.

Chaque chapitre est divisé en deux parties, *Théorie* et *Exercices*. La partie théorique présente les notions algorithmiques et l'analyse des données. Elle comprend des figures et des encadrés qui insistent sur les points importants, et s'appuie sur des exemples. Elle se termine par un résumé qui rappelle les notions importantes étudiées. La partie *Exercices* reprend, dans leur ordre d'exposition, les notions présentées dans la partie *Théorie*.

Les exercices sont très importants. Leur rôle est d'asseoir l'apprentissage de l'algorithmique sur la pratique. Chaque développeur possède sa propre logique de programmation. Faire les exercices permet à chacun de trouver *sa* solution. Les solutions commentées aident le lecteur dans cette démarche.

Les programmes proposés dans cet ouvrage respectent le langage Java 5 normalisé. Ils sont exploitables dans n'importe quel environnement de programmation. Le but recherché est de présenter des programmes facilement lisibles. Ainsi, certains concepts évolués (comme la généricité) ne sont pas utilisés. Les programmes sont conçus afin de respecter au mieux la notion d'encapsulation des objets. Les programmeurs avertis pourront donc améliorer les programmes sources Java.

Pré-requis

Cet ouvrage est conçu pour permettre l'écriture des algorithmes présentés dans n'importe quel langage de programmation. Cependant, le choix du langage Java comme support de développement du programme final suppose la maîtrise de ce langage de la part du lecteur, pour comprendre les codes sources Java (aucune description technique de ce langage n'est présentée dans ce livre). Si tel n'est pas le cas, il est possible d'associer cet ouvrage avec l'ouvrage sur le langage Java 5 dans la même collection.

Conventions

L'emploi de polices différentes permet de distinguer les syntaxes écrites en pseudo-langage ou en Java, ou bien de faire ressortir un nouveau terme ou un concept important.

- Les instructions en pseudo-langage ou en langage Java sont dans une police à espacement fixe, par exemple `tab[i]`.
- Les termes nouveaux ou importants sont en italique, par exemple *modélisation des données*.
- Dans les programmes donnés en exemples ou en exercices, les syntaxes nouvelles ou importantes sont en police à espacement fixe et en gras, comme la syntaxe suivante : **`Lire(article.prix)`**.
- Les exemples d'exécution des programmes Java présentent la saisie en gras pour la différencier de l'affichage.

Le contenu

La première partie de l'ouvrage traite de la conception d'algorithmes. Elle englobe les chapitres 1, 2 et 3.

Chapitre 1 : Environnement algorithmique et conventions. Il détaille le rôle de l'algorithme dans le développement des applications, et les règles à respecter pour son écriture.

Chapitre 2 : Les traitements logiques. Il présente les grands mécanismes utilisés dans les algorithmes comme les tests, les boucles et les sous-programmes. Il présente également la notion de complexité algorithmique.

Chapitre 3 : La gestion des données. Ce chapitre détaille les différents types de données qui servent de support aux algorithmes, comme les tableaux ou les listes chaînées.

La seconde partie de l'ouvrage, qui présente des algorithmes importants ou des méthodes algorithmiques spécifiques, est constituée des chapitres 4, 5, 6 et 7.

Chapitre 4 : La récursivité. Ce chapitre détaille le fonctionnement de la programmation récursive, et en présente l'intérêt.

Chapitre 5 : Les données abstraites. Ce chapitre présente les piles, les files et les arbres qui sont utilisés dans de nombreux algorithmes.

Chapitre 6 : Les tris. Ce chapitre porte sur les algorithmes de tri, qui sont répartis en tris élémentaires et en tris avancés.

Chapitre 7 : Les recherches. Ce chapitre présente quelques algorithmes de recherche. Cela va de la recherche séquentielle aux algorithmes plus sophistiqués, comme les tables de hachage.

Les suppléments

Les programmes des exercices et des exemples au format source « .java » ainsi que des programmes supplémentaires sont disponibles au téléchargement sur le site de Pearson Education (**www.pearsoneducation.fr**). Le lecteur pourra les utiliser pour son apprentissage, mais aussi les compléter et se constituer ainsi sa propre base d'exemples.

Remerciements

Je tiens à remercier Pascale Pernet et Julie Besné pour la confiance qu'elles m'ont manifestée. Une attention toute particulière pour Sylvie, Guillaume et Julien qui ont fait preuve de beaucoup de patience.

Chapitre 1

Environnement algorithmique et conventions

Un algorithme est un maillon de la chaîne de développement d'une application. Il est le lien indispensable entre l'analyse et le développement final. Ce chapitre présente le rôle d'un algorithme dans cette chaîne de production, et les conventions syntaxiques utilisées pour son écriture. Il aborde également les notions de performances et de génie logiciel, qui servent souvent de guides dans la phase de conception algorithmique.

1 Les étapes de développement d'une application

L'écriture d'un programme dans un langage de programmation n'est que l'étape finale d'un développement qui se déroule en trois phases : *l'analyse*, *l'algorithme* et *la programmation*.

1.1 L'ANALYSE

Le but de tout développement est de fournir une solution informatique à un problème donné. La première étape est *l'analyse du problème*. Elle consiste, à explorer le domaine d'application pour en déduire les contraintes et les limites de l'étude, à définir les principales fonctionnalités qui devront être couvertes par le logiciel, à mettre en évidence les problèmes connexes, à faire l'inventaire des acteurs (utilisateurs, gestionnaires, etc.) et à en déduire l'interface d'exploitation du produit, etc. L'analyse tend à cerner complètement le sujet et à apporter des solutions aux problèmes dévoilés par l'étude.

L'analyse se termine généralement sur des considérations plus techniques qui font le lien avec l'algorithme. Il s'agit de l'*analyse des données* qui aboutit à leur *modélisation*, de la définition des *modules de traitement*, ainsi que leurs interactions réciproques qui débouchent sur la création des sous-programmes en programmation procédurale ou de méthodes en programmation objet. L'analyse conditionne le développement futur, car ce sont les solutions proposées à cette étape qui seront programmées. Une mauvaise analyse produira un logiciel médiocre ou qui ne répondra pas aux attentes initiales, quelle que soit la qualité de l'algorithme ou de la programmation.

Voici deux exemples d'analyses partielles. Le premier montre l'incidence de l'étude du domaine d'application sur le résultat de l'analyse. Le second propose une analyse des données et montre comment les structurer en fonction des traitements à effectuer.

L'analyse du premier exemple va évoluer au fur et à mesure que les bonnes questions seront soulevées. Elle produira au final un programme très différent dans sa complexité. Prenons le problème de l'interprétation du numéro de Sécurité sociale (sans la clé finale). La signification des champs de ce numéro est indiquée à la figure 1.1.

Figure 1.1

L'interprétation d'un numéro de Sécurité sociale.

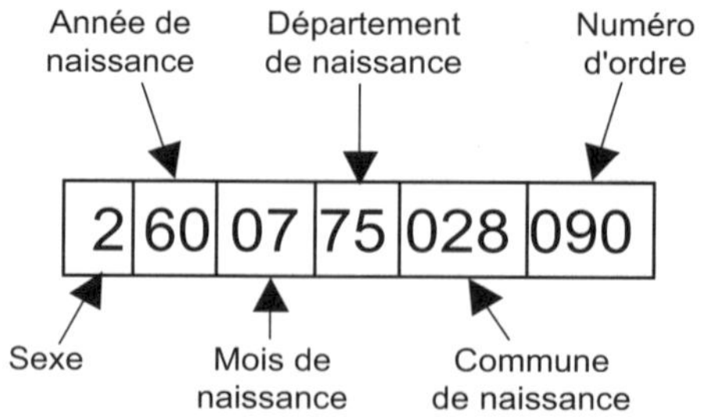

Une première analyse de ce numéro montre qu'il s'agit d'une *femme*, née en *1960*, au mois de *juillet*, à *Paris*. Or, l'interprétation du quatrième élément de cet exemple est fausse ! Cette personne est née dans le département de la Seine qui, en 1960, regroupait Paris et les départements limitrophes (Val-de-Marne, Val d'Oise, etc.). Cette remarque soulève d'autres questions qui vont compliquer l'analyse, en intégrant un volet historique :

- Comment le découpage des départements a-t-il évolué (Ile-de-France, Corse, etc.) ?

- Qu'en est-il des personnes nées dans les colonies françaises avant leur indépendance ?
- Comment le problème des centenaires est-il réglé ?

L'analyse simpliste du début aurait conduit à écrire un programme ne traitant qu'une partie de la problématique. Le problème est en réalité beaucoup plus complexe qu'il n'y paraît. L'erreur qu'il ne faut pas faire pendant la phase d'analyse est d'apporter des solutions basées sur ses certitudes, au lieu de se poser d'abord des questions.

Le second exemple montre comment, à partir de l'analyse des données, on peut aboutir à leur modélisation. L'exemple étudié est celui d'une course hippique. La première question à se poser est « qu'est-ce qu'un cheval ? ». La réponse n'est pas liée à la nature de l'animal, mais aux actions à entreprendre pour gérer une course. On peut les résumer à :

- indiquer la liste des chevaux au départ de la course ;
- affecter le temps de chaque cheval à la fin de la course ;
- afficher l'ordre d'arrivée.

On peut déduire qu'une donnée représentant un cheval doit contenir :

- le nom du cheval ;
- le numéro du dossard ;
- le temps d'arrivée ;
- le classement.

On peut également ajouter le nom du jockey, celui du propriétaire, et le montant des gains si on désire ajouter un volet financier à la gestion de la course.

La figure 1.2 présente une modélisation des données de la course hippique. Les chevaux sont gérés comme une liste, où chaque élément est un objet contenant le nom du cheval, le numéro du dossard, le temps effectué durant la course et le classement final. La liste peut être représentée sous la forme d'un tableau, où chaque case contient toute l'information d'un cheval, ou bien sous la forme d'éléments distincts liés entre eux par la connaissance de l'élément précédent et suivant (liste chaînée d'objets). La modélisation des données est ensuite suivie par la description de leurs traitements, ce qui est le but de l'algorithme.

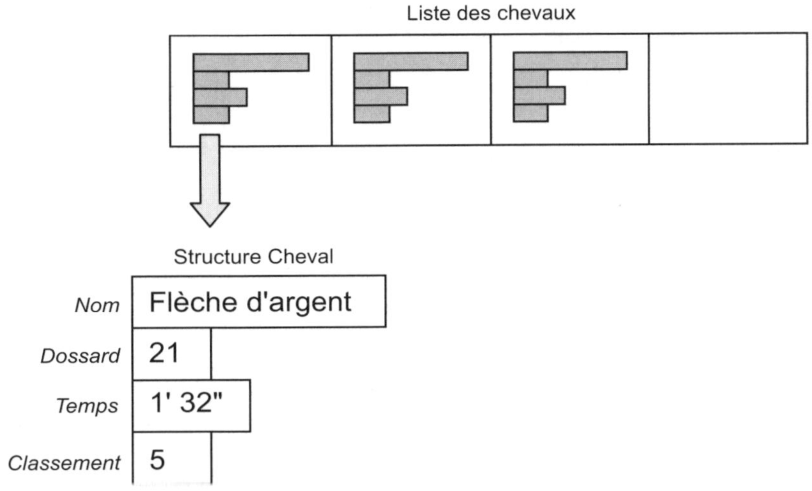

Figure 1.2

Modélisation des données d'une course hippique.

1.2 L'ALGORITHME

Le rôle de l'algorithme est avant tout d'organiser et de structurer l'ensemble des solutions apportées par l'analyse pour aboutir à la solution globale. Il doit surtout présenter la logique aboutissant au résultat final et être dissocié de l'aspect technique des langages informatiques. Il est généralement présenté en pseudo-langage (langage simplifié), ce qui facilite sa traduction dans un langage de programmation. Voici l'algorithme interprétant le numéro de Sécurité sociale, correspondant à une analyse (sans l'aspect historique).

```
Programme  Num_Sec_Soc
Déclarations
   Variables  Num_Sec, Dépt, Libellé, Nom_Mois  en Chaînes_de_Caractères
   Variables  Sexe, Année, Mois, Commune, Num_Ordre  en Entier
Début
  Écrire ("Entrez votre numéro de Sécurité sociale :")
  Lire(Num_Sec)
  Sexe ← Conversion_En_Entier(sous_chaîne(Num_Sec,1,1)
  Si (Sexe = 1) alors
     Libellé ← "Monsieur"
  Sinon
     Libellé ← "Madame"
  Finsi
  Année ← Conversion_En_Entier(sous_chaîne(Num_Sec,2,2))
  Année ← Année + 1900
  Mois ← Conversion_En_Entier(sous_chaîne(Num_Sec,4,2))
  Selon  Mois  Faire
    Cas 1 : Nom_Mois ← "Janvier"
    Cas 2 : Nom_Mois ← "Février"
    Cas 3 : Nom_Mois ← "Mars"
    Cas 4 : Nom_Mois ← "Avril"
    Cas 5 : Nom_Mois ← "Mai"
    Cas 6 : Nom_Mois ← "Juin"
    Cas 7 : Nom_Mois ← "Juillet"
    Cas 8 : Nom_Mois ← "Août"
    Cas 9 : Nom_Mois ← "Septembre"
    Cas 10 : Nom_Mois ← "Octobre"
    Cas 11 : Nom_Mois ← "Novembre"
    Cas 12 : Nom_Mois ← "Décembre"
  FinSelon
  Dépt ← sous_chaîne(Num_Sec,6,2)
  Commune ← Conversion_En_Entier(sous_chaîne(Num_Sec,8,3))
  Num-Ordre ← Conversion_En_Entier(sous_chaîne(Num_Sec,11,3))
  Écrire ("Bonjour : ", Libellé)
  Écrire ("Vous êtes né en : ", Année)
  Écrire ("Au mois de : ", Nom_Mois)
  Écrire ("Dans le département : ", Dépt)
  Écrire ("Dans la commune : ", Commune)
  Écrire ("Avec le numéro d'ordre : ", Num_Ordre)
Fin
```

La syntaxe du pseudo-langage est librement choisie par le développeur. Cependant, elle respecte certaines règles et conventions usuelles qui sont décrites dans ce chapitre.

1.3 L'ÉCRITURE DU PROGRAMME DANS UN LANGAGE DE PROGRAMMATION

Une fois l'algorithme écrit, il faut le traduire en un *programme source*. Cela consiste à écrire un fichier texte contenant la traduction de l'algorithme dans un langage de programmation. Le programme source est ensuite traduit en langage binaire grâce au compilateur. Le fichier résultat de cette opération est le *programme exécutable*. En langage Java, le binaire produit est du *P-code*, code proche du langage machine mais indépendant du processeur. Ce code binaire qui « ressemble » à un exécutable doit être *interprété* par la *machine virtuelle java* pour l'exécution. Il existe différents environnements de développement qui intègrent le compilateur et l'interpréteur, par exemple Eclipse. Nous utiliserons le compilateur `javac` et l'interpréteur `java` (machine virtuelle) proposé par jdk-1_5_0 sous Linux.

Dans l'absolu, le développeur doit choisir le langage de programmation le plus adapté au domaine d'application et aux contraintes liées à l'algorithme. En effet, les langages de programmation ont été créés pour répondre à des besoins spécifiques. Par exemple, le langage Fortran est dédié au calcul scientifique, les langages C et C++ excellent dans les applications systèmes et réseaux, le langage Java est conçu pour les développements liés au Web, etc. En réalité, le développeur choisit le langage qu'il connaît le mieux ou, de manière plus pragmatique, pour lequel il possède un compilateur. Ce n'est donc pas toujours le langage le mieux adapté aux spécificités du développement qui est utilisé.

Voici le programme source `numsecsoc.java` écrit en langage Java qui correspond à l'algorithme du numéro de Sécurité sociale. Aucun caractère accentué n'est utilisé dans le nom des variables. La variable `Libellé` de l'algorithmique est ainsi écrite `Libelle` dans le programme Java.

« Java »

```
// numsecsoc.java
import java.io.*;
class Num_Sec_Soc {
  private String ch ;

  public Num_Sec_Soc() {
   ch=Saisie.lire_String("Entrez votre numéro de Sécurité sociale : ") ;
  }
  public void interprete_sexe() {
   int sexe=Integer.parseInt(ch.substring(0,1));
   if (sexe == 1) System.out.println("Bonjour  Monsieur");
   else System.out.println("Bonjour  Madame");
  }
  public void interprete_annee() {
   int annee=Integer.parseInt(ch.substring(1,3))+1900;
   System.out.println("Vous êtes né en        : "+annee);
  }
  public void interprete_mois() {
   int mois=Integer.parseInt(ch.substring(3,5));
   String Nom_mois=new String("");
   switch (mois)
   { case 1  : Nom_mois="Janvier" ; break ;
     case 2  : Nom_mois="Février" ; break ;
     case 3  : Nom_mois="Mars" ; break ;
     case 4  : Nom_mois="Avril"; break ;
     case 5  : Nom_mois="Mai" ; break ;
     case 6  : Nom_mois="Juin" ; break ;
     case 7  : Nom_mois="Juillet" ; break ;
     case 8  : Nom_mois="Août" ; break ;
     case 9  : Nom_mois="Septembre" ; break ;
     case 10 : Nom_mois="Octobre" ; break ;
     case 11 : Nom_mois="Novembre" ; break ;
     case 12 : Nom_mois="Décembre" ; break ;
   }
   System.out.println("Au mois de             : "+Nom_mois) ;
  }
  public void interprete_departement() {
   int departement=Integer.parseInt(ch.substring(5,7));
   System.out.println("Dans le département    : "+departement) ;
  }
  public void interprete_commune() {
   int commune=Integer.parseInt(ch.substring(7,10));
   System.out.println("Dans la commune        : "+commune)    ;
```

```
    }
    public void interprete_ordre() {
     int ordre=Integer.parseInt(ch.substring(10));
     System.out.println("Avec le numéro d'ordre : "+ordre)  ;
    }
  }
  // programme principal
  public class numsecsoc {
    public static void main(String[] args) {
     Num_Sec_Soc Numero = new Num_Sec_Soc() ;
     Numero.interprete_sexe();
     Numero.interprete_annee();
     Numero.interprete_mois();
     Numero.interprete_departement();
     Numero.interprete_commune();
     Numero.interprete_ordre();
    }
  }
```

Ce programme utilise la méthode `lire_String` de la classe `Saisie` pour lire le numéro de Sécurité sociale sous la forme d'une chaîne de caractères. En langage Java, la gestion des flux d'entrée/sortie est un peu complexe à écrire. Nous utilisons ici la classe `Saisie` qui fournit plusieurs méthodes pour lire au clavier différents types de données. Cette classe est proposée dans le livre sur le langage Java 5 de Robert Chevallier dans la collection Synthex. Le fichier `Saisie.java` doit se trouver dans le même répertoire que le fichier source qui l'utilise. Il est téléchargeable sur le site de l'éditeur. En voici le détail :

```
//---Saisie.java
import java.io.*;
class Saisie
{public static String lire_String()
    {String ligne_lue=null;
     try {InputStreamReader isr = new InputStreamReader(System.in);
          BufferedReader br = new BufferedReader(isr);
          ligne_lue=br.readLine();
                 }
     catch(IOException e) {System.err.println(e);}
     return ligne_lue;
        }
 public static String lire_String(String question)
  {System.out.print(question);
   return(lire_String());}
 public static int lire_int()
    {return Integer.parseInt(lire_String());}
 public static int lire_int(String question)
    {System.out.print(question);
         return Integer.parseInt(lire_String());}
 public static double lire_double()
    {return Double.parseDouble(lire_String());}
 public static double lire_double(String question)
    {System.out.print(question);
         return Double.parseDouble(lire_String());}
 public static float lire_float()
    {return Float.parseFloat(lire_String());}
 public static float lire_float(String question)
    {System.out.print(question);
         return Float.parseFloat(lire_String());}
 public static char lire_char()
    {String reponse=lire_String();
         return reponse.charAt(0);}
 public static char lire_char(String question)
    {System.out.print(question);
         String reponse=lire_String();
         return reponse.charAt(0);}
}
```

La compilation de ce programme est obtenue par la commande suivante (le caractère `$` représente le prompt du système UNIX) :

```
$ javac numsecsoc.java
```

Les fichiers `.class` suivants sont produits :

```
$ ls *.class
numsecsoc.class  Num_Sec_Soc.class  Saisie.class
```

Voici l'interprétation du binaire `numsecsoc` produit par la compilation précédente :

```
$  java numsecsoc
Entrez votre numéro de Sécurité sociale : 1650475110019
Bonjour  Monsieur
Vous êtes né en         : 1965
Au mois de              : Avril
Dans le département     : 75
Dans la commune         : 110
Avec le numéro d'ordre : 19
```

2 Le pseudo-langage

Le pseudo-langage n'est pas un langage normalisé. Chaque développeur défini ses propres conventions syntaxiques. Il est important de préciser son rôle et les conventions habituellement rencontrées.

2.1 Son rôle

Le but de ce langage est de simplifier l'écriture du programme en s'affranchissant des contraintes syntaxiques liées aux langages de programmation, et d'en souligner sa logique.

Si le pseudo-langage, par sa simplicité, aide à présenter l'algorithme, il sert aussi à formaliser plus clairement la structure du programme. Le pseudo-langage doit refléter, le plus possible, les instructions couramment rencontrées dans les différents langages de programmation. Sans être l'image d'un langage spécifique, il doit néanmoins être facilement traduisible dans différents langages, ce qui suppose l'utilisation d'une syntaxe proche de ce que les langages de programmation proposent généralement.

2.2 Conventions syntaxiques

Même si chaque développeur définit son propre pseudo-langage, certaines conventions sont couramment employées. Nous en détaillons quelques-unes, à partir de l'exemple présenté précédemment. Les autres conventions utilisées dans cet ouvrage seront décrites au fur et à mesure de leur emploi.

La structure du programme

Un programme est structuré en une partie *déclaration* et une partie *instruction*. Même si tous les langages n'imposent pas une structure si rigoureuse (ce qui est le cas du Java), il est préférable de la présenter dans l'algorithme. Les mots clés sont « `Programme` » pour le début du programme, « `Déclarations` » pour la déclaration des variables, et « `Début` » puis « `Fin` » pour la partie instruction.

```
Programme  Num_Sec_Soc
```

```
Déclarations
   Variables  Num_Sec, Dépt, Libellé, Nom_Mois  en Chaînes_de_Caractères
   Variables  Sexe, Année, Mois, Commune, Num_Ordre  en Entier
Début
  Écrire ("Entrez votre numéro de Sécurité sociale :")
  ...
Fin
```

Les entrées/sorties

Les instructions qui effectuent l'affichage à l'écran et la saisie au clavier sont respectivement « `Écrire()` » et « `Lire()` ». La première instruction affiche un message à l'écran, la seconde saisit une valeur qu'elle range dans la variable `Num_Sec`.

```
Écrire ("Entrez votre numéro de Sécurité sociale :")
Lire(Num_Sec)
```

L'affectation

L'affectation d'une valeur ou du résultat d'un calcul dans une variable est représentée par la flèche « ← ». Le calcul à droite de la flèche est affecté à la variable située à gauche.

```
Année ← Année + 1900
```

Les instructions composées

Les instructions composées se terminent généralement par un mot clé qui dépend de l'instruction. Ainsi, le test « `Si` » se termine par « `FinSi` », et la boucle « `Tant que` » par « `FinTantQue` ».

```
Si (Sexe = 1) alors
   Libellé ← "Monsieur"
Sinon
   Libellé ← "Madame"
FinSi
```

Les sous-programmes

Les sous-programmes sont les modules de traitement. En programmation objet, les traitements intégrés à l'objet se nomment méthodes. Leur nom reflète généralement leur rôle, et leurs arguments indiquent sur quelles données ils travaillent. La fonction `sous_chaîne()` donnée en exemple extrait une partie de la chaîne `Num_sec`, à partir du caractère `1`, sur `1` caractère. La fonction `Conversion_En_Entier()` convertit un caractère (par exemple '2') en son équivalent entier (2).

```
Sexe ← Conversion_En_Entier(sous_chaîne(Num_Sec,1,1)
```

3 Le génie logiciel

Le génie logiciel est un concept complexe qui regroupe des notions et des procédés permettant de concevoir un logiciel de qualité. Nous n'allons pas détailler ici ses concepts, mais rappeler quelques règles de bon sens qui en guident la pratique.

3.1 La modélisation des données

Tout développement doit commencer par l'étude des données. C'est le rôle de l'analyse des données. La gestion d'une base de noms de personnes dépend, par exemple, de la nature des noms et de leur taille maximale. Une étude qui porterait uniquement sur des noms simples comme « Dupont » déboucherait sur un logiciel incapable de gérer les noms composés comme « De la Fontaine » (l'espace est un séparateur générique entre les mots). D'autre part, la structure des données est souvent déduite des traitements. C'est l'exemple de la course hippique, où la modélisation d'un cheval dépend des actions à effectuer pour gérer la course (voir figure 1.2). Une mauvaise analyse des données aboutit à un logiciel incomplet, ou à sa réécriture partielle si la structure des données doit être modifiée.

3.2 La modularité du programme

Un programme doit organiser le traitement global en s'appuyant sur des modules de traitement autonomes. Chaque module est une *boîte noire* ; son fonctionnement interne est invisible aux autres modules. Il travaille sur les données fournies au moment de l'appel, et retourne le résultat du traitement. L'avantage de cette modularité est la possibilité de modifier le traitement interne d'un des modules par un algorithme plus performant, sans intervenir sur le reste du programme. Ainsi, les différents modules de traitement possibles dans le cas de la course hippique sont par exemple : `saisie_chevaux()` qui met à jour le nom et le dossard des chevaux, `saisie_des_temps()` qui renseigne le champ `Temps` de chaque cheval à l'arrivée, `tri_chevaux()` qui établit le classement, et `affichage_chevaux()` qui affiche les informations des chevaux.

3.3 La lisibilité du programme

Un programme doit être lisible pour vous, mais aussi pour les autres. Il n'est pas rare qu'un développement initial soit modifié par d'autres personnes. Un moyen simple d'assurer une bonne lisibilité est d'utiliser abondamment les commentaires, et de choisir avec soin les noms des variables et des procédures afin qu'ils reflètent leur rôle. Indiquez également en haut du programme les différentes évolutions du logiciel avec le nom du programmeur, la date de modification et la modification apportée. Enfin, la structure du programme doit être visible au premier coup d'œil. Il faut présenter le programme avec *indentation*, c'est-à-dire décaler de quelques espaces le début des instructions internes à une boucle ou à un test pour faire apparaître leur niveau d'imbrication.

3.4 Privilégier les solutions simples

Les solutions les plus simples sont les meilleures. Nous aurons l'occasion dans cet ouvrage de démontrer qu'en réfléchissant plus longtemps sur les données, on trouve souvent un algorithme plus simple et plus efficace. Malheureusement, les solutions simples sont plus difficiles à trouver car elles nécessitent une réflexion approfondie. Ce n'est qu'une fois trouvées qu'elles deviennent simples voire même évidentes. Le principal défaut des programmeurs débutants est de se jeter sur des solutions basées sur des techniques de programmation, plutôt que de privilégier la réflexion, et donc l'algorithmique.

3.5 L'utilisation de conventions d'écriture

Le développement d'un programme peut devenir fastidieux si aucune méthode n'est utilisée. Pour gagner du temps et obtenir une meilleure lisibilité, il faut définir des conventions d'écriture. On peut par exemple écrire les noms des constantes en majuscules, comme `PI`, ou utiliser des libellés de variables plus clairs, comme `nombre_de_mois` ou `NombreDeMois`.

4 La performance algorithmique

Un algorithme doit proposer une solution logique à un problème donné, mais ce n'est pas sa seule finalité. Il doit également fournir le résultat rapidement. Il est possible de concevoir une solution qui s'avère catastrophique en temps de calcul. Or, à quoi sert un algorithme qui donne le résultat au bout d'un temps interminable ? C'est l'une des principales différences entre les mathématiques et l'informatique ; en informatique, on effectue réellement les calculs, d'où l'importance de contrôler leur nombre et leur temps d'exécution. Cet aspect performance est l'objectif principal des algorithmes présentés en deuxième partie de cet ouvrage : trouver des traitements optimisés.

La performance d'un algorithme porte sur deux aspects, le *temps de calcul* et *l'espace mémoire*. Dans les deux cas, on tente de minimiser le volume du traitement. Malheureusement, ces deux points s'opposent. Il faut souvent utiliser plus de mémoire pour gagner en temps de calcul, ou écrire plus d'instructions, et donc faire plus de calculs, pour aboutir à une gestion mémoire optimale.

Résumé

Un algorithme organise les solutions préconisées dans la phase d'analyse. Il est souvent écrit en pseudo-langage car il doit présenter la logique du programme sans intégrer les aspects techniques des langages de programmation. L'analyse, est primordiale, car ce sont les solutions préconisées à ce niveau qui seront programmées. La modélisation des données débouche sur le début de l'algorithme qui formalise les données et les traitements associés. La phase finale d'écriture dans un langage spécifique n'est qu'une étape technique.

L'écriture de l'algorithme requiert une méthodologie que l'on retrouve dans le concept de génie logiciel. Il faut définir clairement les modules de traitement et s'astreindre à une certaine rigueur de développement pour aboutir à un programme lisible et évolutif. D'autre part, la conception d'algorithmes doit tendre à optimiser le temps de calcul, ou l'espace mémoire, pour produire des programmes performants.

Problèmes et exercices

Le premier exercice montre comment utiliser le pseudo-langage. Le second exercice porte sur la modélisation des données et sur la conception de modules autonomes.

EXERCICE 1 SYNTAXE ALGORITHMIQUE

Énoncé

a Écrivez l'algorithme qui calcule la mensualité d'un crédit immobilier à taux fixe. Il demandera le montant du capital emprunté, le nombre d'années et le taux annuel. La formule de calcul est la suivante :

$$M = C \times T \times \frac{(1+T)^N}{(1+T)^N - 1}$$

Où M est la mensualité, C, le capital emprunté, T, le taux mensuel (taux annuel/12), N, le nombre de mois (nombre d'années/12).

b Écrivez le programme Java qui implémente cet algorithme.

Solution

a L'algorithme `emprunt` montre comment utiliser le pseudo-langage pour écrire un programme. Le calcul de la mensualité le décompose en trois calculs plus simples.

$$\text{Calcul1} = C \times T$$

$$\text{Calcul2} = (1+T)^N$$

$$\text{Calcul3} = (1+T)^N - 1$$

La syntaxe « `**` » représente le calcul de la puissance. Les commentaires sont notés comme dans le langage Java « `//...` ».

```
Programme  emprunt
Déclarations
   Variables  Mensualité, Capital       en Réel
   Variables  TauxMensuel, TauxAnnuel   en Réel
   Variables  Calcul1, Calcul2, Calcul3 en Réel
   Variables  NbAN, NbMois              en Entier
Début
  // Saisie des données initiales
  Écrire ("Montant du capital emprunté :")
  Lire(Capital)
  Écrire ("Nombre d'années :")
  Lire(NbAn)
  Écrire ("Taux Annuel (exemple 5,5 %):")
  Lire(TauxAnnuel)
  // Calculs
  NbMois ← NbAn*12
  TauxMensuel ← (TauxAnnuel/100)/12
  calcul1 ← Capital*TauxMensuel
  calcul2 ← (1+TauxMensuel)**NbMois
  calcul3 ← calcul2-1
  Mensualité ← calcul1*(calcul2/calcul3)
  // Affichage du résultat
  Écrire ("Mensualité :",Mensualité)
Fin
```

b Le programme emprunt.java utilise la fonction Math.pow() qui calcule la puissance.

« Java »

```
// emprunt.java
import java.io.*;
import java.util.*;
public class emprunt {
 public static void main(String[] args) {
  // Saisie des données initiales
  Scanner Entree = new Scanner(System.in);
  System.out.print("Capital : ") ;
  double Capital=Entree.nextDouble();
  System.out.print("Nombre d'années :") ;
  int NbAn=Entree.nextInt() ;
  System.out.print("Taux Annuel (5,5) :");
  double TauxAnnuel=Entree.nextDouble();
  Entree.close();
  // Calculs
  int NbMois = NbAn*12 ;
  double TauxMensuel = (TauxAnnuel/100)/12 ;
  double calcul1 = Capital*TauxMensuel ;
  double calcul2 = Math.pow((1+TauxMensuel),NbMois);
  double calcul3 = calcul2-1;
  double Mensualite = calcul1*(calcul2/calcul3) ;
  // Affichage du résultat
  System.out.printf("Mensualité : %8.2f\n",Mensualite);
 }
}
```

Ce programme présente des spécificités liée à la version 5 de Java. L'entrée des données utilise la classe Scanner de Java, et l'affichage se sert de la méthode printf dont la syntaxe est similaire à celle du langage C. La commande de compilation est :

```
$ javac emprunt.java
```

Voici une exécution de ce programme, les valeurs réelles sont notées avec la virgule au format français :

```
$ java emprunt
Capital : 100000
Nombre d'années :10
Taux Annuel (5,5) :4,65
Mensualité :  1043
```

EXERCICE 2 MODÉLISATION DE DONNÉES

Énoncé

Faites la modélisation des données d'un programme de gestion du stock d'un magasin d'articles de sport.

a Faites l'inventaire des actions courantes de gestion.

b Déduisez-en la structure d'un article de sport.

Solution

Cet exercice n'a pas pour objet de résoudre le problème complexe de la gestion de stock dans sa totalité, mais de montrer comment faire une modélisation des données selon une liste d'actions à entreprendre. La modélisation présentée peut donc être complétée.

a Résumons la gestion d'un stock d'articles de sport à six grandes actions : l'ajout d'un nouvel article, la suppression d'un article, la modification d'un article, la vente d'un article, la commande d'un article, l'affichage du stock.

La première action correspond au référencement d'un nouvel article au catalogue du magasin. La deuxième action correspond à son retrait. La troisième action permet de modifier les informations de l'article, soit son libellé s'il est erroné, son prix de vente pour les périodes de soldes, ou le nombre d'exemplaires de cet article. Cette dernière action correspond à l'inventaire. La modification d'un article suppose de pouvoir le trouver grâce à sa référence, donc de disposer d'un module de recherche qui travaille à partir du numéro de l'article, et qui retourne l'adresse en mémoire où est rangé l'article.

La vente d'un article consiste à trouver l'article dans le stock, à extraire son prix de vente, et à diminuer le stock du nombre d'exemplaires vendus.

La commande d'un article peut être manuelle ou automatique. La commande manuelle est calquée sur le module de modification appliqué à la quantité. La commande automatique est déclenchée quand la quantité en stock est inférieure à un certain seuil prédéfini.

Enfin, l'affichage du stock peut être sélectif (par article recherché), ou selon un critère comme un prix minimal ou maximal.

Dans cette étude, certaines informations connexes ne sont pas traitées, comme la base des fournisseurs ou la gestion des vendeurs. Enfin, le stock est conservé dans un fichier, ce qui suppose qu'au lancement du logiciel, le fichier contenant le stock est totalement chargé en mémoire, et qu'à l'arrêt du logiciel, le stock qui se trouve en mémoire est sauvegardé dans le fichier d'origine. Les modules de chargement et de sauvegarde ne sont pas présentés, car ils n'ont pas d'incidence sur la modélisation de la donnée « article ».

La figure 1.3 présente l'organisation des différents modules de traitement, autour du stock du magasin. Le module `recherche_article()` est utilisé par la majorité des modules, il doit être optimisé. Les algorithmes de tris et de recherches sont étudiés aux chapitres 6 et 7. Tous les modules partagent une même donnée, le stock du magasin, mais chaque module travaille de manière autonome.

Figure 1.3

Gestion du stock d'un magasin.

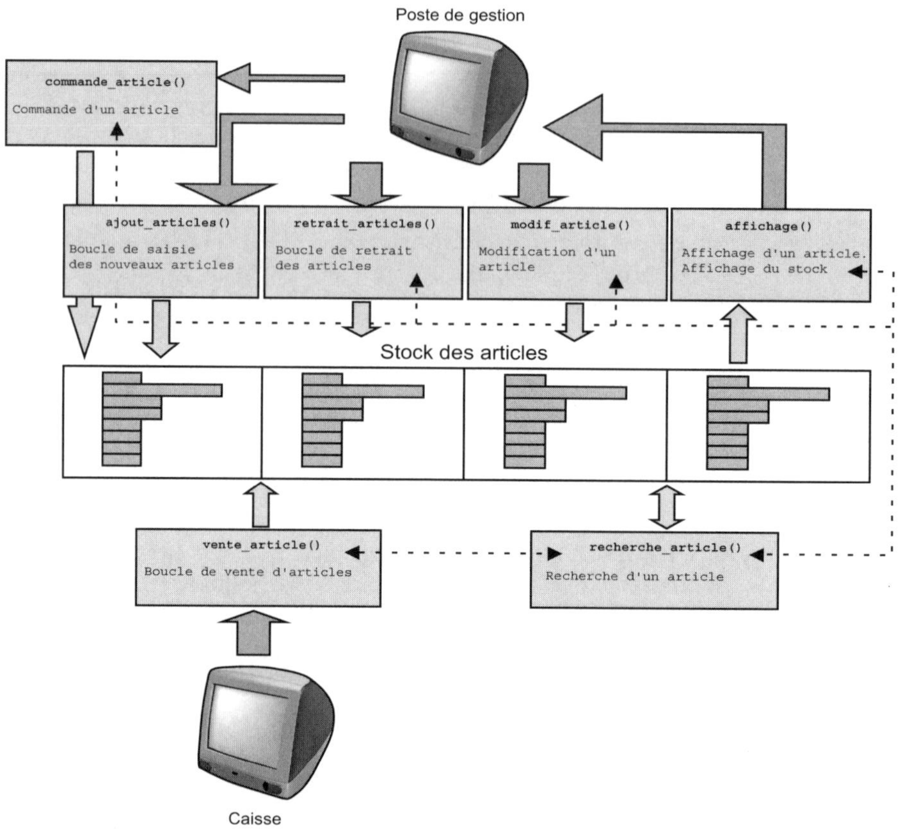

b Selon les actions qui viennent d'être présentées, la structure d'un article de sport doit contenir au minimum les éléments (champs) suivants : référence de l'article (numéro), libellé de l'article (chaîne de caractères), prix d'achat (réel), prix de vente (réel), quantité en stock (entier), seuil de commande automatique (entier), quantité prédéfinie pour une commande automatique (entier), référence du fournisseur (entier). Le stock sera une collection d'articles gérés en mémoire sous la forme d'un tableau ou d'une liste d'éléments. Ces types de données sont étudiés au chapitre 3.

Chapitre 2

Les traitements logiques

Un algorithme est une suite de traitements logiques appliqués aux données. Ces traitements sont organisés autour de deux grands processus communs à tous les langages : les tests et les boucles. Les tests permettent d'envisager les différents cas de traitement et d'indiquer pour chacun les instructions à effectuer. Les boucles répètent un calcul qui, en progressant, aboutit au résultat final. La plupart des algorithmes utilisent les boucles.
Leur compréhension est donc indispensable.
Ce chapitre présente ces deux grands processus, ainsi que les sous-programmes qui structurent l'algorithme en modules de traitement autonomes.

1 Les tests

Cette partie aborde la logique sous-jacente aux tests. Elle présente les opérateurs et les variables booléennes qui sont utilisés dans l'écriture de la condition du test. La syntaxe du test est abordée de manière succincte, car elle est davantage liée aux langages de programmation qu'à l'algorithmique.

1.1 PRÉSENTATION

Les tests correspondent à des *branchements conditionnels*. Selon la valeur VRAI ou FAUX de l'expression logique testée, le programme exécute un groupe d'instructions donné. Cette expression, également appelée condition, est construite à partir d'opérateurs de comparaison, ou d'opérateurs booléens, comme le ET, le OU et le NON. Une fois les instructions du test exécutées, le programme reprend son déroulement normal.

Quand l'algorithme doit envisager plus de deux cas de traitement, il devient nécessaire d'utiliser plusieurs tests en cascade, on parle de *tests imbriqués*. Certains langages proposent alors des instructions spécifiques de choix multiples plus simples à écrire.

1.2 LA LOGIQUE BOOLÉENNE

La logique booléenne est au cœur du dispositif des tests. L'expression logique évaluée utilise souvent des opérateurs, comme le ET et le OU. Une mauvaise évaluation de la condition est la cause principale de dysfonctionnement des tests, et donc du programme. Cette partie rappelle quelques notions élémentaires sur la logique booléenne.

Les opérateurs logiques

Les trois opérateurs booléens couramment employés sont le ET, le OU et le NON.

Le ET utilise deux opérandes (arguments de l'opérateur). Son résultat est VRAI quand les deux opérandes sont VRAI ; il est FAUX dans tous les autres cas. Dans l'expression suivante, « je désire une voiture *rapide* ET *rouge* », seule une voiture répondant aux deux conditions comme une Ferrari rouge conviendra.

Avec le OU, il suffit qu'un seul des deux opérandes soit VRAI pour obtenir un résultat VRAI. Une Ferrari grise, ou une 2CV rouge satisferont à l'expression « je désire une voiture *rapide* OU *rouge* ». Le OU est FAUX quand les deux opérandes sont FAUX.

Le NON donne le résultat inverse de son opérande. NON VRAI est FAUX et NON FAUX est VRAI. Ce fonctionnement simpliste se complique avec une expression contenant un ET (ou bien un OU). Énoncer « je désire une voiture NON *rapide* ET *rouge* » revient à dire « je désire une voiture NON *rapide* OU NON *rouge* ». Cette règle de distribution du NON sur un ET se note en algèbre de boole : NON (A ET B) équivaut à (NON A) OU (NON B). Elle s'applique de la même manière sur un OU, qui se transforme en ET appliqué à la négation des opérandes. Le NON est également très utile quand il est plus simple d'énoncer le cas qui ne convient pas, plutôt que d'énumérer tous les cas satisfaisants.

Un autre opérateur, le OUexclusif (noté OUex ou XOR) existe. Il est parfois absent de certains langages. C'est un OU qui n'accepte pas les deux opérandes à VRAI. Dans ce cas, le résultat est FAUX. Le OUexclusif est VRAI quand l'un des deux opérandes est VRAI, à l'exclusion des deux simultanément. L'expression (A OUex B) est équivalente à (A OU B) ET (NON (A ET B)).

La notation en Java des opérateurs ET, OU, NON est respectivement, &&, ||, !.

Les opérateurs de comparaison

Les opérateurs de comparaison travaillent sur des entiers, des caractères ou des chaînes de caractères (en pseudo-langage seulement), et retournent une valeur booléenne VRAI ou FAUX. Leur notation algorithmique diffère de la notation mathématique. Voici la convention syntaxique utilisée dans cet ouvrage : *égal* se note « = », *différent* se note « <> », *inférieur* se note « < », *supérieur* se note « > », *inférieur ou égal* se note « <= » (cette comparaison s'écrit comme elle se prononce, avec deux symboles), *supérieur ou égal* se note « >= ».

Les variables booléennes

La description d'une condition peut conduire à écrire une expression booléenne complexe qui intègre plusieurs opérateurs. L'emploi de variables booléennes permet de décomposer l'expression logique en expressions plus simples à écrire. Ces variables contiennent les valeurs VRAI ou FAUX. Elles peuvent recevoir le résultat d'un calcul logique, comme dans la syntaxe suivante :

```
EstMajeur ← (âge >= 18)
```

Un test vérifiant si une personne est majeure peut s'écrire :

```
Si (âge >= 18) Alors …
```

Il est également possible d'utiliser une variable booléenne qui peut être directement testée, car elle contient la valeur VRAI ou la valeur FAUX :

```
EstMajeur ← (âge >= 18)
Si (EstMajeur) Alors …
```

1.3 L'instruction Si Alors Sinon

Cette partie présente la forme usuelle d'un test. Sa syntaxe varie légèrement selon les langages de programmation.

Description

Cette instruction possède une version complète et une version courte, qui ne traite pas le cas FAUX. Sa syntaxe générale est :

```
Si (test_booléen) Alors
     instruction1
     instruction2
     ...
Sinon
     instruction3
     instruction4
     ...
FinSi
```

Si la condition testée est VRAI, le premier groupe d'instructions est exécuté (instruction1, instruction2, etc.). Si la condition est FAUX, le second groupe est exécuté (instruction3, instruction4, etc.). Le programme se poursuit ensuite à l'instruction située après le `FinSi`.

La version courte exécute les instructions internes quand la condition est VRAI, et ne fait rien quand la condition est FAUX. Sa syntaxe est :

```
Si (test_booléen) Alors
```

```
        instruction1
        instruction2
        ...
    FinSi
```

L'instruction `if` du langage Java ne possède aucun délimiteur de fin équivalent à `FinSi`, et une seule instruction est autorisée dans le cas VRAI ou dans le cas FAUX. Pour effectuer plusieurs instructions, il faut les regrouper en les encadrant par des accolades.

« Java »

```
if ( (age >= 60) && (Duree_Cotisee >= 40) )
{
 System.out.printf("Vous pouvez partir à la retraite\n") ;
}
else
{
 System.out.printf("Vous ne pouvez pas encore partir à la retraite\n") ;
 System.out.printf("Votre départ est prévu dans %d années\n",60-Age) ;
}
```

Les accolades qui encadrent l'instruction après le `if` ne sont pas obligatoires (une seule instruction utilisée), contrairement à celles qui se trouvent après le `else`.

Un test est une *instruction composée*, c'est-à-dire qu'il contient d'autres instructions internes. C'est aussi le cas des boucles. Les instructions internes peuvent également être des instructions composées, ce qui rend parfois difficile l'interprétation logique du programme. Une bonne présentation du programme devient indispensable pour repérer les différents niveaux d'imbrication. Cela s'obtient en décalant de quelques espaces le début des lignes des instructions internes. On dit alors que ces instructions sont *indentées*. L'indentation est une des règles d'écriture préconisées en génie logiciel.

Gestion des intervalles

L'appartenance à un intervalle vérifie que la variable testée est supérieure (ou égale) à la borne initiale et inférieure (ou égale) à la borne finale de l'intervalle. Vérifier si l'âge d'une personne est compris entre 16 ans (inclus) et 65 ans (exclus) se note :

```
Si ((age >= 16) ET (age < 65)) Alors …
```

Les bornes de l'intervalle sont de même type que la variable testée. Vérifier qu'une lettre est une majuscule revient à la comparer aux constantes caractères 'A' et 'Z'.

```
Si ((lettre >= 'A') ET (lettre <= 'Z')) Alors …
```

Tester si une lettre n'est pas une majuscule s'écrit :

```
Si ( NON ((lettre >= 'A') ET (lettre <= 'Z')) ) Alors …
```

Cela revient à écrire (d'après la distribution du NON sur le ET) :

```
Si ( (NON(lettre >= 'A')) OU (NON(lettre <= 'Z')) ) Alors …
```

Cette dernière ligne se réécrit :

```
Si ( (lettre < 'A') OU (lettre > 'Z') ) Alors …
```

1.4 LE CHOIX MULTIPLE

Le choix multiple intervient quand plus de deux cas sont envisagés. Il s'écrit avec des SI imbriqués, ou avec une instruction spécifique. Cette dernière possibilité n'est pas disponible dans tous les langages.

Imbrication de SI ALORS SINON

Pour assimiler l'écriture d'un choix multiple, prenons l'exemple d'un programme qui teste si une lettre est une majuscule, une minuscule, ou bien si ce n'est pas une lettre de l'alphabet. Le programme envisage d'abord l'appartenance aux majuscules, et si ce n'est pas le cas, regarde si c'est une minuscule. Si aucun des deux premiers cas n'est vérifié, un message apparaît, indiquant que ce n'est pas une lettre de l'alphabet.

```
Si ((lettre >= 'A') ET (lettre <= 'Z')) Alors
   Écrire("C'est une majuscule")
Sinon
   Si ((lettre >= 'a') ET (lettre <= 'z')) Alors
      Écrire("C'est une minuscule")
   Sinon
      Écrire("Ce n'est pas une lettre de l'alphabet")
   FinSi
FinSi
```

Le nombre d'imbrications s'accroît en fonction du nombre de cas à traiter. Deux cas impliquent un SI, trois cas demandent deux SI imbriqués, et ainsi de suite. Un programme qui présente un menu de sélection, où chaque choix déclenche une action, possède un nombre important d'imbrications ce qui diminue sa lisibilité, comme le montre le programme de billetterie suivant dont voici l'interface :

```
-1- Consultation des horaires
-2- Consultation des tarifs
-3- Réservation
-0- Quitter
Choix :
```

Supposons que ce programme soit structuré autour des procédures `Consultation_horaires()`, `Consultation_tarifs()` et `Réservation()`, qui effectuent les traitements liés à chacun des choix.

Le programme conçu avec des SI imbriqués s'écrit :

```
Écrire("-1- Consultation des horaires")
Écrire("-2- Consultation des tarifs")
Écrire("-3- Réservation")
Écrire("-0- Quitter")
Écrire("Choix : ")
Lire(Choix)
Si (choix = 1) Alors
   Consultation_horaires()
Sinon
   Si (choix = 2) Alors
      Consultation_tarifs()
   Sinon
      Si (choix = 3) Alors
         Réservation()
      Sinon
         Si (choix = 0) Alors
            Écrire("Merci de votre visite")
         Sinon
            Écrire("choix incorrect")
         FinSi
      FinSi
   FinSi
FinSi
```

Avec seulement quatre choix, le programme devient difficile à lire. C'est pourquoi certains langages proposent une instruction dédiée aux choix multiples.

L'instruction spécifique SELON FAIRE

L'instruction de choix multiple SELON FAIRE est dédiée aux programmes qui déclenchent des actions en fonction de valeurs précises, comme les menus. Le programme précédent se réécrit :

```
Selon (choix) Faire
   Cas 1 : Consultation_horaires()
   Cas 2 : Consultation_tarifs()
   Cas 3 : Réservation()
   Cas 0 : Écrire("Merci de votre visite")
   Cas par défaut : Écrire("choix incorrect")
FinSelon
```

Le cas `par défaut` est équivalent au SINON de l'instruction SI. Il est optionnel. Voici la syntaxe Java équivalente, les sous-programmes sont ici les méthodes d'une classe `Liste Trains` :

« Java »

```
switch(choix)
 {
     case 1: ListeTrains.Consultation_horaires(); break ;
     case 2: ListeTrains.Consultation_tarifs(); break ;
     case 3: ListeTrains.Reservation(); break ;
     case 0: System.out.printf("Merci de votre visite\n"); break ;
     default : System.out.printf("choix incorrect\n"); break ;
   }
```

La variable utilisée par cette instruction se nomme le *sélecteur*. C'est généralement une variable *scalaire*, c'est-à-dire appartenant à un ensemble ordonné où chaque élément possède un prédécesseur et un successeur. C'est le cas des entiers, et des caractères, mais pas des réels qui possèdent une infinité de valeurs entre deux valeurs précises (comme entre 2,3 et 2,4).

2 Les boucles

L'étude des tests montre comment traiter les différents cas d'un problème donné. Les boucles permettent de multiplier les traitements et d'utiliser pleinement la puissance de calcul des ordinateurs.

2.1 PRÉSENTATION DES BOUCLES

Les boucles sont des *instructions répétitives*. Tout comme les tests, ce sont des instructions composées contenant des instructions internes, qui peuvent être simples ou composées. Les instructions internes sont répétées tant qu'un *test d'arrêt* n'est pas vérifié. Chaque passage dans la boucle s'appelle une *itération*. Les langages de programmation proposent deux types de boucles, les boucles *déterministes* et *non déterministes*.

Une boucle *déterministe* est une boucle dont on connaît *à l'avance* le nombre d'itérations, il en existe généralement qu'une seule, c'est la boucle POUR. Elle se sert d'une variable pour compter le nombre d'itérations effectuées, le *compteur de boucle*.

Une boucle *non déterministe* est une boucle dont on *ne connaît pas à l'avance* le nombre d'itérations. La boucle s'arrêtera, mais on ne sait pas quand ! C'est l'exemple d'une boucle de saisie qui se terminera quand l'utilisateur du logiciel le décidera. Au moment d'écrire le programme, le développeur ne connaît pas le nombre de fois que la boucle sera exécutée. Les boucles déterministes les plus courantes sont la boucle TANT QUE (while), la boucle

FAIRE TANT QUE (do … while) et la boucle RÉPETER JUSQU'À (repeat … until). Nous ne présentons que la boucle TANT QUE.

La boucle POUR

La boucle POUR se nomme `for` dans les différents langages de programmation. Les domaines d'application de cette boucle sont, par exemple, les tableaux (abordés au chapitre 3), puisqu'on connaît le nombre total de cases ou le nombre d'éléments qu'ils contiennent, ou les traitements portant sur N données, N étant connu à l'avance. Voici un exemple de syntaxe de cette boucle. Le traitement présenté effectue la somme des 10 premiers entiers positifs.

```
j ← 0
Pour i variant de 1 à 10 Faire
    j ← j+i
FinPour
```

À chaque passage dans la boucle, le compteur de boucle `i` progresse de 1. Il prend successivement les valeurs 1, 2, 3, …, 10. À la fin de la première itération, `j` vaut 1 ; à la fin de la deuxième, `j` vaut 3 (1 + 2) ; à la fin de la troisième, `j` vaut 6 (3+3), etc. Quand la boucle est terminée, `j` contient le résultat du calcul 1 + 2 + 3 + 4 + 5 + 6 + 7 + 8 + 9 + 10. La boucle équivalente en langage Java se note :

« Java »

```
j = 0;
for (i=1 ; i<11 ; i++)
{
  j = j+i ;
}
```

Dans l'en-tête de l'instruction `for`, l'expression `i=1` précise la valeur initiale du compteur, `i<11` indique le test logique d'arrêt, `i++` indique le pas de progression. `i` évolue de 1 en 1. La condition `i<11` est moins coûteuse en temps de calcul que `i<=10`, car elle n'effectue qu'une seule comparaison. Elle est donc à privilégier. Dans ce cas précis, les accolades peuvent être omises car il n'y a qu'une seule instruction.

La boucle POUR peut définir un *pas de progression* explicite. Le compteur est augmenté de cette valeur à chaque passage. La somme des 10 premiers nombres pairs s'écrit :

```
j ← 0
Pour i variant de 2 à 20 par pas de 2 Faire
    j ← j+i
FinPour
```

L'en-tête de la boucle Java devient :

« Java »

```
for (i=2 ; i<21 ; i+=2) ...
```

La boucle POUR s'exécute 0 fois si la valeur initiale est au-delà de la valeur finale. La boucle suivante qui progresse (de 1 par défaut), possède une valeur initiale 10 plus grande que sa valeur finale 1. Aucune exécution de la boucle n'est effectuée.

```
j ← 0
Pour i variant de 10 à 1 Faire
    j ← j+i
FinPour
```

Dans le cas d'une boucle qui régresse, il faut indiquer un *pas* négatif. Voici une correction de la boucle précédente qui fait varier le compteur de 10 à 1 par *pas* de –1.

```
j ← 0
Pour i variant de 10 à 1 par pas de -1 Faire
    j ← j+i
FinPour
```

Le compteur de boucle peut être un caractère, comme le montre la boucle suivante qui parcourt les lettres majuscules et en fait l'écho à l'écran :

```
Pour lettre variant de 'A' à 'Z' Faire
    Écrire(lettre)
FinPour
```

Cette boucle s'écrit en Java :

« Java »

```
for (lettre='A' ; lettre<='Z' ; lettre++)
{
   System.out.printf("%c\n",lettre) ;
}
```

Attention

La variable qui sert de compteur de boucle (i dans les exemples précédents) ne doit jamais être modifiée dans la boucle, ce qui exclut la possibilité de changer sa valeur par une affectation. Dans le cas contraire, le comportement de la boucle est indéterminé. Elle peut très bien s'arrêter tout de suite comme devenir infinie. Même si certains langages autorisent cette astuce, il n'est pas sain de modifier « à la main » le compteur de la boucle, car cela revient à changer son comportement déterministe (prévu dès le départ). Si on désire arrêter la boucle avant son terme, c'est que la boucle est non déterministe et qu'il faut utiliser une autre instruction que la boucle POUR.

La boucle TANT QUE

Comme la boucle POUR, elle peut s'exécuter de 0 à N fois. Son test est évalué au début de chaque itération, ce qui permet d'exécuter cette boucle un nombre quelconque de fois, y compris 0 fois si le test est FAUX dès le premier passage. La condition utilisée est un *test de continuité*. Tant que la condition est VRAI, la boucle *continue*. Elle s'arrête quand la condition devient FAUX. L'exemple suivant montre une boucle TANT QUE qui effectue la somme des nombres entrés par l'utilisateur tant que la valeur –1 n'est pas saisie :

```
nb ← 0
somme ← 0
Tant Que (nb <> -1) Faire
    Écrire("Entrez un nombre (-1 pour terminer) :")
    Lire(nb)
    Si (nb <> -1) Alors
       somme ← somme + nb
    FinSi
FinTantQue
```

Cette boucle est une *boucle de saisie*. Sa particularité est que la saisie est *dans* la boucle. Au début, la valeur de nb qui est utilisée dans le test est encore inconnue. Elle ne sera définie qu'une fois la boucle commencée. Il faut donc lui affecter une valeur initiale arbitraire pour démarrer la boucle. Cette valeur peut être quelconque, à l'exception de –1 qui arrête la boucle. La valeur initiale fixée est ici 0. La valeur –1 ne doit pas être ajoutée à la somme, un test interne à la boucle l'exclut du calcul. Voici l'écriture de cet exemple en Java :

« Java »

```
int nb = 0 ;
int somme = 0 ;
while (nb != -1)
{
  nb=Saisie.lire_int("Entrez un nombre (-1 pour terminer) : ");
  if (nb != -1)
  {
```

```
        somme = somme + nb ;
    }
  }
```

La boucle TANT QUE peut remplacer une boucle POUR en gérant « à la main » le compteur. Voici le programme calculant la somme des 10 premiers nombres entiers.

```
j ← 0
i ← 1
Tant Que (i < 11) Faire
   j ← j+i
   i ← i+1
FinTantQue
```

Imbrication de boucles

Comme les instructions de test, les boucles peuvent contenir d'autres boucles imbriquées. Une application directe de cette technique est la gestion de tableaux à plusieurs dimensions (les tableaux sont abordés dans le chapitre 3). Quand deux boucles sont imbriquées, la deuxième boucle interne s'exécute complètement pour chaque valeur du compteur de la boucle externe. Elle tourne donc « plus vite ». Dans le cas d'un tableau à deux dimensions, l'indice de la boucle externe représente généralement le numéro de ligne, et l'indice de la boucle interne définit le numéro de colonne. Le programme suivant présente deux boucles imbriquées. La boucle externe affiche son numéro d'itération, et la boucle interne affiche le texte « interne » suivi du numéro d'itération.

```
Pour i variant de 1 à 3 Faire
    Écrire("Boucle externe, itération : ",i)
    Pour j variant de 1 à 4 Faire
      Écrire("interne",j)
    FinPour
FinPour
```

Voici le programme Java `boucles_for_imbriquees.java` :

« Java »

```
// boucles_for_imbriquees.java
import java.io.*;
public class  boucles_for_imbriquees {
 public static void main(String[] args) {
  for (int i=1 ; i<4 ; i++)
  { System.out.printf("\n-- Boucle externe, itération : %d --\n   ",i);
    for (int j=1 ; j<5 ; j++)
    { System.out.printf("interne%d ",j) ; }
  }
  System.out.printf("\n");
 }
}
```

La commande de compilation est :

```
$ javac boucles_for_imbriquees.java
```

Voici l'exécution :

```
$ java boucles_for_imbriquees
-- Boucle externe, itération : 1 --
    interne1 interne2 interne3 interne4
-- Boucle externe, itération : 2 --
    interne1 interne2 interne3 interne4
-- Boucle externe, itération : 3 --
    interne1 interne2 interne3 interne4
```

2.2 Comprendre le fonctionnement d'une boucle

La construction d'une boucle suppose souvent que l'on ajuste les valeurs initiales et le test booléen en la faisant *tourner à la main*. Cette opération consiste à simuler l'exécution de la boucle à la place de l'ordinateur, et à noter à chaque itération les valeurs des différentes variables. On a souvent recours à ce système pour comprendre le dysfonctionnement d'une instruction répétitive, lors d'un développement. Il permet également de comprendre quel calcul effectue une boucle écrite par un autre. C'est la méthode utilisée pour assimiler les algorithmes rencontrés dans la littérature informatique.

Cette partie propose l'étude de l'algorithme `calcul_élémentaire` en le faisant tourner à la main. L'opérateur MOD représente le modulo, c'est-à-dire le reste de la division entière. Ainsi, 25 modulo 12 est égal à 1.

```
Programme calcul_élémentaire
Déclarations
  Variables i,j,k,cpt en Entier
Début
  Écrire("Entrez 2 nombres: ")
  Lire(i,j)
  cpt ← 0
  Tant que (j<>0) Faire
    k ← i MOD j
    i ← j
    j ← k
    cpt ← cpt + 1
  FinTantQue
  Écrire("Résultat : ",i)
  Écrire("Nombre d'itérations : ",cpt)
Fin
```

Supposons que les valeurs saisies pour `i` et `j` soient 24 et 42. La figure 2.1 présente les valeurs de `i`, `j`, `k` et `cpt` pour les différentes itérations (n°) de la boucle. L'itération n°0 correspond aux valeurs avant le début de la boucle.

Figure 2.1

Le déroulement d'une boucle.

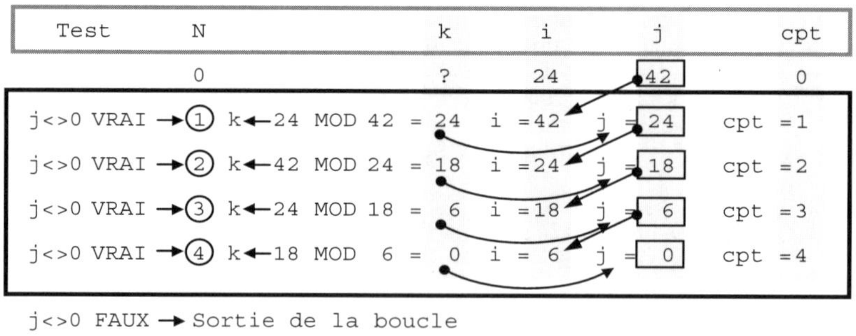

À l'étape n°0, les valeurs de `i` et `j` sont 24 et 42. `cpt` vaut 0 et `k` est indéfini. `j` étant différent de 0, on entre dans la boucle.

À l'itération n°1, `k` vaut 24, `i` possède la valeur 42 et `j` la valeur 24. `cpt` passe à 1. Cette étape inverse les valeurs de `i` et de `j`. `j` étant différent de 0, on boucle une nouvelle fois.

À l'itération n°2, `k` vaut 18, `i` possède la valeur 24 et `j` la valeur 18. `cpt` passe à 2. `j` étant différent de 0, on boucle une nouvelle fois.

À l'itération n°3, `k` vaut 6, `i` possède la valeur 18 et `j` la valeur 6. `cpt` passe à 3. `j` étant différent de 0, on boucle une nouvelle fois.

À l'itération n°4, k vaut 0, i possède la valeur 6 et j la valeur 0. cpt passe à 4. j étant égal à 0, on sort de la boucle.

Le résultat final est contenu dans la variable i. Les valeurs 24 et 42, ainsi que 24 et 30, donnent le résultat 6. Les valeurs 24 et 36 donnent le résultat 12. Ces résultats sont les plus grands diviseurs communs aux valeurs initiales. Ce programme calcule le PGCD (Plus Grand Commun Dénominateur). La variable cpt comptabilise le nombre d'itérations.

Ce programme est une variante de l'algorithme d'Euclide, qui calcule le PGCD par la méthode des soustractions. Le calcul du PGCD possède une application directe dans la réduction des fractions, en déterminant le plus grand diviseur commun au numérateur et au dénominateur. Une fois connu, on peut réduire la fraction en divisant le haut et le bas de la fraction par leur PGCD.

Info

Faire tourner une boucle à la main est le seul moyen fiable pour la comprendre ou la corriger. Il faut appliquer « mécaniquement » les instructions, et comparer leurs résultats avec les valeurs espérées à chaque itération, ou à la fin de la boucle. Les différences permettent de trouver les instructions défaillantes.

Voici le programme Java calculant le PGCD par la méthode des modulos.

« Java »

```
// calcul_elementaire.java
import java.io.*;
import java.util.*;
public class calcul_elementaire {
 public static void main(String[] args) {
  // Saisie des données initiales
  System.out.printf("Entrez 2 entiers : ") ;
  Scanner Entree = new Scanner(System.in);
  int i=Entree.nextInt();
  int j=Entree.nextInt();
  Entree.close();
  int cpt=0  ;
  while (j!=0)
  { int k=i%j ;
    i=j  ; j=k  ; cpt++ ; }
  System.out.printf("Résultat:%d , obtenu en %d itérations\n",i,cpt) ;
 }
}
```

2.3 Construire une boucle

L'étape suivante consiste à construire une boucle qui doit résoudre un problème donné. Elle se fera en trois phases : la constitution du corps de la boucle, la définition des valeurs initiales et l'écriture du test d'arrêt (ou de continuité). Prenons l'exemple d'un programme qui doit calculer x^m. La première étape consiste à réécrire le calcul sous une forme itérative : $x^m = x * x * x * \ldots * x$, *m* fois. Il devient évident qu'un calcul se répète : il s'agit de la multiplication par x.

Constitution du corps de la boucle

Trouver les instructions internes à la boucle revient à pointer le calcul qui fait passer de l'étape N à l'étape N+1. Le résultat de l'étape N est supposé connu, c'est l'*ancien* résultat. Il faut trouver le résultat de l'étape N+1, soit le *nouveau* résultat. Celui-ci servira de point de départ au calcul suivant (N+2). Il deviendra l'ancien résultat pour l'étape N+2. C'est donc la même variable qui contient l'*ancien* et le *nouveau* résultat. À droite du signe d'affectation se trouve la valeur précédente, puisqu'on lit sa valeur. À gauche du signe se trouve la nouvelle valeur, puisqu'on l'affecte. La figure 2.2 présente ce système.

Figure 2.2

Le corps de la boucle.

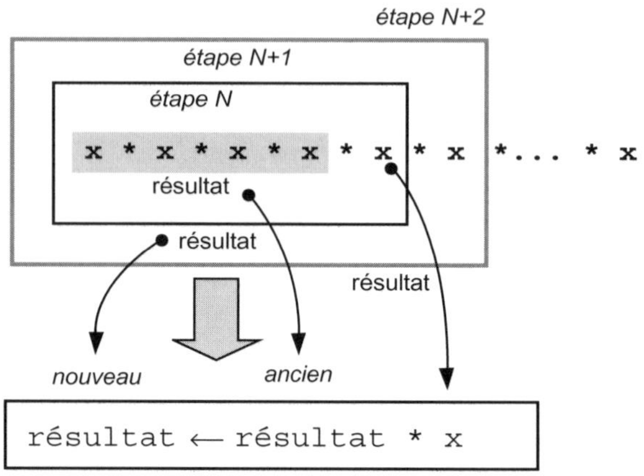

Le corps de la boucle est constitué de l'instruction suivante :

```
résultat ← résultat * x
```

La boucle devra être effectuée *m* fois. Il faut ajouter une autre instruction, qui permet de compter le nombre de passages. Le nouveau corps est le suivant :

```
compteur ← compteur + 1
résultat ← résultat * x
```

Définition des valeurs initiales

Les variables du corps de la boucle, utilisées à droite d'un signe d'affectation, doivent avoir une valeur de départ. Deux variables sont concernées : `résultat` et `compteur`. Leur valeur initiale, en dehors de la boucle, doit permettre d'obtenir à la fin du premier passage le résultat x^1, soit x. Pour que le calcul `résultat*x` donne x, il faut que la valeur initiale de `résultat` soit 1. De même, `compteur` doit contenir la valeur 1 à la fin de la première itération. Sa valeur initiale doit être 0. La boucle devient :

```
compteur ← 0
résultat ← 1
Tant que (    ) Faire
  compteur ← compteur + 1
  résultat ← résultat * x
FinTantQue
```

Écriture du test d'arrêt (ou de continuité)

Le test doit permettre d'exécuter la boucle *m* fois. Une méthode consiste à poser un test *a priori*, et à le vérifier en faisant tourner la boucle. `compteur` indique le nombre de passages ; il sert de test d'arrêt. Posons le test suivant :

```
Tant que (compteur <= m) Faire
```

En faisant tourner la boucle, on s'aperçoit que ce test est FAUX. Il effectue un calcul de trop. Prenons le calcul de x^3 : la valeur de *m* est 3.

Test d'entrée 1er passage : `compteur` vaut 0, `compteur <= 3` est VRAI. À la fin du 1er passage, `compteur` = 1 et `résultat` vaut x.

Test d'entrée 2e passage : `compteur` vaut 1, `compteur <= 3` est VRAI. À la fin du 2e passage, `compteur` = 2 et `résultat` vaut x^2.

Test d'entrée 3e passage : `compteur` vaut 2, `compteur <= 3` est VRAI. À la fin du 3e passage, `compteur` = 3 et `résultat` vaut x^3.

Test d'entrée 4e passage : `compteur` vaut 3, `compteur <= 3` est VRAI. La boucle s'exécute une nouvelle fois alors qu'elle devrait s'arrêter. La valeur 3 ne doit pas permettre une nouvelle exécution. Le test doit être corrigé en strictement inférieur :

```
Tant que (compteur < m) Faire
```

Voici l'algorithme qui calcule la puissance entière d'un nombre.

```
Programme puissance
Déclaration
  Variables x, résultat  en Réel
  Variables compteur, m  en Entier
Début
  Écrire("Entrez le nombre et sa puissance :")
  Lire(x,m)
  compteur ← 0
  résultat ← 1
  Tant que (compteur < m) Faire
    compteur ← compteur + 1
    résultat ← résultat * x
  FinTantQue
  Écrire(x," à la puissance ",m," = ",résultat)
Fin
```

Voici le programme `puissance.java` qui implémente cet algorithme.

« Java »

```
// puissance.java
import java.io.*;
import java.util.*;
public class puissance {
 public static void main(String[] args){
  System.out.printf("Entrez le nombre et sa puissance :") ;
  Scanner Entree = new Scanner(System.in);
  double x=Entree.nextDouble();
  int m=Entree.nextInt();
  Entree.close();
  int compteur=0;
  double resultat=1;
  while (compteur<m)
  { compteur++ ; resultat=resultat*x ; }
  System.out.printf("%5.2f puissance %d =%10.3f\n",x,m,resultat) ;
 }
}
```

L'exécution donne :

```
$ java puissance
Entrez le nombre et sa puissance :2,5 5
 2,50 puissance 5 =    97,656
```

3 Les sous-programmes

Un sous-programme possède la même structure qu'un programme. Il déclare des *variables locales*, que lui seul connaît, et effectue des traitements dans sa partie instructions. Il implémente un calcul particulier, et est appelé par le programme principal ou par un autre sous-programme. Le sous-programme communique avec le programme appelant grâce aux *paramètres* ou aux *variables globales*. Il existe deux types de sous-programmes : les *procédures* et les *fonctions*. En programmation objet, les sous-programmes intégrés aux objets se nomment des *méthodes*, et les variables globales se présentent sous la forme de *propriétés* de la classe.

3.1 Les procédures

Une procédure effectue un traitement qui peut être un calcul, la lecture ou la sauvegarde d'un fichier. Le programme appelant peut lui transmettre les valeurs initiales sur lesquelles effectuer le travail, au moment de l'appel. Ces valeurs initiales se nomment les *paramètres*. Le résultat du traitement s'affiche généralement à l'écran, est stocké dans un fichier, ou bien est rangé dans une *variable globale* ou dans une *propriété de l'objet* que le programme (ou sous-programme) appelant peut ensuite consulter.

Si on prend le modèle d'une équipe de personnes, la procédure est comparable au collaborateur qui fait un travail en complète autonomie, soit à partir d'un dossier transmis par le directeur (paramètres), soit sans information initiale. Il range ensuite son rapport final dans un casier dédié au courrier interne pour son directeur (variable globale ou propriété de l'objet), ou il le présente aux autres collaborateurs (affichage à l'écran).

3.2 Les fonctions

Une fonction effectue les mêmes actions qu'une procédure. Elle possède en plus la faculté de retourner le résultat du traitement directement au programme appelant, sans passer par une variable. Pour le programme appelant, le nom de la fonction contient la valeur retournée. La fonction peut participer à un calcul du programme appelant, ce que ne peut pas faire la procédure.

En conservant l'analogie avec l'équipe de collaborateurs, le collaborateur « fonction » possède les mêmes possibilités que le collaborateur « procédure », mais il est capable, en plus, de rendre le résultat de son travail en « main propre » à son directeur qui lui a commandé.

3.3 Organisation en modules autonomes

Principe

Chaque sous-programme implémente un calcul et participe au traitement général du programme. Les autres sous-programmes ignorent son mode de fonctionnement interne. Seule l'information échangée *via* les paramètres entre les modules de traitement est connue. Cette segmentation des traitements améliore le fonctionnement global du programme en dédiant des modules de traitement à des tâches particulières, et facilite le développement qui se fait par modules. De plus, il devient possible d'optimiser le fonctionnement interne d'un module sans intervenir sur le reste du programme. Dans la phase de conception de l'algorithme global, le développeur doit définir clairement la liste des modules de traitement, leur rôle respectif et leurs interactions réciproques.

Communication entre les modules

Les modules de traitement sont autonomes, mais pas indépendants. Ils s'échangent des informations, grâce aux *paramètres*. Les paramètres sont les données que le sous-programme doit traiter, ils sont généralement présentés entre parenthèses. La syntaxe suivante montre que le calcul de la fonction `puissance()` s'applique aux paramètres `x` et `m`. Il s'agit ici des *paramètres effectifs*, c'est-à-dire des variables utilisées au moment de l'appel de la fonction.

```
res ← puissance(x,m)
```

Les valeurs sur lesquelles travaille réellement le sous-programme ne sont connues qu'au moment de l'appel, pas quand on décrit le traitement à effectuer. L'écriture du sous-programme utilise des variables locales qui formalisent les valeurs reçues au moment de l'appel. Ces variables se nomment les *paramètres formels*. La fonction `puissance()` présentée possède les paramètres formels `nb` et `exposant`. Tout le calcul est décrit avec ces variables locales. La valeur finale du calcul de la fonction, contenue dans une variable locale `résultat` du sous-programme, est retournée au programme appelant par une instruction spécifique, `Retourner`.

```
Fonction puissance(nb, exposant)
Déclarations
  Paramètre nb          en Réel
  Paramètre exposant    en Entier
  Variable résultat     en Réel
  Variable compteur     en Entier
Début
  compteur ← 0
  résultat ← 1
  Tant que (compteur < exposant) Faire
    compteur ← compteur + 1
    résultat ← résultat * nb
  FinTantQue
  Retourner résultat
Fin
```

Le passage des informations entre les paramètres effectifs et les paramètres formels peut se faire par *valeur* ou par *adresse*.

Le passage *par valeur* fournit une copie des paramètres effectifs aux paramètres formels. Dans l'exemple précédent, `x` et `m` transmettent leur valeur à `nb` et à `exposant`. Les paramètres effectifs ne sont donc pas modifiables par le sous-programme, qui ne travaille que sur des copies. Le langage Java impose le passage par valeur aux types de bases comme les entiers, les réels, les caractères et le type String (chaîne de caractères).

Si le passage est *par adresse* ou par référence, les paramètres effectifs deviennent modifiables par le sous-programme, car ils transmettent leur adresse, ce qui implique que le paramètre effectif et le paramètre formel associé pointent sur la même case mémoire. Le langage Java impose le passage par adresse aux objets. Un type simple qui doit être passé par adresse doit être contenu dans un objet. La fonction précédente peut être réécrite en une procédure qui utilise un troisième paramètre passé par adresse, `résultat`. Le symbole « `@` » représente le passage par adresse.

```
Procédure puissance_bis(nb, exposant,@résultat)
Déclaration
  Paramètres nb,résultat  en Réel
  Paramètre  exposant     en Entier
  Variable  compteur      en Entier
Début
  compteur ← 0
  résultat ← 1
  Tant que (compteur < exposant) Faire
    compteur ← compteur + 1
    résultat ← résultat * nb
  FinTantQue
Fin
```

L'appel de la nouvelle procédure par le programme principal diffère de celui d'une fonction. Le programme fournit une troisième variable, passée par adresse, qui contiendra la valeur finale.

```
puissance_bis(x,m,@res)
```

Info

Le passage par valeur protège les variables du programme appelant en ne fournissant au sous-programme qu'une copie des données à traiter. Le passage par adresse peut servir à retourner une information du sous-programme vers le programme appelant. Cependant, si le rôle du sous-programme est d'effectuer un calcul et de retourner le résultat obtenu, il faut privilégier l'écriture d'une fonction.

La communication entre les sous-programmes n'est pas uniquement basée sur le passage de paramètres. En effet, pour certaines « grandes données » du programme qui possèdent un rôle « transversal » à l'ensemble des modules de traitement, le passage de paramètres devient inapproprié. Il faut les rendre visibles pour tous les modules de traitement. C'est le principe des variables *globales*, en programmation procédurale ou des *propriétés* de l'objet accessibles à l'ensemble des méthodes de la classe en programmation objet. Nous utiliserons la syntaxe « `variable globale` » pour déclarer de telles variables.

4 Complexité algorithmique

Le but de tout algorithme est de proposer une solution à un problème posé, en minimisant le temps de traitement. Celui-ci dépend directement du nombre de calculs mis en œuvre. La *complexité algorithmique* informe sur le nombre de calculs, et donc sur la performance d'un programme. Plus la complexité algorithmique est faible, moins l'algorithme effectue de calculs, et plus il est performant.

4.1 Principe

La notion de complexité algorithmique peut paraître abstraite pour de nombreux étudiants. Elle est cependant bien concrète, et son incidence sur le fonctionnement d'un programme est réelle. Les boucles sont la principale cause du nombre important de calculs. Si elles sont indispensables à la programmation, leur utilisation mal contrôlée engendre un nombre croissant de traitements. Au-delà d'un certain nombre, le temps de calcul devient un frein à l'utilisation du programme, ou remet en cause le bien fondé de tel ou tel algorithme. Quelle est l'utilité d'un algorithme dont le nombre trop important de calculs produit un programme qui donne le résultat au bout d'une semaine ? Il faut donc pouvoir évaluer la performance de l'algorithme avant de le programmer.

Un même problème possède généralement plusieurs solutions, implémentées par des algorithmes différents. La comparaison entre ces algorithmes passe par l'étude de leur complexité. Celui qui requiert le moins de calculs est à privilégier, car le programme qui en découle s'exécute plus rapidement.

La gestion de la mémoire est un autre facteur important dans le choix de l'algorithme. Si cet aspect n'est pas pris en compte dans la notion de complexité, il en dépend souvent. Il est usuel d'utiliser plus d'espace mémoire pour minimiser le nombre de traitements. Il faut donc vérifier que la gestion mémoire d'algorithmes performants ne devient pas une nouvelle contrainte à leur utilisation.

4.2 L'ANALYSE DE LA COMPLEXITÉ

Il existe plusieurs méthodes pour analyser la performance d'un algorithme, comme *l'analyse moyenne* ou *l'analyse pessimiste*. L'analyse pessimiste est la plus courante. Elle informe sur le nombre de calculs à prendre en compte dans le pire des cas (contrairement à l'analyse moyenne, qui informe sur le temps moyen des calculs). Si un algorithme de recherche d'une donnée parmi N données initiales parcourt, dans le pire des cas, toutes les données, l'analyse pessimiste indique que la recherche effectue N comparaisons. Dans cet exemple, la complexité algorithmique est notée *O(N)*. La notation O formalise que l'analyse de performance porte sur la limite supérieure. La valeur N indique qu'il faut faire, au maximum, N traitements quand il y a N données initiales. L'intérêt principal de l'analyse pessimiste est d'évaluer les algorithmes dans leur fonctionnement extrême. Aucune mauvaise surprise n'est donc à prévoir, car le pire des cas est connu à l'avance.

4.3 LES GRANDES FAMILLES DE COMPLEXITÉ

Les complexités sont très diverses d'un algorithme à l'autre. On peut néanmoins les regrouper en quelques grandes familles :

- **Les algorithmes *logarithmiques*.** Leur notation est de la forme O(log N). Ce sont des algorithmes très performants en temps de traitement. Le nombre de calculs dépend du logarithme du nombre de données initiales à traiter. La fonction log(n) présente une courbe qui « s'aplatit horizontalement » quand le nombre de données grandit. Ainsi, le nombre de calculs grandit faiblement quand on augmente le nombre de données à traiter. La fonction logarithmique donne un résultat différent selon sa base de calcul. Le logarithme en base 10 de 1000 noté $\log_{10}(1000)$ est égal à 3, le logarithme en base 2 de 1000 noté $\log_2(1000)$ est égal à 9,97, et le logarithme népérien (base 2,718281828) noté ln(1000) est égal à 6,9. Les algorithmes logarithmiques traitent l'ensemble des données en le divisant en deux parties égales, puis recommence le processus sur chaque moitié qui est de nouveau coupée en deux, etc. Il s'agit donc du logarithme en base 2, $\log_2(N)$. Pour simplifier l'écriture de la complexité des algorithmes étudiés, nous utiliserons la notation log(N) à la place de $\log_2(N)$. La recherche par dichotomie fait partie de cette famille d'algorithmes. On recherche dans quelle moitié se trouve la donnée, puis on recommence la recherche en divisant par 2 la moitié sélectionnée.
- **Les algorithmes *linéaires*.** Leur notation est de la forme O(N). Ce sont des algorithmes rapides. Le nombre de calculs dépend, de manière linéaire, du nombre de données initiales à traiter. Si le traitement de 1000 données initiales (N données) requiert 1000 calculs de base pour trouver le résultat, l'algorithme est de complexité O(N). Si, pour la même quantité de données initiales, un autre programme réalise 2000 calculs pour obtenir le résultat, sa complexité est notée : O(2N). C'est l'exemple d'un programme de recherche d'un nom dans une liste de 1000 noms, qui compare ce nom à chacun des noms de la liste, ce qui fait 1000 comparaisons.
- **Les algorithmes *linéaires* et *logarithmiques*.** Leur notation est de la forme O(N log N). Ce sont des algorithmes qui découpent répétitivement un ensemble en deux parties, et qui parcourent complètement chaque partie.
- **Les algorithmes de type *puissance*.** Leur notation est de la forme $O(N^p)$, où « p » est la puissance. On aura par exemple $O(N^2)$ ou $O(N^3)$. Un algorithme qui, dans le cas d'une

liste de 1000 noms, parcourt la liste entière pour chaque nom, procède à 1000 × 1000 calculs. Il est de type $O(N^2)$. Les algorithmes dont la complexité est en puissance de 2 sont aussi appelés *quadratiques*.

- **Les algorithmes *exponentiels* ou *factoriels*.** Leur notation est de la forme $O(e^N)$ ou $O(N\,!)$. Ce sont les algorithmes les plus complexes. Le nombre de calculs augmente de manière exponentielle ou factorielle en fonction des données à traiter. Ainsi, un algorithme exponentiel traitant 10 données initiales effectuera 22 026 calculs, alors que l'algorithme factoriel fera 3 628 800 calculs. On dit généralement que les problèmes produisant ce type d'algorithmes sont « non calculables ». Ils donnent un résultat, mais on ne sait pas quand ! On rencontre ce type d'algorithmes dans les problématiques liées à la programmation de fonctions humaines comme la vision, la reconnaissance des formes, ou l'intelligence artificielle.

4.4 Choisir un algorithme

La littérature propose un nombre important d'algorithmes. Pour un problème donné, il en existe souvent plusieurs. La notion de complexité permet de choisir le meilleur algorithme en temps de traitement. Ce critère ne doit pas être le seul à déterminer le choix. L'espace mémoire nécessaire, et son mode de gestion, doivent aussi être pris en compte. Cet aspect est abordé dans le chapitre 3 portant sur les tableaux et les listes chaînées.

La complexité algorithmique est à prendre en compte quand le traitement porte sur un grand nombre de données. La réduction du temps de traitement justifie le choix d'algorithmes parfois difficiles à programmer. Si le nombre de données est réduit, il est inutile de choisir un algorithme de complexité faible. Une solution plus simple à programmer sera tout aussi performante.

Résumé

Les principaux traitements logiques des programmes sont les tests et les boucles. Les premiers envisagent tous les cas de traitement. Ils déroutent l'exécution du programme vers un groupe d'instructions selon une condition généralement booléenne.

Les boucles représentent le traitement de référence dans les algorithmes. Elles répètent les traitements en faisant progresser le calcul vers sa solution finale. La construction d'une boucle requiert une certaine méthode. Il faut tout d'abord construire le corps de la boucle, puis fixer les valeurs initiales et, enfin, définir le test d'arrêt ou de continuité.

Les sous-programmes organisent le programme en modules de traitement autonomes. Ils segmentent le traitement global en modules plus simples à développer. La communication entre les sous-programmes passe par les paramètres ou les variables globales.

La complexité d'un algorithme est une mesure de son niveau de performance. L'analyse pessimiste qui indique le nombre maximal de calculs à envisager est la plus utilisée.

Problèmes et exercices

Le premier exercice montre comment organiser l'imbrication de boucles. Les exercices suivants (de 2 à 6) étudient la conception des boucles. Les deux derniers exercices portent sur la complexité algorithmique et montrent son incidence directe sur le temps de calcul.

Imbrication de boucles

EXERCICE 1 BOUCLES POUR IMBRIQUÉES

Énoncé

Écrivez un programme qui affiche les tables de multiplication de 1 à N. Le programme demandera la valeur N à l'utilisateur. Il utilisera deux boucles POUR imbriquées : la première parcourra les numéros de tables, et la seconde effectuera les calculs pour une table donnée. L'affichage sera de la forme :

```
    Table de  1:   1   2   3   4   5   6   7   8   9  10
    Table de  2:   2   4   6   8  10  12  14  16  18  20
...
```

Solution

La première boucle POUR utilise la variable table comme compteur. La boucle s'exécute de 1 à N. La seconde boucle interne s'exécute 10 fois pour chaque valeur de N.

```
Programme  tables_de_multiplication
Déclarations
  Variables  table,i, N    en Entier
Début
 Écrire("Entrez le numéro de la dernière table :")
 Lire(N)
 Pour table variant de 1 à N Faire
   Écrire("Table de ",table)
   Pour i variant de 1 à 10 Faire
       Écrire(i*table)
   FinPour
 FinPour
Fin
```

Voici le programme tables_de_multiplication.java qui correspond à cet algorithme.

« Java »

```
// tables_de_multiplication.java
import java.io.*;
public class tables_de_multiplication{
 public static void main(String[] args){
  int  N=Saisie.lire_int("Entrez le numéro de la dernière table :") ;
  for (int table=1;table<=N ;table++)
  { System.out.printf("Table de %2d:",table) ;
     for (int i=1;i<11;i++) System.out.printf("%4d",i*table) ;
     System.out.printf("\n") ;
  }
 }
}
```

Exercices

La commande de compilation est :

```
$ javac tables_de_multiplication.java
```

Le résultat de ce programme est :

```
$ java tables_de_multiplication
Entrez le numéro de la dernière table :3
Table de  1:   1   2   3   4   5   6   7   8   9  10
Table de  2:   2   4   6   8  10  12  14  16  18  20
Table de  3:   3   6   9  12  15  18  21  24  27  30
```

Conception de boucles et création de fonctions

Exercice 2 Tableau d'amortissement d'un crédit

Énoncé

Cet exercice propose d'afficher le tableau d'amortissement d'un crédit immobilier à taux fixe. C'est une application de la boucle POUR, puisque le nombre de mensualités est connu à l'avance. Le calcul de la mensualité a été proposé à l'exercice 1 du chapitre 1. L'algorithme présentera un affichage en colonnes de la mensualité, de l'amortissement, des intérêts, du capital restant dû et du coût de l'assurance.

- L'assurance est un taux mensuel appliqué au capital initial.
- La mensualité hors assurance (M) est calculée en fonction du nombre de mois restant (N), du capital restant dû (C) à l'échéance précédente, du taux d'intérêt mensuel hors assurance (T).

$$M = C \times T \times \frac{(1+T)^N}{(1+T)^N - 1}$$

  La mensualité à afficher est celle avec assurance. C'est la somme de la mensualité calculée avec la formule précédente et du coût mensuel de l'assurance.
- Les intérêts sont calculés suivant le taux mensuel appliqué au capital restant dû.
- L'amortissement est la différence entre la mensualité hors assurance et les intérêts.

Solution

Une boucle POUR, variant de 1 au nombre de mois `NbMois`, effectue pour chaque itération le calcul de la mensualité hors assurance (`MensualitéHA`), de la mensualité avec assurance (`MensualitéAC`), des intérêts mensuels (`Intérêts`), de l'amortissement mensuel (`Amortiss`) et du capital restant dû (`CapRestant`). La première partie du programme reprend le programme `emprunt` proposé à l'exercice 1 du chapitre 1.

```
Programme  emprunt2
Déclarations
  Variables MensualitéHA, MensualitéAC, Capital   en Réel
  Variables NbAn, NbMois, i                       en Entier
  Variables TauxMensuel,TauxAnnuel, TauxAssurance en Réel
  Variables calcul1,calcul2,calcul3,CoutAss       en Réel
  Variables CapRestant, Amortiss, Intérêts        en Réel
  // Saisie des données initiales
  Écrire("Capital :")
  Lire(Capital)
  Écrire("Nombre d'années :")
  Lire(NbAn)
```

```
  Écrire("Taux Annuel Hors Assurance (4.1) :")
  Lire(TauxAnnuel)
  Écrire("Taux Assurance (0.43) :")
  Lire(TauxAssurance)
  // Calculs
  NbMois ← NbAn*12
  TauxMensuel ← (TauxAnnuel/100)/12
  calcul1 ← Capital*TauxMensuel
  calcul2 ← (1+TauxMensuel)**NbMois
  calcul3 ← calcul2-1
  CoutAss ← (Capital*(TauxAssurance/100))/12
  MensualitéHA ← (calcul1*(calcul2/calcul3))
  MensualitéAC ← MensualitéHA+CoutAss
  // Affichage de la mensualité
  Écrire("Mensualité Hors Assurance : ",MensualitéHA)
  Écrire("Coût Assurance par mois   : ",CoutAss)
  Écrire("Mensualité Avec Assurance : ",MensualitéAC)
  // Affichage du tableau d'Amortissement
  CapRestant ← Capital
  Écrire("Mensualité ","Amortissement ","Intérêts ","Capital ","Ass.")
  Pour i variant de 1 à NbMois Faire
    calcul1 ← CapRestant*TauxMensuel
    calcul2 ← (1+TauxMensuel)**(NbMois-i)
    calcul3 ← calcul2-1
    MensualitéHA ← (calcul1*(calcul2/calcul3))
    MensualitéAC ← MensualitéHA+CoutAss
    Intérêts ← calcul1
    Amortiss ← MensualitéHA-Intérêts
    CapRestant ← CapRestant-Amortiss
    Écrire(MensualitéAC," ",Amortiss," "Intérêts," "CapRestant," ",CoutAss)
  FinPour
Fin
```

Voici le programme Java équivalent :

« Java »

```
// emprunt2.java
import java.io.*;
import java.util.*;
class Emprunt {
 private double Capital;
 private int NbAn,NbMois ;
 private double TauxAnnuel,TauxMensuel,TauxAssurance ;
 private double MensualiteHA,MensualiteAC,CoutAss;

 public Emprunt(){
  Scanner Entree = new Scanner(System.in);
  System.out.printf("Capital : ")  ;
  Capital=Entree.nextDouble() ;
  System.out.printf("Nombre d'années : ");
  NbAn=Entree.nextInt();
  System.out.printf("Taux Annuel Hors Assurance (4,1) :") ;
  TauxAnnuel=Entree.nextDouble() ;
  System.out.printf("Taux Assurance (0,43) :") ;
  TauxAssurance=Entree.nextDouble() ;
  NbMois = NbAn*12 ;
  TauxMensuel = (TauxAnnuel/100)/12 ;
  Entree.close();
 }
 public void affiche_mensualite() {
  // Calcul de la mensualité
  double calcul1 = Capital*TauxMensuel ;
  double calcul2 = Math.pow((1+TauxMensuel),NbMois);
  double calcul3 = calcul2-1;
  CoutAss = (Capital*(TauxAssurance/100))/12;
  MensualiteHA = (calcul1*(calcul2/calcul3));
```

Exercices

```
  MensualiteAC = MensualiteHA+CoutAss;
  // Affichage de la mensualité
  System.out.printf("Mensualité Hors Assurance : %8.2f \n",MensualiteHA);
  System.out.printf("Coût Assurance par mois   : %8.2f \n",CoutAss);
  System.out.printf("Mensualité Avec Assurance : %8.2f \n",MensualiteAC);
 }

 public void affiche_amortissement() {
  double CapRestant=Capital;
  System.out.printf("%11s %11s ","Mensualité","Amortiss.");
  System.out.printf("%9s %9s %6s\n","Intérêts","Capital","Ass.");
  for (int i=0 ; i < NbMois ; i++)
  { double calcul1 = CapRestant*TauxMensuel ;
    double calcul2 = Math.pow((1+TauxMensuel),NbMois-i);
    double calcul3 = calcul2-1;
    MensualiteHA = (calcul1*(calcul2/calcul3));
    MensualiteAC = MensualiteHA+CoutAss;
    double Interets= calcul1 ;
    double Amortiss=MensualiteHA-Interets;
    CapRestant=CapRestant-Amortiss;
    System.out.printf("%11.2f %11.2f ",MensualiteAC,Amortiss);
    System.out.printf("%9.2f %9.2f %6.2f\n",Interets,CapRestant,CoutAss);
  }
 }
}
public class emprunt2 {
 public static void main(String[] args) {
 Emprunt pret = new Emprunt();
 pret.affiche_mensualite();
 pret.affiche_amortissement();
 }
}
```

La commande de compilation est :

```
$ javac emprunt2.java
```

Voici une exécution :

```
$ java emprunt2
Capital : 10000
Nombre d'années : 1
Taux Annuel Hors Assurance (4,1) :4,2
Taux Assurance (0,43) :0,38
Mensualité Hors Assurance :   852,41
Coût Assurance par mois   :     3,17
Mensualité Avec Assurance :   855,58
 Mensualité   Amortiss.  Intérêts   Capital   Ass.
     855,58      817,41     35,00   9182,59   3,17
     855,58      820,27     32,14   8362,31   3,17
     855,58      823,15     29,27   7539,17   3,17
     855,58      826,03     26,39   6713,14   3,17
     855,58      828,92     23,50   5884,22   3,17
     855,58      831,82     20,59   5052,41   3,17
     855,58      834,73     17,68   4217,68   3,17
     855,58      837,65     14,76   3380,03   3,17
     855,58      840,58     11,83   2539,44   3,17
     855,58      843,53      8,89   1695,92   3,17
     855,58      846,48      5,94    849,44   3,17
     855,58      849,44      2,97      0,00   3,17
```

Exercice 3 Calcul d'une factorielle

Énoncé

La factorielle de x, notée x!, est le résultat de l'opération 1 * 2 * 3 *... * x. Ainsi, 4 ! = 24, soit le résultat de 1 * 2 * 3 * 4. Écrivez l'algorithme qui calcule la factorielle du nombre demandé à l'utilisateur.

Solution

La boucle utilisée est une boucle POUR, car on connaît le nombre d'itérations à l'avance. L'algorithme est semblable à celui du calcul de la puissance présenté dans ce chapitre, à la différence que le facteur multiplicatif progresse à chaque itération, c'est le compteur de boucle. La variable `résultat` est initialisée à 1 afin d'obtenir le résultat 1 à la fin de la première itération, ce qui correspond à 1!.

```
Programme factorielle
Déclaration
  Variables N, i, résultat en Entier
Début
  Écrire("Entrez un nombre entier positif :")
  Lire(N)
  résultat ← 1
  Pour i variant de 1 à N Faire
     résultat ← résultat * i
  FinPour
  Écrire("Factorielle de ",N," = ",résultat)
Fin
```

Voici le programme `factorielle.java` qui implémente cet algorithme.

« Java »

```
// factorielle.java
import java.io.*;
public class factorielle {
 public static void main(String[] args){
  int N=Saisie.lire_int("Entrez un nombre entier positif :") ;
  int resultat=1;
  for (int i=1 ; i<=N ; i++) resultat=resultat*i ;
  System.out.printf("Factorielle de %d = %d\n",N,resultat) ;
 }
}
```

La commande de compilation est :

```
$ javac factorielle.java
```

L'exécution donne :

```
$ java factorielle
Entrez un nombre entier positif :4
Factorielle de 4 = 24
```

Le programme Java proposé possède une limitation qui dépend de la taille d'un entier sur l'ordinateur où il est compilé. Une factorielle trop grande provoquerait un dépassement de capacité, ce qui produirait un résultat faux, et probablement négatif. Une autre version utilisant un type de donnée plus grand (double) est proposée à l'exercice 4.

Exercice 4 Détermination d'un nombre factoriel

Énoncé

Un entier positif x est un *nombre factoriel* s'il existe un autre entier y, tel que x = y!. À partir du programme précédent, faites un programme qui détermine si le nombre entré par l'utilisateur est un nombre factoriel. Réécrivez le calcul de la factorielle en une fonction `fact()`.

Solution

L'algorithme suivant utilise la fonction `fact(j)` qui retourne le résultat du calcul de la factorielle de l'entier `j`. Une boucle principale teste les factorielles successives 2!, 3!, …, et compare le résultat au nombre entier demandé à l'utilisateur, `i`. La boucle s'arrête quand la factorielle calculée dépasse le nombre `i`. Comme le nombre d'itérations n'est pas connu à l'avance, la boucle utilisée est l'instruction TANT QUE.

```
Programme nombre_factoriel
Déclaration
  Variables nb, fact, j en Entier
  Variable trouvé en Booléen
Début
  Écrire("Entrez un nombre entier positif :")
  Lire(nb)
  fac ← 1
  trouvé ← FAUX
  j ← 0
  Tant que ((fact <= nb) ET (NON trouvé)) Faire
     j ← j + 1
     fact ← factorielle(j)
     Si (fact = nb) Alors
        trouvé ← VRAI
     FinSi
  FinTantQue
  Si (trouvé = VRAI) Alors
     Écrire(nb,"est la factorielle de ",j)
  Sinon
     Écrire(nb,"n'est pas un nombre factoriel")
  FinSi
Fin
// --- fonction factorielle
Fonction factorielle(N)
Déclaration
  Paramètres N en Entier
  Variables i, résultat en Entier
Début
  résultat ← 1
  Pour i variant de 1 à N Faire
     résultat ← résultat * i
  FinPour
  Retourner résultat
Fin
```

Voici le programme `nombre_factoriel.java` qui implémente cet algorithme.

« Java »

```
// nombre_factoriel.java
import java.io.*;
class NombreFact {
 private int nb;

 public NombreFact() {
 nb=Saisie.lire_int("Entrez un nombre entier positif : ") ;
 }
 private int factorielle(int N)
```

```
 { int resultat=1;
  for (int i=1 ; i<=N ; i++) resultat=resultat*i ;
  return resultat;
 }
 public void est_factoriel() {
  int fact=1,j=0 ;
  boolean trouve=false;
  while ((fact<=nb) && (!trouve))
  { if ((fact=factorielle(++j))==nb) trouve=true; }
  if (trouve)
    System.out.printf("%d est la factorielle de %d\n",nb,j) ;
  else
    System.out.printf("%d n'est pas un nombre factoriel\n",nb) ;
 }
}
// ------------------------------------
public class nombre_factoriel {
 public static void main(String[] args) {
 NombreFact NbFact = new NombreFact();
 NbFact.est_factoriel();
 }
}
```

La commande de compilation est :

```
$ javac nombre_factoriel.java
```

L'exécution donne :

```
$ java nombre_factoriel
Entrez un nombre entier positif :24
24 est la factorielle de 4
```

EXERCICE 5 CALCUL D'UNE FONCTION SIN(X)

Énoncé

Cet exercice propose de réécrire le calcul de fonctions mathématiques à partir du développement en *séries entières* d'après la méthode de Taylor-Mac-Laurin. Ces mathématiciens ont montré que toute fonction peut s'écrire comme une suite d'additions (ou de soustractions) de facteurs de x. Ainsi, sinus(x) correspond au calcul :

$$\sin(x) = x - \frac{x^3}{3!} + \frac{x^5}{5!} - \frac{x^7}{7!} + \ldots + (-1)^n \frac{x^{2n+1}}{(2n+1)!} + \ldots$$

Écrivez l'algorithme qui calcule sinus(x). La boucle de traitement devra s'arrêter quand la précision obtenue sera suffisamment grande, ce qui se traduit par une valeur très faible du nouveau facteur de x. La précision sera définie à la 15ème décimale.

Solution

La boucle de traitement est une boucle TANT QUE, puisqu'on ne connaît pas le nombre de calculs nécessaires pour obtenir le résultat. La boucle continue tant que le nouveau facteur calculé est supérieur à la précision voulue. La précision définie à la 15e décimale correspond à la valeur 0,000000000000001. Dans la boucle TANT QUE, le nouveau `facteur` est calculé séparément, car il sert de critère d'arrêt à la boucle. Sa valeur initiale (en dehors de la boucle) est fixée arbitrairement afin de démarrer la boucle. L'alternance des + et des – est obtenue par le calcul $(-1)^n$ qui multiplie le facteur calculé précédemment. Le premier calcul $(-1)^0$ donne +1, le deuxième $(-1)^1$ donne –1, le troisième $(-1)^2$ donne +1, etc.

```
Programme  sinus
Déclarations
  Variables y, x, res, facteur, précision    en Réel
  Variable  n                                en Entier
Début
  Écrire("Entrez la valeur de x:")
  Lire(y)
  x ← y
  précision ← 0,000000000000001
  Écrire("--- calcul par séries entières ---")
  res ← 0
  n ← 0
  facteur ← 9999
  Tant que (facteur>précision) Faire
    facteur ← (x**((2*n)+1))/factorielle((2*n)+1)
    res ← res+(((-1)**n)*facteur)
    Écrire(n,":  sinus= ",res)
    n ← n+1
  FinTantQue
Fin
// --- fonction factorielle
Fonction factorielle(N)
Déclaration
  Paramètres N en Entier
  Variables i, résultat en Entier
Début
  résultat ← 1
  Pour i variant de 1 à N Faire
     résultat ← résultat * i
  FinPour
  Retourner résultat
Fin
```

Voici le programme `sinus.java` qui implémente cet algorithme :

« Java »

```
// sinus.java
import java.io.*;
import java.util.*;
class Calcul_sinus {
  private double x;
  private double precision=0.000000000000001;
  public Calcul_sinus(){
   System.out.printf("Entrez la valeur de x : ");
   Scanner Entree = new Scanner(System.in);
   x=Entree.nextDouble();
   Entree.close();
  }
  private double factorielle(int N)
  { double resultat=1 ;
   for (int i=1 ; i<=N ; i++) resultat=resultat*i ;
   return resultat;
  }
  public void affiche(){
   System.out.printf("\nsin(%4.2f)= %+15.12f (librairie JAVA)\n",x,Math.sin(x));
   System.out.printf("--- calcul par séries entières ---\n");
   double res=0, facteur=9999;
   int n=0;
   while (facteur>precision)
   { facteur=Math.pow(x,(2*n)+1)/factorielle((2*n)+1);
     res=res+(Math.pow(-1,n)*facteur);
     System.out.printf("%2d:  sinus= %+15.12f   facteur= %15.17f\n",n,res,facteur);
     n++; }
  }
}
// -----------------------
public class sinus{
```

```
  public static void main(String[] args){
   Calcul_sinus csin = new Calcul_sinus();
   csin.affiche();
  }
 }
```

La commande de compilation est :

```
$ javac sinus.java
```

L'exécution donne :

```
$ java sinus
Entrez la valeur de x : 0,5

sin(0,50)= +0,479425538604 (librairie JAVA)
--- calcul par séries entières ---
 0:  sinus= +0,500000000000   facteur= 0,50000000000000000
 1:  sinus= +0,479166666667   facteur= 0,02083333333333333
 2:  sinus= +0,479427083333   facteur= 0,00026041666666667
 3:  sinus= +0,479425533234   facteur= 0,00000155009920635
 4:  sinus= +0,479425538616   facteur= 0,00000000538228891
 5:  sinus= +0,479425538604   facteur= 0,00000000001223247
 6:  sinus= +0,479425538604   facteur= 0,00000000000001960
 7:  sinus= +0,479425538604   facteur= 0,00000000000000002
```

Exercice 6 Décomposition d'un nombre décimal en base 8

Énoncé

L'intérêt de cet exercice est de montrer qu'il est plus facile d'aborder un problème complexe en le décomposant en sous-problèmes moins complexes, puis en traitant chaque problème indépendamment.

Nous proposons d'écrire, en plusieurs étapes, un programme qui convertit un nombre décimal en un nombre exprimé dans une autre base comprise entre 2 et 36. Voici quelques exemples de la valeur décimale 2500 exprimée dans les bases 2, 8, 16 ou 36. La valeur de la base est indiquée en indice du nombre.

$$(2500)_{10} = (100111000100)_2 = (4704)_8 = (9C4)_{16} = (1XG)_{36}$$

On constate que les chiffres de certaines bases sont des « lettres ». C'est le cas de toutes les bases supérieures à 10, comme la base 16 qui possède les chiffres 0,1,2,3,4,5,6,7,8,9,A,B,C,D,E,F. Le problème de conversion dans une base supérieure à 10 introduit donc un traitement spécifique aux caractères. Dans un premier temps, simplifions le problème en le réduisant à la conversion dans une base inférieure à 10, comme la base octale (base 8).

La conversion de 2500 en base 8 s'obtient par une suite de divisions entières en cascades (voir figure 2.3). Le reste de la première division exprime les unités, le reste de la deuxième division indique les dizaines, le reste de la troisième représente les centaines, et le reste de la quatrième les milliers.

Exercices

Énoncé

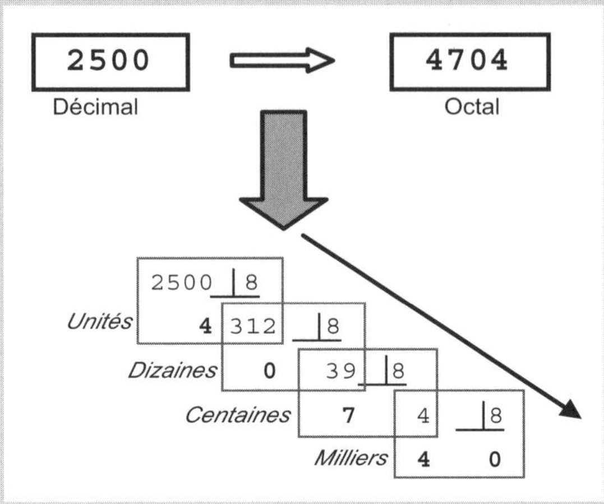

Figure 2.3
Décomposition en base 8.

Les informations obtenues sont dans l'ordre inverse. Les unités apparaissent d'abord. Afficher le résultat sans le traiter donnerait la valeur octale inversée 4074, ce qui est faux. Nous tombons sur un autre problème : il faut ordonner les informations au fur et à mesure que nous les obtenons. Mettre dans l'ordre une suite d'éléments pouvant être des caractères revient à faire du traitement de chaînes. Une nouvelle fois, simplifions le problème en faisant une simple décomposition et non une conversion. Chaque reste obtenu s'affichera simplement.

Nous avons réduit le problème initial à une décomposition en une base inférieure à 10. L'extension aux bases supérieures à 10 et l'inversion du résultat seront traitées au chapitre 3. Voici l'énoncé simplifié.

Écrivez un algorithme qui décompose un entier décimal en un nombre exprimé dans une base comprise entre 2 et 9. Il demandera le nombre à décomposer, la base de calcul, puis il affichera les unités, les dizaines, les centaines, et ainsi de suite. Voici un exemple de son exécution :

```
Entrez un nombre entier : 2500
Base de conversion : 8
4
0
7
4
```

Solution

L'algorithme `convert_base` effectue le calcul présenté à la figure 2.3. Il utilise l'opérateur DIV, qui retourne le quotient de la division entière, et MOD, le modulo qui retourne le reste de cette division. Le corps de la boucle calcule le quotient et le reste, affiche le reste, et prépare la prochaine itération en affectant la valeur de quotient au prochain nombre. Cette boucle continue tant que le quotient est différent de 0.

```
Programme  convert_base
Déclarations
  Variables nb, reste, quotient, base en Entier
Début
  Écrire("Nombre à convertir:")
  Lire(nb)
  Écrire("Base de conversion:")
  Lire(base)
  // valeurs initiales
```

```
    quotient ← 1
    Tant que (quotient <> 0) Faire
      // --- Calcul de cette itération ---
      quotient ← nb DIV base
      reste ← nb MOD base
      // --- Évolution prochaine itération ---
      nb ← quotient
      // --- Affichage du résultat ---
       Écrire(reste)
    FinTantQue
  Fin
```

Voici le programme Java qui effectue ce calcul :

« Java »

```
// convert_base.java
import java.io.*;
import java.util.*;
public class convert_base {
 public static void main(String[] args) {
  Scanner Entree = new Scanner(System.in);
  System.out.printf("Nombre à convertir: ");
  int nb=Entree.nextInt();
  System.out.printf("Base de conversion: ");
  int base=Entree.nextInt();
  Entree.close();
  // valeurs initiales
  int quotient = 1 ;
  while (quotient != 0)
  { quotient = nb / base ;
    int reste= nb % base ;
    // --- Évolution prochaine itération ---
    nb       = quotient      ;
    // --- Affichage du résultat ---
     System.out.printf("%d\n",reste);
  }
 }
}
```

Complexité algorithmique

Cet exercice met en évidence l'importance de la complexité algorithmique. Plus le travail d'analyse est poussé, plus l'algorithme minimise le nombre de calculs et produit un programme performant.

Exercice 7 Nombre premier

Énoncé

Le problème est de déterminer si un nombre entier est un *nombre premier*. Pour mémoire, un *nombre premier* est un nombre strictement supérieur à 1, et qui n'est pas divisible (au sens de la division entière) sauf par 1 et par lui-même. Ainsi, 2 est un nombre premier (il est uniquement divisible par 1 et lui-même), 3 aussi, 4 n'est pas premier (il est divisible par 2), 5 est premier, etc. Le nombre 1 pourrait être considéré comme un nombre premier (il n'est pas divisible sauf par 1 et par lui-même). Il est exclu de la liste des nombres premiers par commodité, car il ne respecte pas certaines lois communes à tous les autres nombres premiers.

Énoncé

La méthode de base consiste à prouver que le nombre à traiter n'est pas premier en recherchant un diviseur qui donne un reste égal à 0. Si on en trouve un, le nombre n'est pas premier. Si aucun diviseur n'est trouvé, il s'agit d'un nombre premier.

a Écrivez l'algorithme `premier` qui effectue ce calcul. On utilisera une boucle POUR afin de tester tous les diviseurs de 2 au nombre –1. Indiquez quelle est sa complexité algorithmique. Le programme demandera un nombre entier et indiquera s'il est premier ou non.

b Améliorez cet algorithme afin de minimiser le nombre de calculs. La première piste à explorer est de traiter le cas des nombres pairs à part. La seconde piste est de travailler sur les nombres qui possèdent plusieurs diviseurs comme 24, pour mettre en évidence une propriété des diviseurs qui en limite la plage de recherche. Écrivez l'algorithme `premier1` qui implémente cette méthode et indiquez quelle est sa complexité algorithmique.

c Modifiez le programme `premier1` pour arrêter le traitement quand un diviseur est trouvé. On remplacera la boucle POUR par une boucle TANT QUE plus adaptée à ce type de traitement.

Solution

a L'algorithme `premier` teste tous les diviseurs compris entre 2 et le nombre –1. Pour déterminer si le nombre 1 000 000 001 (un milliard un) est premier, il faut faire environ un milliard de calculs. Sa complexité est de forme O(N).

```
Programme premier
Déclarations
  Variables nb,diviseur1,diviseur2,reste en Entier
  Variables nb_itérations, i,limite      en Entier
  Variable  trouvé                       en Booléen
Début
  Écrire("Entrez un Nombre :")
  Lire(nb)
  Si (nb <2) Alors
    Écrire("Le nombre doit être supérieur à 1 !")
  Sinon
    nb_itérations ← 0
    limite ← nb-1
    trouvé ← FAUX
    // on teste tous les diviseurs
    Pour i variant de 2 à limite Faire
      nb_itérations ← nb_itérations+1
      reste ← nb MOD i
      Si (reste = 0) Alors
         trouvé ← VRAI
         // on mémorise les diviseurs
         diviseur1 ← i
         diviseur2 ← nb DIV i
      FinSi
    FinPour
    Si (trouvé) Alors
      Écrire(nb," n'est pas premier !")
      Écrire("il est divisible par ",diviseur1," et ",diviseur2)
    Sinon
      Écrire(nb," est un nombre PREMIER !")
    FinSi
    Écrire("Résultat obtenu en ",nb_itérations," itérations")
  FinSi
Fin
```

Le programme `premier.java` est la version Java de cet algorithme.

« Java »

```
// premier.java
import java.io.*;
```

```
import java.util.*;

class NombrePremier{
  private int nb ;
  private boolean SaisieOK ;
  private boolean est_premier ;
  private int diviseur1,diviseur2;
  private int nb_iterations;

  public NombrePremier(){
   System.out.printf("Entrez un Nombre :");
   Scanner Entree=new Scanner(System.in);
   nb=Entree.nextInt();
   Entree.close();
   if (nb <2){
     System.out.printf("Le nombre doit être supérieur à 1 !\n");
     SaisieOK=false;
   }
   else SaisieOK=true;
  }
  public boolean nombre_valide(){
  return(SaisieOK);
  }
  public void calcul(){
   nb_iterations=0;
   int limite=nb-1   ;
   boolean trouve=false ;
   // on teste tous les diviseurs
   for (int i=2; i<=limite ;i++)
   { nb_iterations++;
     int reste = nb%i ;
     if (reste == 0)
     { trouve=true    ;
       // on mémorise les diviseurs
       diviseur1=i    ;
       diviseur2=nb/i ; }
   }
   est_premier=!trouve;
  }
  public void affiche_resultat(){
   if (!est_premier)
   { System.out.printf("%d n'est pas premier !\n",nb);
     System.out.printf("il est divisible par %d et %d\n",diviseur1,diviseur2);
   }
   else System.out.printf("%d est un nombre PREMIER !\n",nb);
   System.out.printf("Résultat obtenu en %d itérations\n",nb_iterations);
  }
}
// ------------------------------------
public class premier{
 public static void main(String[] args){
   NombrePremier nbp=new NombrePremier();
   if (nbp.nombre_valide()){
       nbp.calcul();
       nbp.affiche_resultat();
   }
 }
}
```

La commande de compilation est :

```
$ javac premier.java
```

L'exécution de ce programme utilise la commande `time` qui donne la durée de traitement. Le temps CPU de l'exécution est de 81,68 secondes.

```
$ time java premier
```

```
Entrez un Nombre :1000000001
1000000001 n'est pas premier !
il est divisible par 142857143 et 7
Résultat obtenu en 999999999 itérations
81.68user 0.06system 2:45.26elapsed 49%CPU
```

b En travaillant un peu sur l'analyse, on peut trouver un algorithme plus rapide. Si le nombre est divisible par 2, il est inutile de tester les diviseurs pairs (4, 6, 8, etc.). La recherche se limite aux seules valeurs impaires. La quantité de calculs est diminuée de moitié ; elle passe à 500 millions. Sa complexité est de la forme :

$$O\left(\frac{N}{2}\right)$$

Si on poursuit l'analyse, on s'aperçoit qu'il est inutile d'aller chercher des diviseurs aussi loin. Un nombre divisible possède des couples de diviseurs. Par exemple, le nombre 24 est divisible par 2 et 12, 3 et 8, 4 et 6. La figure 2.4 montre cette symétrie des couples de diviseurs. Si un nombre est divisible, il y a forcément un diviseur à gauche de sa racine carrée. Le troisième algorithme arrête la recherche à la racine carrée du nombre. Le nombre de calculs est à présent de 15 811 au plus (soit la racine carrée de 1 000 000 001 qui est 31 611, divisée par 2 pour les nombres impairs). Sa complexité est de la forme :

$$O\left(\frac{\sqrt{N}}{2}\right)$$

Figure 2.4

Les couples de diviseurs d'un nombre.

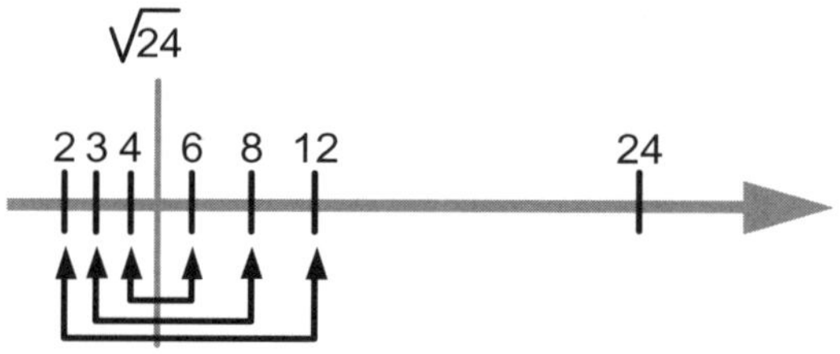

Voici les ajustements apportés à l'algorithme précédent. La valeur de la limite est modifiée. La division par 2 est effectuée avant la boucle. Si le nombre n'est pas divisible par 2, on teste tous les diviseurs impairs.

```
Programme premier1
Déclarations
  ...
Début
  ...
  // la limite est la partie entière de la racine carrée+1
  limite ← partie_entière(racine_carrée(nb)+1)
  nb_itérations ê 0
  trouvé ← FAUX
  Si (nb <> 2) Alors // on exclut 2 qui est premier
    // on retire le cas des nombres pairs
    reste ← nb MOD 2
    Si (reste = 0) Alors
      trouvé ← VRAI
      // on mémorise les diviseurs
      diviseur1 ← 2
      diviseur2 ← nb DIV 2
    Sinon
      // on teste tous les diviseurs impairs
      Pour i variant de 3 à limite par pas de 2 Faire
```

```
        nb_itérations ← nb_itérations+1
        reste ← nb MOD i
        ...
      FinPour
    FinSi
  FinSi
  Si (trouvé) Alors
    ...
```

Le programme premier1.java propose de choisir la limite souhaitée (nombre ou racine carrée). Tous les diviseurs sont recherchés, et le dernier couple s'affiche.

« Java »

```
// premier1.java
import java.io.*;
import java.util.*;

class NombrePremier{
  private int nb ;
  private boolean SaisieOK ;
  private boolean est_premier ;
  private int diviseur1,diviseur2;
  private int nb_iterations, limite;

  public NombrePremier(){
   System.out.printf("Entrez un Nombre :");
   Scanner Entree=new Scanner(System.in);
   nb=Entree.nextInt();
   if (nb <2){
     System.out.printf("Le nombre doit être supérieur à 1 !\n");
     SaisieOK=false;
   }
   else
   { SaisieOK=true;
     System.out.printf("Limite de la recherche ?\n") ;
     System.out.printf("-1- jusqu'au nombre\n") ;
     System.out.printf("-2- jusqu'à sa racine carrée\n") ;
     System.out.printf("Choix (1 ou 2) : ") ;
     int choix=Entree.nextInt();
     if (choix == 1) limite=nb ;
     else limite=(int) (Math.sqrt(nb)+1);
   }
   Entree.close();
  }
  public boolean nombre_valide(){
  return(SaisieOK);
  }
  public void calcul(){
   nb_iterations=0;
   boolean trouve=false ;
   if (nb != 2) // 2 est premier
   { // on retire le cas des nombres pairs
     int reste=nb%2 ;
     if (reste == 0)
     { trouve=true        ;
       // on mémorise les diviseurs
       diviseur1=2     ;
       diviseur2=nb/2 ; }
     else
     {  // on teste tous les diviseurs impairs
        for (int i=3; i<limite ;i+=2)
        { nb_iterations++;
          reste= nb%i ;
          if (reste == 0)
          { trouve=true    ;
             // on mémorise les diviseurs
```

Exercices

```
                diviseur1=i    ;
                diviseur2=nb/i ; }
           }
        }
      }
      est_premier=!trouve;
     }
     public void affiche_resultat(){
      if (!est_premier)
      { System.out.printf("%d n'est pas premier !\n",nb);
        System.out.printf("il est divisible par %d et %d\n",diviseur1,diviseur2);
      }
      else System.out.printf("%d est un nombre PREMIER !\n",nb);
      System.out.printf("Résultat obtenu en %d itérations\n",nb_iterations);
     }
}
// ------------------------------------
public class premier1{
 public static void main(String[] args){
   NombrePremier nbp=new NombrePremier();
   if (nbp.nombre_valide()){
       nbp.calcul();
       nbp.affiche_resultat();
   }
 }
}
```

La commande de compilation est la suivante :

```
$ javac premier1.java
```

La première exécution recherche les diviseurs jusqu'au nombre –1. Le temps CPU fourni par la commande time est de 41,01 secondes.

```
$ time java premier1
Entrez un Nombre :1000000001
Limite de la recherche ?
-1- jusqu'au nombre
-2- jusqu'à sa racine carrée
Choix (1 ou 2) : 1
1000000001 n'est pas premier !
il est divisible par 142857143 et 7
Résultat obtenu en 499999999 itérations
41.01user 0.06system 1:21.87elapsed 50%CPU
```

La deuxième exécution recherche les diviseurs jusqu'à la racine du nombre. Le temps CPU du calcul est de 0,34 seconde.

```
$ time java premier1
Entrez un Nombre :1000000001
Limite de la recherche ?
-1- jusqu'au nombre
-2- jusqu'à sa racine carrée
Choix (1 ou 2) : 2
1000000001 n'est pas premier !
il est divisible par 19019 et 52579
Résultat obtenu en 15810 itérations
0.34user 0.05system 0:02.82elapsed 14%CPU
```

C Les algorithmes précédents font systématiquement tous les calculs, même quand un diviseur est trouvé. Nous sommes bien dans le « pire des cas » de l'analyse pessimiste. Il est possible d'effectuer moins de calculs dans la plupart des cas. La complexité algorithmique ne sera pas réduite, car pour un nombre premier, tous les diviseurs impairs seront testés. La dernière version de l'algorithme arrête le traitement quand un diviseur est trouvé. Une boucle TANT QUE est utilisée à la place de la boucle POUR. Le compteur i est géré « à la main », et un double critère d'arrêt est utilisé pour arrêter le traitement quand un diviseur est trouvé ou quand la limite de recherche est atteinte. Voici la nouvelle boucle.

```
// on teste tous les diviseurs impairs
i ← 3
Tant que ( (NON trouvé) ET (i<=limite)) Faire
     nb_itérations ← nb_itérations+1
     reste ← nb MOD i
     Si (reste = 0) Alors
       ...
     FinSi
     i ← i+2
FinTantQue
```

Voici la méthode `calcul()` du programme `premier2.java` qui implémente cette modification. La limite est fixée à la racine carrée du nombre + 1. Les autres instructions sont identiques au programme `premier1.java` :

« Java »

```
public void calcul(){
   nb_iterations=0;
   boolean trouve=false ;
   if (nb != 2) // 2 est premier
   { // on retire le cas des nombres pairs
     int reste=nb%2 ;
     if (reste == 0)
     { trouve=true        ;
       // on mémorise les diviseurs
       diviseur1=2    ;
       diviseur2=nb/2 ; }
     else
     {  // on teste tous les diviseurs impairs
        int i=3;
        while ( (! trouve) && (i<limite))
        { nb_iterations++;
          reste= nb%i ;
          if (reste == 0)
          { trouve=true    ;
             // on mémorise les diviseurs
             diviseur1=i    ;
             diviseur2=nb/i ; }
          i+=2;
        }
     }
   }
   est_premier=!trouve;
}
```

La commande de compilation est la suivante :

```
$ javac premier2.java
```

Le temps CPU du programme `premier2` sur le nombre 1 000 000 001 est de 0,00 seconde (la valeur est inférieure au centième de seconde).

```
$ time java premier2
Entrez un Nombre :1000000001
1000000001 n'est pas premier !
il est divisible par 7 et 142857143
Résultat obtenu en 3 itérations
0.00user 0.00system 0:02.04elapsed 19%CPU
```

En résumé, pour déterminer si le nombre 1 000 000 001 est premier, les algorithmes présentés utilisent un nombre différent de calculs. Le premier algorithme fait un milliard de calculs, et le résultat est fourni en 81,68 secondes. Le deuxième qui exclut les nombres pairs n'en fait plus que 500 millions, et le résultat apparaît en 41,01 secondes. Le troisième qui se limite à la racine carrée en fait 15 810, et le résultat s'affiche en 0,34 seconde. Le quatrième en fait au maximum 15 810 dans le cas des nombres premiers, et il s'arrête avant dans le cas contraire. Son résultat est instantané dans la plupart des cas. On voit dans cet exemple tout l'intérêt de pousser plus loin l'analyse pour obtenir des algorithmes peu complexes et des programmes performants.

EXERCICE 8 LES N PREMIERS NOMBRES PREMIERS

Énoncé

Modifiez le programme précédent pour afficher la liste des N premiers nombres premiers. La valeur N est demandée à l'utilisateur. Utilisez une fonction `est_nbpremier()` qui effectue la détection du nombre premier passé en argument. Cette fonction sera construite à partir de la dernière version de l'algorithme du nombre premier, présentée à l'exercice 7.

Solution

La boucle principale gère un compteur `j` qui progresse de 1 en 1. La fonction `est_nbpremier()` détecte si `j`, qui est passé en argument, est un nombre premier. À chaque détection d'un nombre premier, un compteur `nbtrouvé` est incrémenté. La boucle s'arrête quand ce compteur atteint la valeur `N` fournie par l'utilisateur.

```
Programme premier3
Déclaration
  Variables N, j, nbtrouvé  en Entier
Début
  nbtrouvé ← 0
  j ← 1
  Écrire("Combien de nombres premiers à trouver ? ")
  Lire(N)
  Tant que (nbtrouvé < N) Faire
    j ← j+1
    Si (est_nbpremier(j)) Alors
      Écrire(j)
      nbtrouvé ← nbtrouvé+1
    FinSi
  FinTantQue
Fin
// --- fonction est_premier
Fonction est_premier(nb)
Déclaration
  Paramètres nb                            en Entier
  Variables reste, nb_itérations, i,limite  en Entier
  Variable  trouvé                         en Booléen
Début
  // partie entière de la racine carrée+1
  limite ← partie_entière(racine_carrée(nb)+1)
  trouvé ← FAUX
  Si (nb <> 2) Alors // on exclut 2 qui est premier
    // on retire le cas des nombres pairs
    reste ← nb MOD 2
    Si (reste = 0) Alors
       trouvé ← VRAI
    Sinon
      // on teste tous les diviseurs impairs
      i ← 3
      Tant que ( (NON trouvé) ET (i<=limite)) Faire
         reste ← nb MOD i
         Si (reste = 0) Alors
           trouvé ← VRAI
         FinSi
```

```
      i ← i+2
    FinTantQue
  FinSi
FinSi
Retourner (NON trouvé)
Fin
```

Voici le programme Java correspondant :

« Java »

```
// premier3.java
import java.io.*;
import java.util.*;
class ListeNbPremier{
  // -------------------------
  private boolean est_nbpremier(int nb)
  {
    int reste,nb_iterations=0;
    // partie entière de la racine carrée+1
    int limite = (int) (Math.sqrt(nb)+1);
    boolean trouve=false  ;
    if (nb != 2) // 2 est premier
    { // on retire le cas des nombres pairs
      reste=nb%2 ;
      if (reste == 0) trouve=true  ;
      else
      { // on teste tous les diviseurs impairs
         int i=3;
         while ( (! trouve) && (i<=limite) )
         { nb_iterations++;
           reste= nb%i ;
           if (reste == 0) trouve=true   ;
           i+=2 ;
         }
      }
    }
    return (!trouve);
  }
  // -------------------------
  public void affiche(int N){
    int j=1,nbtrouve=0 ;
    while (nbtrouve<N)
    { if (est_nbpremier(++j))
      { System.out.printf("%5d ",j);
        nbtrouve++;
        if ((nbtrouve%10)==0) System.out.printf("\n");
      }
    }
    System.out.printf("\n");
  }
}

// -------------------------
public class premier3{
 public static void main(String[] args) {
   ListeNbPremier Liste = new ListeNbPremier();

   System.out.printf("Combien de nombres premiers à trouver ? ");
   Scanner Entree = new Scanner(System.in);
   int N=Entree.nextInt();
   Entree.close();

   Liste.affiche(N);
 }
}
```

La commande de compilation est la suivante :

Exercices

```
$ javac premier3.java
```

Le temps CPU du programme `premier3` sur les 2000 premiers nombres premiers est de 1,39 seconde.

```
$ time java premier3
Combien de nombres premiers à trouver ? 2000
    2     3     5     7    11    13    17    19    23    29
   31    37    41    43    47    53    59    61    67    71
  ...
17321 17327 17333 17341 17351 17359 17377 17383 17387 17389
1.39user 0.16system 0:04.29elapsed 36%CPU
```

L'exécution de ce programme sur les 200 000 premiers nombres premiers prend 30,67 secondes. Or, ce résultat est obtenu sur un vieux micro-ordinateur équipé d'un microprocesseur Pentium II cadencé à 450 MHz ! Le même calcul sur un Macintosh doté d'un processeur G5 cadencé à 1,8 GHz prend 8,73 secondes, ce qui fait gagner 21,94 secondes. Si la vitesse du processeur, ainsi que sa performance, permet de gagner quelques secondes, ce n'est rien comparé au gain provenant de l'algorithme. Si on utilise la version de l'algorithme qui teste tous les diviseurs impairs jusqu'au nombre –1, la détection des 200 000 premiers nombres premiers sur le Macintosh G5 prend alors 1 heure 18 minutes et 45 secondes, au lieu des 8,73 secondes avec l'algorithme qui arrête la recherche à la racine carrée du nombre. Le gain avec la dernière version de l'algorithme est de plus d'une heure ! L'algorithmique est fondamentale. C'est la seule méthode qui permet de réduire efficacement le temps de traitement de l'information.

Chapitre 3

La gestion des données

La définition d'une méthode de traitement et la modélisation des données sont les deux axes complémentaires de la conception algorithmique. Certains traitements sont spécifiques à un type de données, tandis que des organisations particulières de données débouchent sur des traitements originaux et parfois plus rapides.

Ce chapitre étudie la structure des données et leur modélisation, et montre l'incidence du choix d'un modèle sur le temps de traitement ou sur la gestion de la mémoire.

1 Principe de traitement des données

Les variables et les fichiers servent de support aux données, mais chacun possède un rôle différent.

1.1 Le rôle des variables

Les données traitées dans un programme sont localisées dans des zones réservées dans la *mémoire centrale* de l'ordinateur appelées *variables*. Leur taille et le codage dépendent du *type* de la variable. Les variables peuvent être allouées *statiquement* au début du programme ou *dynamiquement* pendant l'exécution. La plupart des langages (à l'exception de Java) réservent l'espace mémoire pour la variable sans le nettoyer. La variable possède alors une valeur quelconque et indéterminée, dès sa création. Il faut l'*initialiser*, c'est-à-dire lui affecter une « bonne » valeur initiale avant de lui appliquer des traitements.

Les variables peuvent être simples ou structurées. Les variables structurées servent à modéliser les données, car elles peuvent aussi bien contenir une grande quantité de données identiques, ce qui est le cas des tableaux, qu'une donnée constituée de plusieurs éléments de types différents, comme les enregistrements ou les objets. Les variables sont détruites quand le programme s'arrête. Il faut donc conserver leurs données : c'est le rôle des fichiers.

1.2 Le rôle des fichiers

Un fichier conserve une copie des données situées en mémoire. Ce n'est qu'un espace de stockage sur le disque dur. Leur traitement se limite à la lecture et à l'écriture. La lecture charge les données dans des variables en mémoire, l'écriture sauvegarde le contenu des variables. Le traitement des données, donc les algorithmes, s'applique aux données contenues dans les variables. Ainsi, « trier un fichier » est un abus de langage, car ce sont les données copiées en mémoire à partir du fichier, qui sont traitées, en aucun cas les données situées dans le fichier.

2 Les tableaux

2.1 Description

Un tableau est une variable qui peut contenir plusieurs *données identiques*. On parlera d'un tableau d'entiers quand chaque case du tableau contient un entier. Il existe des tableaux de réels ou de caractères, mais aussi des tableaux plus complexes, comme des tableaux de tableaux, d'enregistrements ou d'objets. Dans chaque cas, tous les éléments sont identiques, qu'ils correspondent à des données simples ou à des données complexes.

Un tableau possède des *dimensions*. Un tableau à une dimension est un tableau ligne, aussi appelé *vecteur*. Ce type de variable est très utile pour mémoriser une liste de données. Un tableau à deux dimensions (ligne, colonne) trouve son utilité dans le traitement d'images. Un tableau à trois dimensions est un cube. Il peut contenir, par exemple, des données spatiales. Un tableau à quatre dimensions peut mémoriser des données spatiales qui évoluent dans le temps. Le nombre de dimensions n'est pas limité, mais la taille globale d'un tableau augmente fortement avec le nombre de dimensions. La limite vient de l'espace mémoire disponible ou de la limite imposée par le compilateur.

L'accès à une case d'un tableau utilise un indice. Dans un tableau ligne, un seul indice est utilisé. Dans un tableau à deux dimensions, le premier indice représente le numéro de ligne et le deuxième, le numéro de colonne. Un tableau à trois dimensions possède des indices lignes, colonnes et profondeurs. Selon les langages de programmation, l'indice est numérique, caractère ou chaîne de caractères. L'indice numérique débute à 0 pour certains langages ou à n'importe quelle valeur positive ou négative pour d'autres. Pour simplifier, nous utiliserons la convention du langage Java, qui utilise un indice numérique commençant par 0. La figure 3.1 représente un tableau d'entiers à deux dimensions, constitué de 1000 lignes et de 500 colonnes.

Figure 3.1

Tableau à deux dimensions.

Lignes \ Colonnes	0	1	2	...	499
0	0	5	10	...	5
1	2	200	189	...	11
2	255	200	150	...	128
3	200	12	100	...	145
...	...	...	...	...	...
999	5	6	14	...	6

2.2 L'ALLOCATION MÉMOIRE

La particularité d'un tableau est qu'il correspond à une *allocation statique* de la mémoire, ce qui signifie que l'espace mémoire est réservé en début de programme une fois pour toute. Cette allocation statique possède l'avantage de réserver toutes les cases du tableau dès le début du programme, en une seule fois. En contrepartie, le tableau possède une taille fixe, ce qui limite le nombre d'éléments que le programme peut traiter. Pour éviter une limitation trop restrictive, les tableaux sont souvent surdimensionnés par rapport à leur usage courant, ce qui assure un fonctionnement normal, même dans le cas ponctuel d'une grande quantité d'informations.

Voici la convention syntaxique utilisée dans cet ouvrage pour déclarer un tableau. La variable `liste_notes` est un tableau de réels de 50 cases. Le tableau `image` est un tableau d'entiers de 1000 lignes par 500 colonnes.

```
Déclaration
  Variable liste_notes  en Tableau[50]        de Réels
  Variable image        en Tableau[1000][500] d'Entiers
```

Info

La taille d'un tableau doit être évaluée pour éviter de produire un programme qui ne pourra pas être compilé ou exécuté. Si un entier occupe 4 octets, alors le tableau `image` précédent possède une taille approximative de 2 Mo (1000 × 500 × 4 octets). La déclaration de cette variable réserve 2 Mo dans la mémoire centrale. Un tableau `cube` de 1000 × 1000 × 1000 entiers aura une taille de 4 Go, ce qui risque de poser des problèmes à la compilation ou à l'exécution.

Boucles d'initialisation

Initialiser un tableau revient à affecter une valeur initiale à chacune des cases. Comme le nombre de cases est connu à l'avance, l'initialisation se sert de boucles POUR. Les instructions suivantes affectent la valeur –1 à chaque case du tableau à une dimension `liste_notes`. La boucle POUR parcourt toutes les cases du numéro 0 (indice de la première case) au numéro 49 (indice de la dernière case).

```
Pour i variant de 0 à 49 Faire
   liste_notes[i] ← -1
FinPour
```

Dans le cas d'un tableau à deux dimensions, une première boucle balaye les lignes. Une deuxième boucle imbriquée parcourt, pour chaque numéro de ligne, toutes les colonnes. Voici l'initialisation du tableau d'entiers `image` de 1000 lignes par 500 colonnes. Chaque case reçoit la valeur 0.

```
Pour ligne variant de 0 à 999 Faire
   Pour colonne variant de 0 à 499 Faire
       image[ligne][colonne] ← 0
   FinPour
FinPour
```

Le nombre total de traitements est de 1000 × 500. La complexité de l'initialisation d'un tableau de M lignes par N colonnes est en O(M×N). Si M=N, la complexité est en $O(N^2)$.

Boucles de chargement

Le chargement d'un tableau lit une suite de valeurs et les range dans les cases successives du tableau. Le chargement se sert d'une boucle POUR quand le nombre de données est connu à l'avance, et d'une boucle TANT QUE s'il est inconnu. L'exemple suivant charge des notes d'étudiants dans le tableau à une dimension `liste_notes` déclaré précédemment. L'utilisateur saisit une série de notes terminée par la valeur –1, qui sert de critère d'arrêt. Un test interne à la boucle empêche le rangement de la valeur d'arrêt.

```
nb ← 0
i ← 0
Écrire("Entrez une liste de notes (-1 pour terminer) :")
Tant Que (nb <> -1) Faire
   Lire(nb)
   Si (nb <> -1) Alors
       liste_notes[i] ← nb
       i ← i+1
   FinSi
FinTantQue
nbnotes ← i
```

La figure 3.2 montre l'état du tableau en cours de chargement après la lecture de quatre notes, ainsi que la position du compteur `i`. À chaque itération, la variable `nb` lit une note et la range dans la $i^{ème}$ case du tableau. À la première itération, `i` vaut 0 ; la note 12.5 est rangée dans la case 0. À la deuxième itération, `i` vaut 1 ; la note 8.5 est rangée dans la case 1, etc. Le compteur `i`, incrémenté après chaque rangement, « pointe » sur la prochaine case de libre. Il indique également le nombre d'éléments présents dans le tableau. La dernière instruction conserve la valeur finale de `i` dans `nbnotes`.

Figure 3.2

Chargement d'un tableau.

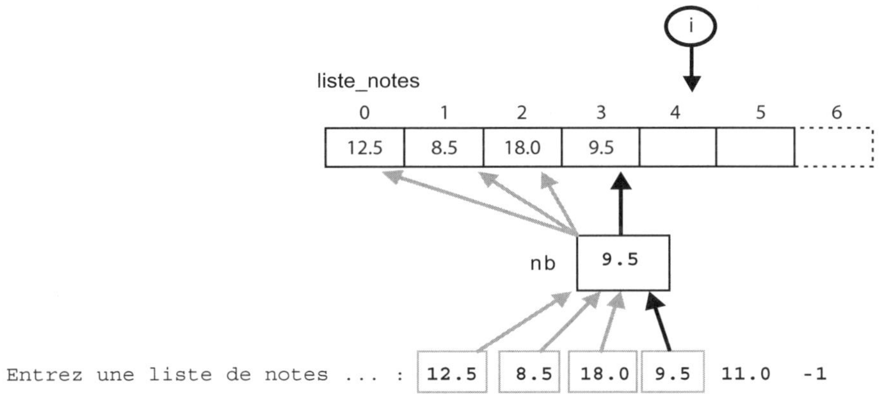

La variable nbnotes permet par la suite de contrôler l'accès au tableau. Le surdimensionnement du tableau implique que seule une partie contiendra des données. Les traitements ultérieurs ne doivent accéder qu'aux cases « valides ». Le contenu des autres cases doit être ignoré, car elles n'ont jamais été affectées. Il existe deux méthodes pour limiter l'accès aux cases qui contiennent des données :

1. La première méthode initialise chaque case avec une valeur qui ne peut pas être confondue avec une « bonne » donnée, par exemple –1 pour un tableau de notes variant de 0 à 20. L'accès à une case vérifie son contenu. Si elle contient la valeur initiale, alors cette case ne doit pas être traitée. Cette méthode est pénalisante, car il faut parcourir le tableau en totalité, ce qui est souvent inutile.
2. La seconde méthode utilise une variable qui indique le nombre d'éléments contenus dans le tableau. C'est la variable nbnotes. La boucle de traitement limitera les calculs aux nbnotes premières cases valides. Il devient inutile d'initialiser le tableau, ce qui réduit le nombre de traitements, et seules les cases qui contiennent des données sont parcourues. La contrainte est que les données doivent se trouver dans des cases contiguës, car aucun « trou » n'est permis dans la liste.

Avec l'utilisation de la variable nbnotes, la boucle de chargement précédente peut être améliorée. La variable nbnotes remplace la variable i comme indice du tableau. On peut aussi retirer le test, ce qui range la note finale –1 dans le tableau. Il suffit de diminuer nbnotes de 1 pour exclure la valeur d'arrêt des traitements ultérieurs.

```
nb ← 0
nbnotes ← 0
Écrire("Entrez une liste de notes (-1 pour terminer) :")
Tant Que (nb <> -1) Faire
   Lire(nb)
   liste_notes[nbnotes] ← nb
   nbnotes ← nbnotes+1
FinTantQue
nbnotes ← nbnotes-1
```

Il faut apporter une dernière modification à la boucle TANT QUE pour éviter le dépassement de la taille du tableau et limiter la saisie à son nombre de cases. Un test supplémentaire affiche un message d'erreur en cas de dépassement de la limite.

```
Tant Que ((nb <> -1) ET (nbnotes<50)) Faire
   ...
FinTantQue
Si (nb = -1) Alors
  nbnotes ← nbnotes-1
Sinon
  Écrire("nombre de notes limité à 50")
FinSi
```

Le chargement d'un tableau à deux dimensions pose un autre problème, celui du passage à la ligne suivante. Seule la connaissance du nombre de lignes (`nblignes`) et de colonnes (`nbcolonnes`) permet de charger correctement les données. Prenons l'exemple d'un fichier qui contient les notes d'une classe d'élèves. Si le nombre d'élèves et le nombre de notes par élève sont connus à l'avance, il n'y a aucun problème. Dans le cas contraire, le fichier doit contenir cette information supplémentaire avant la liste des notes, comme le suggère la figure 3.3, qui présente une première ligne contenant le nombre de lignes et de colonnes.

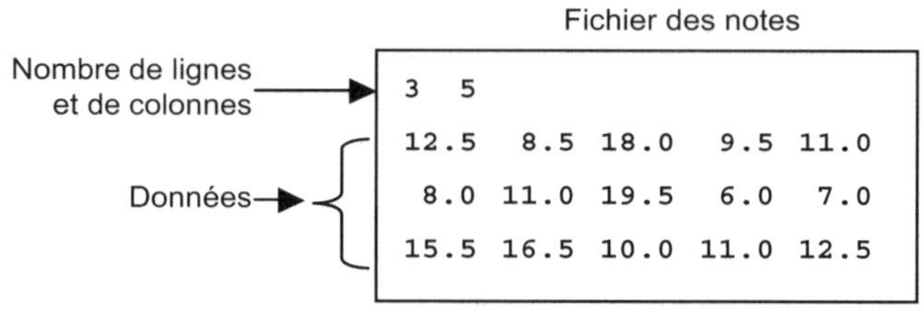

Figure 3.3

Exemple de format d'un fichier.

Voici les instructions qui effectuent le chargement du fichier de notes présenté à la figure 3.3 dans le tableau `tab_notes` de 100 lignes par 20 colonnes. La variable `fic` utilisée dans l'instruction de lecture indique une lecture dans le fichier.

```
Déclaration
  Variable tab_notes  en Tableau[100][20] de Réels
  Variables ligne, colonne, nblignes, nbcolonnes  en Entier
Début
  ...
  Lire(fic,nblignes, nbcolonnes) // Lecture du format du fichier
  Si ((nblignes>100) OU (nbcolonnes>20)) Alors
     Écrire("Fichier trop grand")
  Sinon // Chargement du tableau
     Pour ligne variant de 0 à nblignes-1 Faire
        Pour colonne variant de 0 à nbcolonnes-1 Faire
           Lire(fic,tab_notes[ligne][colonne])
        FinPour
     FinPour
  FinSi
...
Fin
```

Boucles d'affichage

La boucle d'affichage d'un tableau à une dimension est une simple boucle POUR, qui parcourt toutes les cases contenant des données, de 0 à `nbnotes-1`.

```
Pour i variant de 0 à nbnotes-1 Faire
  Écrire(liste_notes[i])
FinPour
```

L'affichage du tableau à deux dimensions `tab_notes` se sert de deux boucles POUR imbriquées. Les variables `nblignes` et `nbcolonnes` contiennent le nombre de lignes et de colonnes. Les autres cases du tableau qui n'ont pas été affectées par un calcul ou une lecture ne s'affichent pas.

```
Pour ligne variant de 0 à nblignes-1 Faire
  Pour colonne variant de 0 à nbcolonnes-1 Faire
    Écrire(tab_notes[ligne][colonne])
  FinPour
  Écrire(SAUT_DE_LIGNE)
FinPour
```

Si l'affichage de la série de notes se fait sur la même ligne d'écran, un saut de ligne explicite doit être effectué après la boucle interne, comme le suggère la syntaxe `Écrire(SAUT_DE_LIGNE)`. Voici le programme `chargement_liste_notes.java` qui charge et affiche le tableau à une dimension `liste_notes`. La classe `CTabNotes` définit un objet contenant le tableau `tab_notes`, et un entier `nbnotes`. Le constructeur de cette classe alloue le tableau par l'instruction new, initialise nbnotes à 0 et charge le tableau. Cette classe possède la méthode `affichage()`. L'objet Liste est une instance de cette classe.

« Java »

```
// chargement_liste_notes.java
import java.io.*;
import java.util.*;
class CTabNotes {
 static final int TAILLE=100 ;
 private double[] tab_notes  ;
 private int nbnotes         ;
 // -------constructeur-------
 public CTabNotes(){
  nbnotes=0;
  tab_notes = new double[TAILLE];
  System.out.printf("Entrez une liste de notes (-1 pour terminer) : ");
  Scanner Entree = new Scanner(System.in);
  Entree.useLocale(Locale.FRENCH)        ;
  // --- boucle de chargement ---
  double nb=0;
  while ((nb != -1) && (nbnotes < TAILLE))
  { nb=Entree.nextDouble();
    tab_notes[nbnotes++]=nb; }
  Entree.close();
  if (nb == -1) nbnotes--;
  else System.out.printf("nombre de valeurs limité à %d\n",TAILLE);
 }
// -------------------------
 public void affiche() {
  System.out.printf("Contenu du tableau : ");
  for (int i=0;i<nbnotes;i++) System.out.printf("%5.2f ",tab_notes[i]);
  System.out.printf("\n");
 }
}
// -------------------------
 public class chargement_liste_notes{
  public static void main(String[] args) {
     CTabNotes Liste = new CTabNotes();
     Liste.affiche();
  }
}
```

Voici un exemple d'exécution de ce programme :

```
$ java chargement_liste_notes
Entrez une liste de notes (-1 pour terminer) : 12,0 8,5 11,5 7,5 -1
Contenu du tableau : 12,00  8,50 11,50  7,50
```

Boucles de traitement

La boucle de traitement d'un tableau dont on connaît le nombre d'éléments est une boucle POUR. Le traitement suivant calcule la moyenne des notes contenues dans `liste_notes`. La boucle POUR fait la somme des cases qui contiennent une note (de 0 à `nbnotes-1`). Cette somme est ensuite divisée par le nombre de notes pour obtenir la moyenne.

```
somme ← 0
Pour i variant de 0 à nbnotes-1 Faire
  somme ← somme + liste_notes[i]
```

```
FinPour
moyenne ← somme / nbnotes
```

Certains traitements n'ont pas besoin de parcourir toutes les cases. C'est le cas de la recherche séquentielle, qui s'arrête quand la donnée est trouvée. La boucle POUR est remplacée par une boucle TANT QUE, avec un double critère d'arrêt. La boucle continue tant que la donnée n'est pas trouvée et que la fin du tableau n'est pas atteinte. La variable numcase indique le numéro de la case où se trouve la donnée recherchée.

```
Écrire("Note à rechercher :")
Lire(note_recherchée)
trouvé ← FAUX
trouvé ← FAUX
i ← 0
Tant que ((NON trouvé) ET (i<nbnotes)) Faire
  Si (note_recherchée = liste_notes[i]) Alors
     trouvé ← VRAI
     numcase ← i
  Sinon
     i ← i+1
  FinSi
FinTantQue
```

Voici le programme recherche_liste_notes.java qui implémente cet algorithme. Les propriétés de la classe CTabNotes, le constructeur et la méthode affiche() sont présentés dans le programme chargement_liste_notes.java. Les lignes correspondantes sont remplacées par « ... ».

« Java »

```
// recherche_liste_notes.java
import java.io.*;
import java.util.*;
class CTabNotes {
 ...
 }
// -------------------------
 public void affiche() {
  ...
 }
// -------------------------
 public void recherche() {
  double note_recherche ;
  System.out.printf("Note à rechercher :");
  Scanner Entree = new Scanner(System.in);
  Entree.useLocale(Locale.FRENCH)        ;
  note_recherche=Entree.nextDouble()     ;
  boolean trouve=false;
  int i=0, numcase=-1;
  while ((! trouve) && (i<nbnotes)) {
      if (note_recherche == tab_notes[i++])
      { trouve=true;
        numcase=i-1;
      }
  }
  if (trouve)
     System.out.printf("%5.2f est la note numéro %d\n",note_recherche, numcase+1);
  else
     System.out.printf("%5.2f non trouvée \n",note_recherche);
 }
}
// -------------------------
 public class recherche_liste_notes{
  public static void main(String[] args) {
     CTabNotes Liste = new CTabNotes();
     Liste.affiche();
```

```
        Liste.recherche();
    }
}
```

Accès à un élément

Chaque élément du tableau est accessible directement grâce à l'indice de sa case (ou les indices quand il y a plusieurs dimensions), ce qui est le principal avantage de ce type de données. Le tableau occupe un seul bloc en mémoire. L'accès à une case provoque un déplacement en mémoire à partir du début de cet espace. Le bloc est linéaire, même pour un tableau à plusieurs dimensions. Les lignes sont disposées les unes derrière les autres. La figure 3.4 montre que, pour accéder à la case 1 de la deuxième ligne, il faut se déplacer de 1001 cases, soit (2 x 500) +1.

Figure 3.4

Implémentation mémoire d'un tableau à deux dimensions.

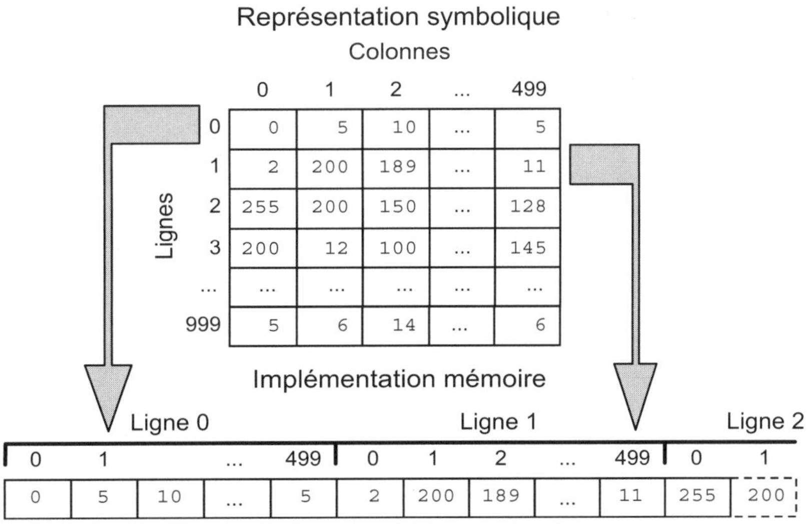

Insertion d'un nouvel élément

Dans cette partie, nous montrons comment insérer un élément dans un tableau ligne. Afin d'optimiser l'accès aux données quand le tableau n'est pas totalement rempli, toutes les données sont regroupées au début du tableau. Il n'y a donc aucun « trou ». L'ajout d'un nouvel élément à la fin de la liste ne pose aucun problème. Il suffit de déduire le numéro de la case de rangement à partir du nombre d'éléments. Le problème change si le tableau est trié, car l'ajout d'une donnée doit respecter l'ordre établi. Il faut insérer la nouvelle donnée directement à la bonne place. C'est le mécanisme de base du *tri par insertion*.

L'insertion d'une donnée à une place précise doit libérer la case qui doit recevoir la donnée, en décalant d'une case toute la partie droite du tableau à partir de cette position, puis copier la donnée dans la case libérée. Pour éviter toute perte de données, le décalage part de la fin pour remonter vers la position d'insertion. Le décalage débute à la dernière case qui contient une donnée, se poursuit sur l'avant-dernière case, et ainsi de suite. Ce processus est présenté à la figure 3.5.

Figure 3.5

Insertion d'un élément dans un tableau ligne.

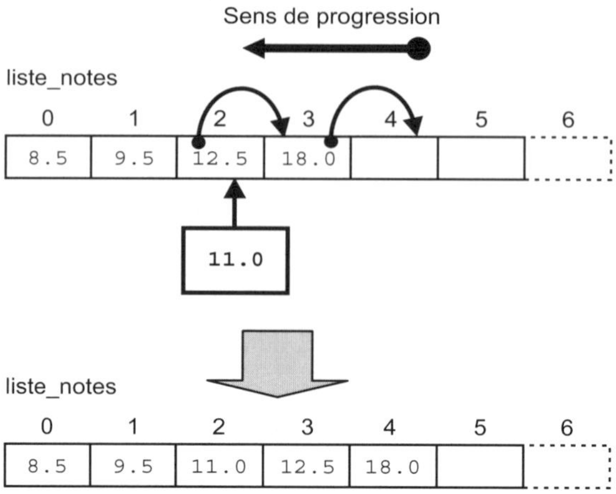

Voici les instructions qui insèrent une note à la case numcase. La boucle POUR, qui régresse, effectue le décalage des cases de nbnotes à numcase+1. La case indiquée par i (liste_notes[i]) reçoit le contenu de la case précédente (liste_notes[i-1]). La variable i est décrémentée à chaque itération. La dernière itération affecte le contenu de la case numcase à la case numcase+1. La variable nbnotes est mise à jour pour les traitements ultérieurs.

```
// boucle de décalage
Pour i variant de nbnotes à numcase+1 par pas de -1 Faire
    liste_notes[i] ← liste_notes[i-1]
FinPour
// insertion dans la case numcase
liste_notes[numcase] ← note_a_inserer
nbnotes ← nbnotes+1
```

Voici le programme Java insertion_liste_notes.java qui effectue ce traitement. Après la saisie de la liste des notes, une nouvelle note est insérée à la position indiquée par l'utilisateur. Le code du constructeur, de la méthode affichage() et des propriétés de la classe CTabNotes sont remplacés par des « ... ».

« Java »

```
// insertion_liste_notes.java
import java.io.*;
import java.util.*;
class CTabNotes {
  ...
 }
// -------------------------
 public void affiche() {
  ...
 }
// -------------------------
 public void insertion() {
  if (nbnotes == TAILLE) {
     System.out.printf("Insertion d'une nouvelle note impossible\n");
     System.out.printf("la liste contient %d notes\n",nbnotes);
  }
  else {  // --- insertion ---
    System.out.printf("Note à insérer :")  ;
    Scanner Entree = new Scanner(System.in);
    Entree.useLocale(Locale.FRENCH);
    double note_a_inserer = Entree.nextDouble();
    System.out.printf("Position :")  ;
    int pos = Entree.nextInt();
    if ((pos<=0) || (pos>nbnotes)) {
```

```
        System.out.printf("Position incorrecte dans une liste\n");
        System.out.printf("de %d notes\n",nbnotes);
      }
      else { // décalage des cases
        int numcase=pos-1;
        for (int i=nbnotes ; i>numcase ; i--)
             tab_notes[i]=tab_notes[i-1];
        // insertion dans la case numcase
        tab_notes[numcase]=note_a_inserer ;
        nbnotes++;
      }
    }
  }
}
// -------------------------
 public class insertion_liste_notes{
  public static void main(String[] args) {
     CTabNotes Liste = new CTabNotes();
     Liste.affiche();
     Liste.insertion();
     Liste.affiche();
  }
}
```

Suppression d'un élément

De la même manière que l'insertion, la suppression d'un élément d'un tableau qui contient une liste de données ne modifie pas le nombre de cases, mais décale vers la gauche les éléments situés à droite de l'élément à supprimer (voir figure 3.6). Le premier décalage écrase la valeur à supprimer par le contenu de la case de droite. Les décalages suivants répètent cette opération sur les cases suivantes, jusqu'à la fin des données.

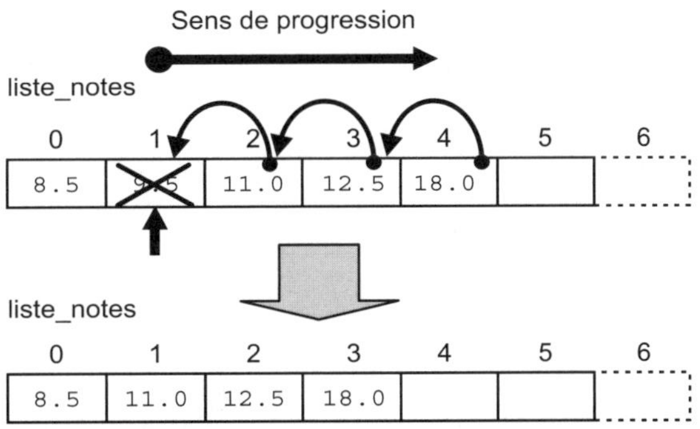

Figure 3.6

Suppression d'un élément dans un tableau ligne.

Les instructions suivantes décalent les données à partir de la case numcase. La case indiquée par i (liste_notes[i]) reçoit le contenu de la case suivante (liste_notes[i+1]). i est incrémentée à chaque itération de la boucle. La variable nbnotes est mise à jour pour les traitements ultérieurs.

```
Pour i variant de numcase à nbnotes-2 Faire
  liste_notes[i] ← liste_notes[i+1];
FinPour
nbnotes ← nbnotes-1
```

Voici le programme Java destruction_liste_notes.java qui effectue ce traitement. Les instructions déjà présentées sont remplacées par des « ... ».

« Java »

```
// destruction_liste_notes.java
import java.io.*;
```

```
import java.util.*;
class CTabNotes {
  ...
 }
 // -------------------------
 public void affiche() {
  ...
 }
 // -------------------------
 public void destruction() {
    System.out.printf("Position de la note à supprimer :")  ;
    Scanner Entree = new Scanner(System.in);
    int pos = Entree.nextInt();
    if ((pos<=0) || (pos>nbnotes))
     System.out.printf("Position incorrecte dans une liste de %d notes\n",nbnotes);
    else { // décalage des cases
      int numcase=pos-1;
      for (int i=numcase ; i<nbnotes-1 ; i++)
          tab_notes[i]=tab_notes[i+1];
      nbnotes--;
    }
 }
}
// -------------------------
 public class destruction_liste_notes{
  public static void main(String[] args) {
     CTabNotes Liste = new CTabNotes();
     Liste.affiche();
     Liste.destruction();
     Liste.affiche();
  }
}
```

Inversion de deux éléments

L'inversion du contenu de deux cases est le processus élémentaire de l'algorithme du *tri par bulles*, étudié au chapitre 6. Le contenu de la première case est d'abord mémorisé dans une variable annexe. Cette case reçoit ensuite le contenu de la deuxième. Puis, la deuxième case reçoit la donnée sauvegardée dans la variable annexe. Ce processus est décrit à la figure 3.7.

Figure 3.7

Inversion de deux cases.

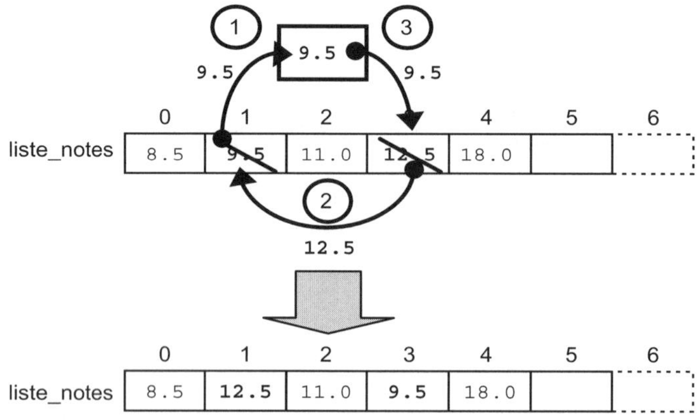

Les instructions suivantes effectuent l'inversion des cases d'indices pos1 et pos2. La variable nb reçoit la copie de la première des deux cases à inverser.

```
nb ← liste_notes[pos1]
liste_notes[pos1] ← liste_notes[pos2]
```

```
liste_notes[pos2] ← nb
```

Voici le programme Java `inversion_liste_notes.java` qui effectue ce traitement. Les instructions déjà présentées sont remplacées par des « ... ».

« Java »

```
// inversion_liste_notes.java

import java.io.*;
import java.util.*;
class CTabNotes {
  ...
 }
 // -------------------------
 public void affiche() {
  ...
 }
 // -------------------------
 public void inversion() {
  System.out.printf("Positions des deux notes à inverser :")  ;
  Scanner Entree = new Scanner(System.in);
  int pos1 = Entree.nextInt();
  int pos2 = Entree.nextInt();
  if (((pos1>0) && (pos1<=nbnotes)) && ((pos2>0) && (pos2<=nbnotes)))
  { pos1-- ; pos2-- ;
    System.out.printf("Inversion de %5.2f ",tab_notes[pos1]);
    System.out.printf("et %5.2f\n",tab_notes[pos2])          ;
    double nb=tab_notes[pos1]        ;
    tab_notes[pos1]=tab_notes[pos2] ;
    tab_notes[pos2]=nb              ;
  }
  else
    System.out.printf("Positions incorrectes\n");
 }
}
// -------------------------
 public class inversion_liste_notes{
  public static void main(String[] args) {
     CTabNotes Liste = new CTabNotes();
     Liste.affiche();
     Liste.inversion();
     Liste.affiche();
  }
 }
```

3 Les enregistrements

Les *enregistrements* ou *structures* viennent en complément des tableaux dans la gestion de données complexes. Lorsqu'ils contiennent à la fois les données et les traitements qui leur sont appliqués, on parle alors d'*objets*.

3.1 Description

Un enregistrement, comme un tableau, est un agrégat de données. Il regroupe un ensemble d'informations dans une même zone mémoire. Alors qu'un tableau ne peut contenir qu'un ensemble de données identiques, un enregistrement est constitué d'une suite d'éléments qui peuvent être de types différents. Un enregistrement permet la modélisation de données constituées d'un ensemble d'informations différentes, comme un cheval dans une course hippique représenté par son nom (une chaîne), son dossard (un entier), son temps à l'arrivée (un réel), et son classement (un entier).

Chaque élément d'un enregistrement constitue un *champ*. Dans le cas d'un objet, on parle d'*attributs* ou de *propriétés*. L'ensemble des champs forme la donnée. Contrairement au tableau où toutes les cases sont identiques, et donc assimilables entre elles, ce qui autorise leur numérotation, les champs d'un enregistrement sont *nommés*, car ils diffèrent les uns des autres.

3.2 Gestion d'un enregistrement

La définition d'un nom de champ à la place d'un numéro empêche tout traitement des éléments d'un enregistrement par une boucle, ce qui constitue le principal inconvénient de ce type de données. Chaque champ doit être géré individuellement.

De plus, un enregistrement est conçu pour contenir les informations d'une même et unique donnée. On peut, par exemple, gérer un cheval de course, mais pas l'ensemble des chevaux d'une course hippique. Pour cela, il faut combiner les enregistrements avec les tableaux, ou bien construire des listes chaînées d'enregistrements grâce aux pointeurs. Ces deux organisations, qui servent à modéliser des listes de données complexes, sont étudiées aux sections 5 et 6 de ce chapitre.

La figure 3.8 présente un enregistrement qui symbolise un cheval d'une course hippique. Il possède les champs `nom`, `dossard`, `temps` et `classement`.

Figure 3.8

Représentation d'un enregistrement.

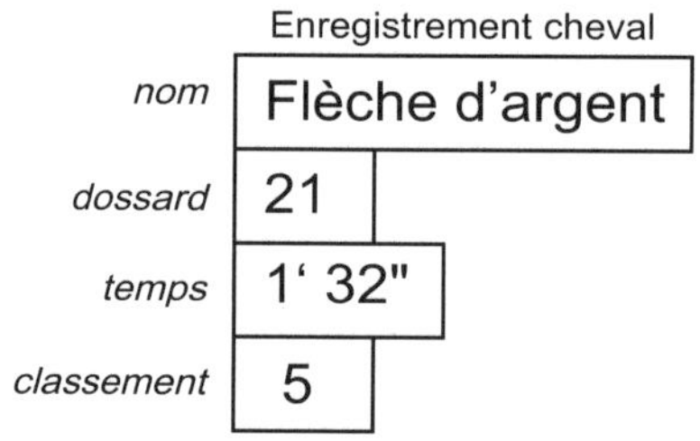

Les syntaxes suivantes déclarent le type `cheval_de_course` et la variable `cheval` en pseudo-langage. En langage objet, la déclaration du type est remplacée par celle de la *classe*. Le variable `cheval` devient alors une instance de cette classe.

```
Déclaration
  Type cheval_de_course  en Enregistrement
                              champ nom        en Chaîne
                              champ dossard    en Entier
                              champ temps      en Réel
                              champ classement en Entier
                          Fin d'Enregistrement
  Variable cheval        en cheval_de_course
```

L'accès au champ `dossard` de la variable `cheval` se note `cheval.dossard`. Le programme suivant saisit les informations de `cheval`, affecte les champs `temps` et `classement` par des valeurs initiales, puis affiche l'ensemble des champs.

```
// saisie des informations
Écrire("Nom du cheval     : ")
Lire(cheval.nom)
Écrire("Dossard du cheval : ")
Lire(cheval.dossard)
// initialisation de deux champs
cheval.temps ← 0
```

```
cheval.classement ← 0
// affichage des informations
Écrire(cheval.nom, cheval.dossard, cheval.temps, cheval.classement)
```

Voici le programme Java `lecture_affichage_cheval.java` équivalent :

« Java »

```
// lecture_affichage_cheval.java
import java.io.*;
import java.util.*;
class CCheval {
 private String nom      ;
 private int dossard     ;
 private double temps    ;
 private int classement ;
 // -------constructeur-------
 public CCheval(){
  Scanner Entree = new Scanner(System.in);
  Entree.useLocale(Locale.FRENCH)        ;
  // saisie des informations
  System.out.printf("Nom du cheval     : ");
  nom=Entree.nextLine();
  System.out.printf("Dossard du cheval : ");
  dossard=Entree.nextInt();
  temps=0;classement=0;
 }
// -------------------------
 public void affiche() {
  System.out.printf("Nom      Dossard  Temps  Classement\n");
  System.out.printf("%-8s %5d %8.2f %6d\n",nom,dossard,temps,classement);
 }
}
// -------------------------
 public class lecture_affichage_cheval{
  public static void main(String[] args) {
     CCheval cheval = new CCheval();
     cheval.affiche();
  }
}
```

Voici un exemple d'exécution :

```
$ java lecture_affichage_cheval
Nom du cheval     : Flèche
Dossard du cheval : 18
Nom      Dossard  Temps  Classement
Flèche      18     0,00      0
```

Un enregistrement ne contient qu'une seule donnée. Une liste de données complexes peut être construite à partir de tableaux d'enregistrements ou de listes chaînées, qui associent les enregistrements et les pointeurs. Pour bien comprendre l'intérêt de chaque modèle, il faut d'abord assimiler le fonctionnement des pointeurs.

4 Les pointeurs

L'étude des pointeurs débouche sur l'allocation dynamique de la mémoire. Cette gestion optimale, où seul l'espace mémoire nécessaire est réservé, possède un inconvénient majeur : sa complexité d'écriture. Avant d'aborder la gestion dynamique, il est nécessaire de se familiariser avec le fonctionnement des pointeurs.

4.1 DESCRIPTION

Un *pointeur* est une variable qui contient une *adresse mémoire*. Cette adresse peut être celle d'une autre variable, ou bien celle d'un espace mémoire alloué dynamiquement pendant l'exécution du logiciel. Cette allocation dynamique constitue le principal atout des pointeurs.

Le type du pointeur dépend de la nature de la donnée pointée. On parle de pointeur d'entier, de pointeur de réel, de pointeur d'enregistrement ou d'objet. Voici la déclaration de la variable pt_ent de type pointeur d'entier :

```
Déclaration
  Variable pt_ent  en Pointeur d'Entier
```

La syntaxe qui permet d'accéder à la donnée pointée varie d'un langage à l'autre. Nous utiliserons la convention, qui s'appuie sur le caractère « * » comme préfixe. Si pt_ent est un pointeur d'entier, alors *pt_ent est la valeur entière pointée. La syntaxe suivante affecte la valeur 0 à l'entier adressé par pt_ent :

```
*pt_ent ← 0
```

4.2 L'ALLOCATION DYNAMIQUE DE LA MÉMOIRE

Un pointeur occupe un espace dans la mémoire centrale, comme n'importe quelle variable. Le pointeur est lui-même une variable créée à la déclaration. Seule la donnée qu'il pointe est allouée dynamiquement au cours de l'exécution du programme.

Les lignes suivantes déclarent un pointeur d'entier pt_ent, affectent une valeur initiale au pointeur (AUCUNE_ADRESSE représente la valeur nulle pour un pointeur ; elle équivaut à 0 pour un entier), puis allouent une donnée de type entier. La fonction allouer() réserve un espace mémoire selon le type fourni en argument, et retourne l'adresse affectée à pt_ent. À la fin du traitement, la mémoire pointée par pt_ent est libérée grâce à la fonction libérer().

```
Déclaration
  Variable  pt_ent en Pointeur d'Entier
Début
  pt_ent ← AUCUNE_ADRESSE
  pt_ent ← allouer(Entier)
  ...
  libérer(pt_ent)
Fin
```

Les pointeurs peuvent également adresser un tableau complet alloué dynamiquement. C'est même le fonctionnement standard en Java. L'intérêt de cette démarche est de pouvoir créer le tableau à la bonne taille, si l'utilisateur indique le nombre d'éléments à gérer, au début de l'exécution. Mais le véritable intérêt des pointeurs est la gestion de listes chaînées.

4.3 LA PARTICULARITÉ DE JAVA

Alors que la plupart des langages différencient syntaxiquement les pointeurs des autres données, le langage Java gère l'ensemble des données comme des pointeurs. Ainsi, le fait de ranger un entier dans une case de tableau ne copie pas sa valeur mais son adresse. Cette spécificité est importante, car si la déclaration d'un tableau suffit dans la plupart des langages pour réserver l'espace mémoire associé, le langage Java impose d'allouer cet espace avec l'instruction `new`. Le langage Java propose une syntaxe simplifiée sans particularité syntaxique pour les pointeurs. La libération de l'espace créée dynamiquement est également automatique, dès que la donnée n'est plus référencée par un pointeur. C'est le mécanisme du *garbage collector*, aussi appelé « ramasse miettes », qui s'en charge.

5 Les listes chaînées

Les tableaux correspondent à une allocation statique de la mémoire. Les listes chaînées permettent de gérer la mémoire dynamiquement au fur et à mesure des besoins pendant l'exécution du logiciel.

5.1 Description

Dans une liste chaînée, plusieurs éléments sont chaînés pour former une liste d'éléments. Chaque élément connaît l'adresse de son successeur (chaînage avant) et éventuellement de son prédécesseur (chaînage arrière). Les listes doublement chaînées (avant et arrière) autorisent un parcours de la liste dans les deux sens. Le premier élément est accédé par un pointeur (`pt_début`), et le dernier peut aussi être pointé (`pt_fin`) pour un balayage inverse de la liste. Un troisième pointeur (`pt_courant`) adresse l'élément en cours de traitement. Dans les langages objets, les éléments sont des objets. La figure 3.9 présente une liste chaînée de notes (réels).

Figure 3.9

Structure d'une liste chaînée.

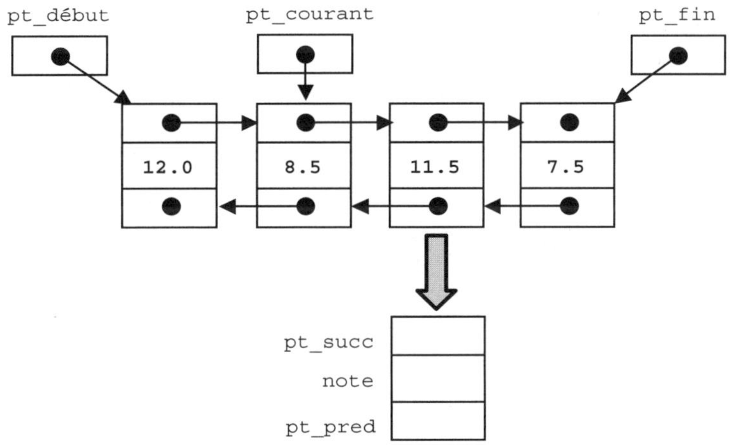

5.2 L'allocation mémoire

La gestion de la mémoire est totalement *dynamique*. Chaque saisie (ou chargement à partir d'un fichier) d'une donnée provoque la création d'un nouvel élément et son assemblage dans la liste existante. Le programme réserve exactement l'espace nécessaire au traitement des données. C'est le grand avantage sur les tableaux statiques, qui sont déclarés et dimensionnés au début du programme à un moment où le nombre effectif d'éléments à traiter n'est pas encore connu, ce qui oblige souvent à les surdimensionner. À l'inverse, alors qu'un simple indice suffit pour accéder à la case d'un tableau, il faut parcourir la liste chaînée élément par élément avant d'atteindre la donnée désirée, ce qui complique la syntaxe du traitement des données organisées en liste.

L'élément d'une liste est un enregistrement (ou objet) qui contient deux pointeurs (un seul si la liste ne possède qu'un chaînage avant) vers les autres éléments, en plus des données effectives (ici un réel). Voici la déclaration du type enregistrement présenté à la figure 3.9.

```
Déclaration
  Type Enr_Note  en Enregistrement
  champ pt_succ  en Pointeur d'Enr_Note
  champ note     en Entier
  champ pt_pred  en Pointeur d'Enr_Note
Fin d'Enregistrement
```

5.3 Gestion d'une liste chaînée

Construction d'une liste

La boucle de construction ajoute un nouvel élément à la fin de la liste à chaque itération. Deux cas se présentent :

- Si la liste est vide, il suffit de modifier les pointeurs de début de liste (`pt_début`) et de fin de liste (`pt_fin`) pour qu'ils adressent le nouvel élément.
- Si la liste contient des éléments, le champ `pt_succ` du dernier élément doit pointer vers l'élément à insérer (étape 1). Le champ `pt_pred` du nouvel élément doit pointer vers le dernier élément (étape 2), et le pointeur de fin de liste (`pt_fin`) doit indiquer que le nouvel élément est maintenant le dernier de la liste (étape 3). Ce processus est présenté à la figure 3.10.

Figure 3.10

Ajout d'un élément en fin de liste.

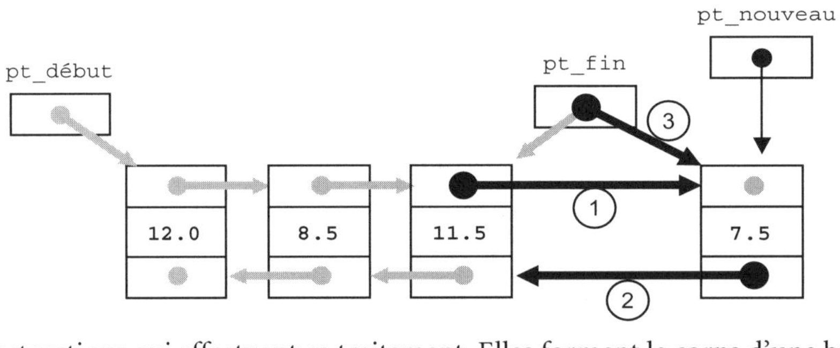

Voici les instructions qui effectuent ce traitement. Elles forment le corps d'une boucle qui lit une note tant que la valeur –1 n'est pas saisie.

```
nb ← 0
Écrire("Entrez une liste de notes (-1 pour terminer) :")
Tant Que (nb <> -1) Faire
   Lire(nb)
   Si (nb <> -1) Alors
     // création du nouvel élément
     pt_nouveau ← allouer(Enr_Note)
     // Initialisation des champs note, pt_pred, pt_succ
     (*pt_nouveau).note ← nb
     (*pt_nouveau).pt_pred ← AUCUNE_ADRESSE
     (*pt_nouveau).pt_succ ← AUCUNE_ADRESSE
     // Ajout du nouvel élément en fin de liste
     Si (pt_début = AUCUNE_ADRESSE) Alors
        // la liste est vide
        pt_début ← pt_nouveau
        pt_fin   ← pt_nouveau
     Sinon
        //  étape 1 - on affecte le champ pt_succ du dernier élément
```

```
        (*pt_fin).pt_succ ← pt_nouveau
        // étape 2 - on affecte le champ pt_pred du nouvel élément
        (*pt_nouveau).pt_pred ← pt_fin
        // étape 3 - on met à jour pt_fin
        pt_fin ← pt_nouveau
      FinSi
    FinSi
FinTantQue
```

Parcours d'une liste

La liste est parcourue par une boucle, dans laquelle un pointeur autonome (pt_courant dans notre exemple) passe de l'élément actuel à l'élément suivant. Cette boucle continue tant que le pointeur est différent de AUCUNE_ADRESSE, ce qui arrive quand il parvient à la fin de la liste. À chaque itération de la boucle, pt_courant reçoit l'adresse de l'élément suivant qui est indiqué par le champ pt_succ de l'enregistrement qu'il pointe. La syntaxe permettant de passer d'un élément à l'autre est :

```
pt_courant ← (*pt_courant).pt_succ
```

Voici la boucle d'affichage des notes de la liste construite précédemment :

```
pt_courant ← pt_début
Tant que (pt_courant <> AUCUNE_ADRESSE) Faire
  Écrire((*pt_courant).note)
  pt_courant ← (*pt_courant).pt_succ
FinTantQue
```

Le programme Java creation_affichage_liste_chainee.java implémente la boucle de création et d'affichage d'une liste de notes. La classe CNote définit une note. La classe CListeNotes gère une liste d'objets CNote.

« Java »

```
// creation_affichage_liste_chainee.java
import java.io.*;
import java.util.*;
// ==========================
class CNote {
 private CNote pt_succ,pt_pred;
 private double note;
 // -------constructeur-------
 public CNote(double n){
  pt_succ=null;pt_pred=null;
  note=n;
 }
 // autres méthodes
 public void change_successeur(CNote pt) {this.pt_succ = pt;}
 public void change_predecesseur(CNote pt) {this.pt_pred = pt;}
 public void change_donnee(double _note) {this.note = _note;}
 public CNote successeur() {return this.pt_succ;}
 public CNote predecesseur() {return this.pt_pred;}
 public double affiche_note() {return this.note;}
}
// ==========================
class CListeNotes {
 private CNote pt_debut,pt_fin;
 // -------constructeur-------
 public CListeNotes(){
  System.out.printf("Entrez une liste de notes (-1 pour terminer) : ");
  Scanner Entree = new Scanner(System.in);
  Entree.useLocale(Locale.FRENCH)        ;
  // --- boucle de chargement ---
  double nb=0;
  while (nb != -1)
  { nb=Entree.nextDouble();
```

```
    if (nb != -1) insertion_fin_de_liste(nb); }
  Entree.close();
 }
 // -------------------------
 public void insertion_fin_de_liste(double nb)
 { // création du nouvel élément
  CNote pt_nouveau = new  CNote(nb);
  // Ajout du nouvel élément en fin de liste
  if (pt_debut == null) // la liste est vide
  {  pt_debut = pt_nouveau ;
     pt_fin   = pt_nouveau ;
  }
  else
  {  // étape 1: on affecte le champ pt_succ du dernier élément
     pt_fin.change_successeur(pt_nouveau);
     // étape 2: on affecte le champ pt_pred du nouvel élément
      pt_nouveau.change_predecessseur(pt_fin);
     // étape 3 - on met à jour pt_fin
     pt_fin = pt_nouveau ;
  }
 }
 // -------------------------
 public void affiche() {
  CNote pt_courant=pt_debut ;
  System.out.printf("Contenu de la liste : ");
  while (pt_courant != null)
  { System.out.printf("%5.2f ",pt_courant.affiche_note());
    pt_courant=pt_courant.successeur() ;
  }
  System.out.printf("\n");
 }
}
// =========================
 public class creation_affichage_liste_chainee{
  public static void main(String[] args) {
     CListeNotes Liste = new CListeNotes();
     Liste.affiche();
  }
}
```

Voici un exemple d'exécution du programme :

```
$ java creation_affichage_liste_chainee
Entrez une liste de notes (-1 pour terminer) : 12,0 8,5 11,5 7,5 -1
Contenu de la liste : 12,00  8,50 11,50  7,50
```

Recherche d'un élément

Pour accéder à un élément, il faut parcourir la liste depuis le début jusqu'à l'élément désiré. C'est une boucle de recherche, dont les instructions sont semblables à celles d'une boucle d'affichage.

```
pt_recherche ← pt_début
Écrire("Numéro de l'élément à rechercher : ")
Lire(num)
j ← 1
Tant que ((j<num) ET (pt_recherche <> AUCUNE_ADRESSE)) Faire
   pt_recherche ← (*pt_recherche).pt_succ
   j ← j+1
FinTantQue
Écrire("note=",(*pt_recherche).note)
```

Voici la méthode Java `recherche()` à ajouter à la classe `CListeNotes` du programme `creation_affichage_liste_chainee.java`. Ce traitement retourne un pointeur sur un objet `CNote`.

« Java »

```
public CNote recherche_note(int num)
{ int j=1; CNote pt_recherche=this.pt_debut;
  while ((j++<num) && (pt_recherche != null))
    pt_recherche=pt_recherche.successeur() ;
  if ((num<1) || (pt_recherche == null)) return null;
  else return pt_recherche;
}
```

Voici son utilisation dans le programme principal :

```
System.out.printf("Numéro de l'élément à rechercher : ") ;
Scanner Entree = new Scanner(System.in);
Entree.useLocale(Locale.FRENCH)        ;
int i=Entree.nextInt();
CNote pt_element = Liste.recherche_note(i);
if (pt_element == null)
   System.out.printf("élément non trouvé \n") ;
else
   System.out.printf("note=%5.2f\n",pt_element.affiche_note());
```

Insertion d'un nouvel élément

L'insertion d'un élément dans une liste chaînée implique moins de traitements qu'avec un tableau, car il n'y a aucune donnée à déplacer. La syntaxe est cependant plus complexe. Il suffit de trouver l'emplacement d'insertion, et de modifier les pointeurs des deux enregistrements qui encadrent la position. La figure 3.11 présente le processus en trois phases : la création et l'initialisation du nouvel élément, le chaînage avec l'élément précédent, et le chaînage avec l'élément suivant.

Figure 3.11

Insertion d'un élément dans la liste.

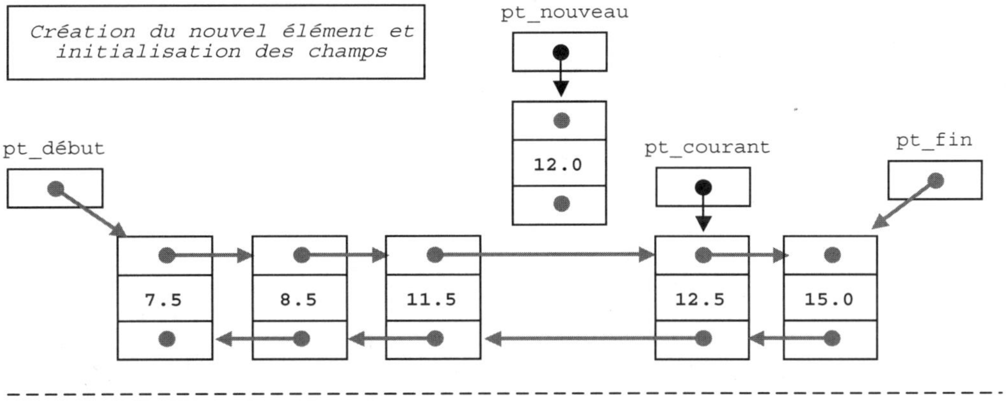

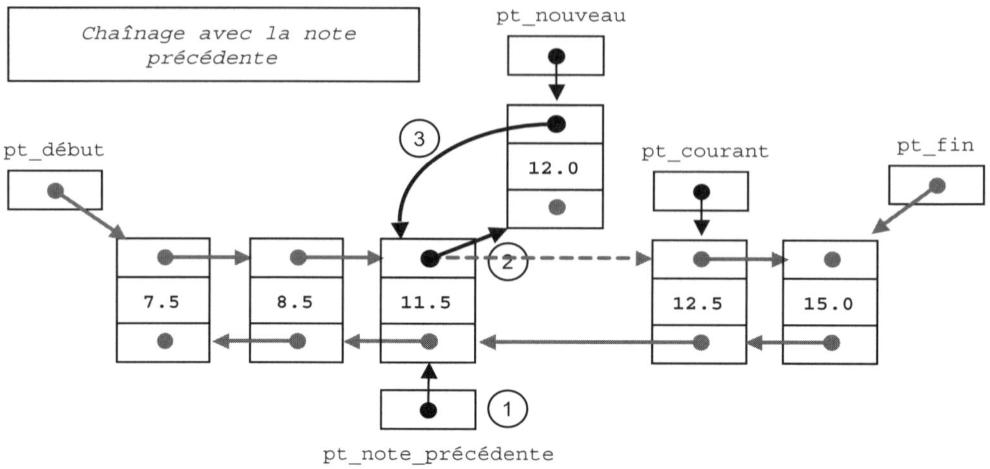

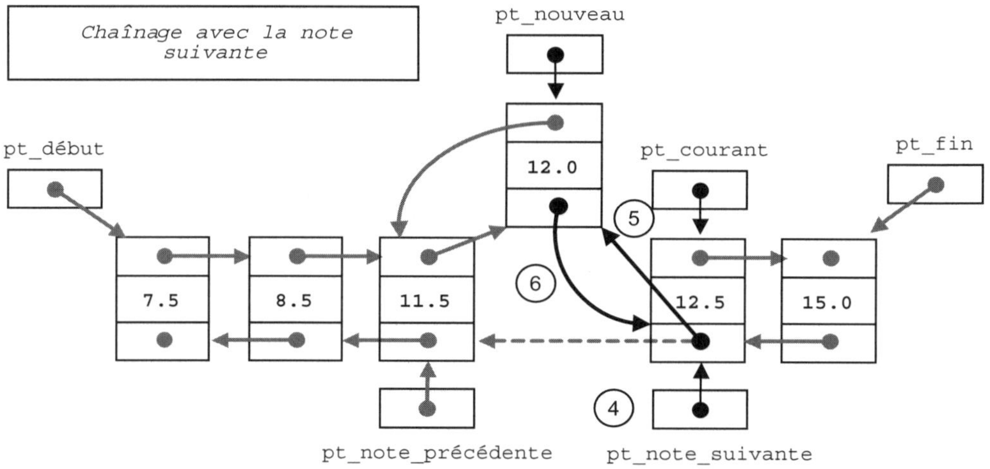

Voici l'algorithme qui insère la note `nb` avant l'enregistrement pointé par `pt_courant`. L'insertion en début de liste est traitée, puisque l'insertion s'effectue toujours avant la position indiquée, contrairement à l'ajout en fin de liste. Pour intégrer ce traitement, il faudrait prévoir l'ajout après la position courante. Ce traitement est décrit dans le processus de création de la liste.

```
// création du nouvel élément
pt_nouveau ← allouer(Enr_Note)
// Initialisation des champs note, pt_pred, pt_succ
(*pt_nouveau).note ← nb
(*pt_nouveau).pt_pred ← AUCUNE_ADRESSE
(*pt_nouveau).pt_succ ← AUCUNE_ADRESSE
// chaînage avec la note précédente
Si (pt_courant.pt_pred = AUCUNE_ADRESSE) Alors
  // insertion en début de liste
  (*pt_nouveau).pt_succ ← pt_courant
  (*pt_courant).pt_pred ← pt_nouveau
  pt_début ← pt_nouveau
Sinon   // chaînage entre deux notes
  // chaînage avec la note précédente
```

```
    pt_note_précédente ← (*pt_courant).pt_pred // étape 1
    (*pt_note_précédente).pt_succ ← pt_nouveau // étape 2
    (*pt_nouveau).pt_pred ← pt_note_précédente // étape 3
    // chaînage avec la note suivante
    pt_note_suivante ← pt_courant              // étape 4
    (*pt_note_suivante).pt_pred ← pt_nouveau   // étape 5
    (*pt_nouveau).pt_succ ← pt_note_suivante   // étape 6
  FinSi
```

Voici la méthode Java `insertion_note()` à ajouter à la classe `CListeNotes` du programme précédent :

« Java »

```
public void  insertion_note(CNote pt_insertion, double nb)
{ // création du nouvel élément
  CNote pt_nouveau = new  CNote(nb);
  if (pt_insertion.predecesseur()== null)
  { // insertion en début de liste
   pt_nouveau.change_successeur(pt_insertion);
   pt_insertion.change_predecesseur(pt_nouveau);
   pt_debut=pt_nouveau;
  }
  else    // insertion entre deux éléments
  { // chaînage avec la note précédente
   CNote pt_note_precedente = pt_insertion.predecesseur() ;
   pt_note_precedente.change_successeur(pt_nouveau) ;
   pt_nouveau.change_predecesseur(pt_note_precedente)  ;
   // chaînage avec la note suivante
   CNote pt_note_suivante = pt_insertion ;
   pt_note_suivante.change_predecesseur(pt_nouveau) ;
   pt_nouveau.change_successeur(pt_note_suivante) ;
  }
}
```

Voici son utilisation dans le programme principal :

```
System.out.printf("Position d'insertion : ") ;
Scanner Entree = new Scanner(System.in);
Entree.useLocale(Locale.FRENCH)         ;
int i=Entree.nextInt();
CNote pt_element = Liste.recherche_note(i);
if (pt_element == null)
 System.out.printf("insertion impossible \n") ;
else
{ // --- Insertion d'un élément ---
 System.out.printf("Insertion avant=%5.2f\n",pt_element.affiche_note());
 System.out.printf("note à insérer : ") ;
 double nb=Entree.nextDouble();
 Liste.insertion_note(pt_element,nb);
}
```

Suppression d'un élément

Supprimer un élément d'une liste chaînée revient à lier directement entre eux les voisins de cet élément qui est alors dissocié de la liste, puis à le libérer. Ce processus est présenté à la figure 3.12.

Figure 3.12

Suppression d'un élément dans la liste.

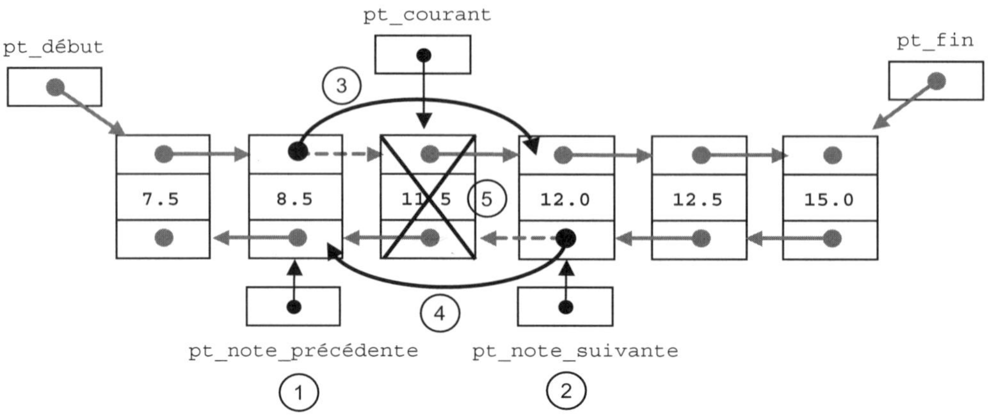

Les instructions suivantes traitent les deux cas particuliers de la suppression de l'élément en début de liste et en fin de liste, ainsi que le cas général d'un élément situé à « l'intérieur » de la liste. Le pointeur pt_courant indique l'élément à détruire (il peut être obtenu, par exemple, par la boucle de recherche). pt_note_précédente pointe sur l'élément précédent, et pt_note_suivante sur l'élément suivant.

```
Si (pt_courant.pt_pred = AUCUNE_ADRESSE) Alors
  // suppression du premier élément
  pt_note_suivante ← (*pt_courant).pt_succ
  (*pt_note_suivante).pt_pred ← AUCUNE_ADRESSE
  pt_début ← pt_note_suivante
Sinon
  Si (pt_courant.pt_succ = AUCUNE_ADRESSE) Alors
    // suppression du dernier élément
    pt_note_précédente ← (*pt_courant).pt_pred
    (*pt_note_précédente).pt_succ ← AUCUNE_ADRESSE
    pt_fin ← pt_note_précédente
  Sinon // suppression dans la liste
    pt_note_précédente ← (*pt_courant).pt_pred          // étape 1
    pt_note_suivante   ← (*pt_courant).pt_succ          // étape 2
    (*pt_note_précédente).pt_succ ← pt_note_suivante   // étape 3
    (*pt_note_suivante).pt_pred   ← pt_note_précédente // étape 4
  FinSi
FinSi
// destruction de la note extraite de la liste
libérer(pt_courant)   // étape 5
```

Voici la méthode Java suppression_note() à ajouter à la classe CListeNotes du programme précédent :

« Java »

```
public void  suppression_note(CNote pt_courant)
 {if (pt_courant.predecesseur() == null)
  { // suppression du premier élément
    CNote pt_note_suivante = pt_courant.successeur() ;
    pt_note_suivante.change_predecesseur(null);
    pt_debut=pt_note_suivante ;
  }
  else if (pt_courant.successeur() == null)
  { // suppression du dernier élément
    CNote pt_note_precedente = pt_courant.predecesseur() ;
    pt_note_precedente.change_successeur(null);
    pt_fin=pt_note_precedente ;
  }
  else // suppression dans la liste
  { CNote pt_note_precedente = pt_courant.predecesseur();
    CNote pt_note_suivante   = pt_courant.successeur()  ;
```

```
    pt_note_precedente.change_successeur(pt_note_suivante)  ;
    pt_note_suivante.change_predecesseur(pt_note_precedente);
  }
  pt_courant=null ;
 }
```

Voici son utilisation dans le programme principal :

```
System.out.printf("Numéro de l'élément à supprimer : ") ;
Scanner Entree = new Scanner(System.in);
Entree.useLocale(Locale.FRENCH)        ;
int i=Entree.nextInt();
CNote pt_element = Liste.recherche_note(i);
if (pt_element == null)
   System.out.printf("suppression impossible \n") ;
else // --- Suppression d'un élément ---
{ Liste.suppression_note(pt_element); }
```

La classe Java *LinkedList*

Le langage Java propose une classe `LinkedList` dans le paquetage `java.util`, et des méthodes associées `add()`, `get()`, `remove()`, `size()`, etc., pour la gestion d'une liste chaînée. Voici le programme `creation_suppression_liste_chainee2.java` effectuant la construction d'une liste chaînée et la suppression d'un élément avec cette liste. Ce programme utilise également la syntaxe de la boucle `for` introduite avec Java 5, et la généricité avec la syntaxe `<Double>`.

```
// creation_suppression_liste_chainee2.java
import java.io.*;
import java.util.*;
class CListeNotes {
 private LinkedList<Double> liste_notes ;
 // -------constructeur-------
 public CListeNotes(){
  liste_notes = new LinkedList<Double>();
  System.out.printf("Entrez une liste de notes (-1 pour terminer) : ");
  Scanner Entree = new Scanner(System.in);
  Entree.useLocale(Locale.FRENCH)        ;
  // --- boucle de chargement ---
  double nb=0;
  while (nb != -1)
  { nb=Entree.nextDouble();
    if (nb != -1) liste_notes.add(nb); }
 }
 // -------------------------
 public double recherche_note(int num)
 {if ((num<1) || (num>liste_notes.size())) return -1;
  else return liste_notes.get(num-1);
 }
 // -------------------------
 public void suppression_note(int pos)
 { liste_notes.remove(pos-1); }
// -------------------------
 public void affiche() {
  System.out.printf("Contenu de la liste : ");
  for (double note : liste_notes) System.out.printf("%5.2f ",note);
  System.out.printf("\n");
 }
}
// -------------------------
 public class creation_suppression_liste_chainee2{
  public static void main(String[] args) {
     CListeNotes Liste = new CListeNotes();
     Liste.affiche();
     System.out.printf("Numéro de l'élément à supprimer : ") ;
```

```
        Scanner Entree = new Scanner(System.in);
        Entree.useLocale(Locale.FRENCH)        ;
        int i=Entree.nextInt();
        double element = Liste.recherche_note(i);
        if (element == -1)
           System.out.printf("suppression impossible \n") ;
        else // --- Suppression d'un élément ---
        { Liste.suppression_note(i); }
        Entree.close();
        Liste.affiche();
    }
}
```

6 Gestion des données complexes

La structure de données privilégiée pour le support des données complexes est *l'enregistrement* en programmation procédurale ou *l'objet* en programmation objet. Associée aux *tableaux* ou organisée en *listes chaînées*, elle permet la gestion d'un grand nombre de données complexes.

6.1 LES TABLEAUX D'ENREGISTREMENTS

Avec le *tableau d'enregistrements* ou *d'objets*, chaque case du tableau contient une donnée structurée. La taille totale du tableau peut devenir importante si l'enregistrement contient un nombre conséquent de champs.

La figure 3.13 présente la modélisation des chevaux qui participent à une course hippique, basée sur le type `cheval_de_course` proposé à la section 3 de ce chapitre. Le tableau `tab_chevaux` contient la liste des chevaux.

Figure 3.13

Tableau d'enregistrements.

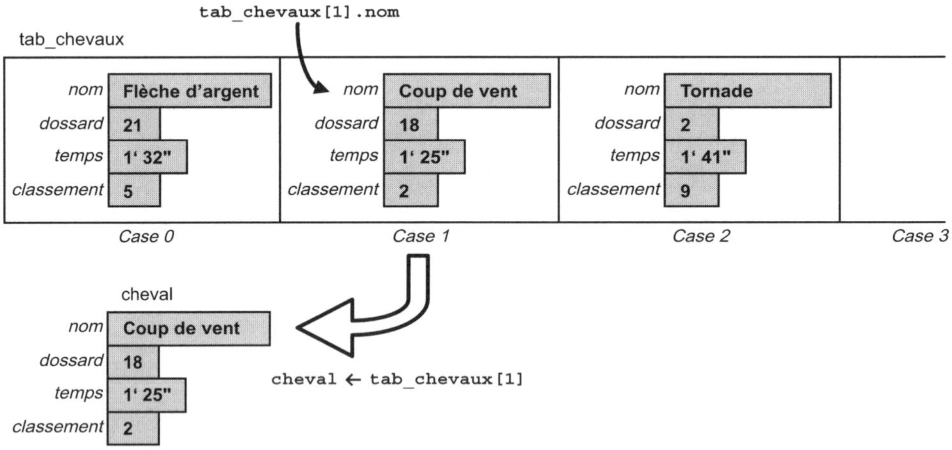

La déclaration du type `cheval_de_course` et de la variable `tab_chevaux` est :

```
Déclaration
  Type cheval_de_course  en Enregistrement
                              champ nom        en Chaîne
                              champ dossard    en Entier
                              champ temps      en Réel
                              champ classement en Entier
                         Fin d'Enregistrement
  Variable tab_chevaux   en tableau[30] de cheval_de_course
```

Suivant la syntaxe utilisée par la suite, on accède aux différents éléments ou champs contenus dans le tableau. tab_chevaux[1] est l'enregistrement contenu dans la case 1 du tableau, alors que tab_chevaux[1].nom est le champ nom de cette case, soit une chaîne de caractères (voir figure 3.13).

On peut affecter la totalité d'une case à une variable « autonome » de même type. Si la variable cheval est du type cheval_de_course, alors la syntaxe suivante affecte la totalité des champs de la case 1 dans les champs équivalents de la variable cheval, comme présenté à la figure 3.13.

```
cheval ← tab_chevaux[1]
```

Le programme suivant saisit une liste de chevaux au départ d'une course, puis affiche la liste des partants. Le classement et le temps sont initialisés à 0. La boucle de saisie s'arrête quand le numéro de dossard est égal à 0. Le programme utilise une variable cheval pour simplifier la syntaxe.

```
nbchevaux ← 0
cheval.dossard ← 1
cheval.temps ← 0
cheval.classement ← 0
Tant que (cheval.dossard <> 0) Faire
  // saisie des informations
  Écrire("Dossard du cheval : ")
  Lire(cheval.dossard)
  Si (cheval.dossard <> 0) Alors
    // on demande la suite, puis on range dans le tableau
    Écrire("Nom du cheval : ")
    Lire(cheval.nom)
    // rangement dans le tableau
    tab_chevaux[nbchevaux] ← cheval
    nbchevaux ← nbchevaux+1
  FinSi
FinTantQue
// affichage de tous les chevaux
Pour i variant de 0 à nbchevaux-1 Faire
  cheval ← tab_chevaux[i]
  Écrire (cheval.nom,cheval.dossard,cheval.temps,cheval.classement)
FinPour
```

La boucle de saisie affecte les champs dossard et nom de la variable cheval (les champs temps et classement sont initialisés à 0 en dehors de la boucle), puis copie la variable complète dans une case du tableau. La boucle d'affichage extrait le contenu de chacune des cases pour l'affecter à la variable cheval, puis affiche la valeur de ses champs. Cette variable facilite le traitement du tableau en dissociant l'accès aux cases et l'accès aux champs. Cependant, elle n'est pas indispensable, et l'accès aux champs d'une case peut se faire directement. Ainsi, l'affectation du champ nom de la case nbchevaux du tableau s'écrit également :

```
Lire(tab_chevaux[nbchevaux].nom)
```

Voici le programme saisie_affichage_chevaux.java qui effectue ce traitement. Un cheval est défini par la classe CCheval, la liste des chevaux par la classe CTabChevaux. Chaque case du tableau tab_chevaux contient l'adresse d'un objet de la classe CCheval alloué dynamiquement par l'instruction new.

« Java »

```
// saisie_affichage_chevaux.java
// tableaux d'objets
import java.io.*;
import java.util.*;
// ========================
class CCheval {
```

```
 private String nom      ;
 private int dossard     ;
 private double temps    ;
 private int classement ;
 // -------constructeur-------
 public CCheval(int num_dossard,String nom_cheval){
  dossard=num_dossard;nom=nom_cheval;
  temps=0;classement=0;
 }
// -------------------------
 public void affiche_info() {
  System.out.printf("%-15s %5d %7.2f %5d\n",nom,dossard,temps,
                    classement);
 }
}
// =========================
class CTabChevaux {
 static final int NB_CHEVAUX=100 ;
 private CCheval[] tab_chevaux   ;
 private int nbchevaux           ;
 // -------constructeur-------
 public CTabChevaux(){
  nbchevaux=0;
  tab_chevaux = new CCheval[NB_CHEVAUX];
  Scanner Entree = new Scanner(System.in);
  Entree.useLocale(Locale.FRENCH)        ;
  int num_dossard=1 ;
  while (num_dossard != 0)
  { System.out.printf("Dossard du cheval (0 pour terminer) : ");
    num_dossard=Entree.nextInt() ;
    if (num_dossard != 0) // saisie du nom
    { String nom_cheval;
      System.out.printf("Nom du cheval     : ") ;
      nom_cheval=Entree.next();
      CCheval cheval=new CCheval(num_dossard,nom_cheval);
      insertion_fin_de_liste(cheval);
     }
  }
 }
 // -------------------------
 public void insertion_fin_de_liste(CCheval nouveau_cheval) {
  if (nbchevaux < NB_CHEVAUX) tab_chevaux[nbchevaux++]=nouveau_cheval;
  else System.out.printf("nombre de chevaux limité à %d\n",NB_CHEVAUX);
 }
// -------------------------
 public void affiche() {
  System.out.printf("--- liste des chevaux ---\n");
  System.out.printf("Nom               Dossard Temps Classement\n");
  for (int i=0;i<nbchevaux;i++) tab_chevaux[i].affiche_info();
  System.out.printf("\n");
 }
}
// =========================
 public class saisie_affichage_chevaux{
  public static void main(String[] args) {
     CTabChevaux course = new CTabChevaux();
     course.affiche();
  }
}
```

Voici un exemple d'exécution :

```
$ java saisie_affichage_chevaux
Dossard du cheval (0 pour terminer) : 21
Nom du cheval     : Fléche_d'argent
```

```
Dossard du cheval (0 pour terminer) : 18
Nom du cheval     : Coup_de_vent
Dossard du cheval (0 pour terminer) : 2
Nom du cheval     : Tornade
Dossard du cheval (0 pour terminer) : 0
--- liste des chevaux ---
Nom              Dossard Temps Classement
Fleche_d'argent    21    0,00      0
Coup_de_vent       18    0,00      0
Tornade             2    0,00      0
```

6.2 Les listes d'enregistrements

Les *listes d'enregistrements* sont des listes chaînées (voir section 5 de ce chapitre) qui possèdent plusieurs champs de données. Dans le cas d'une liste de chevaux de course, le type enregistrement contient les deux champs pointeurs qui effectuent les chaînages, ainsi que les champs de données `nom`, `dossard`, `temps` et `classement`. Les traitements d'ajout, de suppression ou d'insertion d'un élément « cheval » dans la liste sont semblables à ceux présentés à la section 5. Seule la déclaration du type change. Voici le nouveau type `cheval_de_course` :

```
Type cheval_de_course  en Enregistrement
                 champ pt_succ    en Pointeur de cheval_de_course
                 champ nom        en Chaîne
                 champ dossard    en Entier
                 champ temps      en Réel
                 champ classement en Entier
                 champ pt_pred    en Pointeur de cheval_de_course
            Fin d'Enregistrement
```

Ce modèle de gestion des données complexes minimise l'espace mémoire, contrairement aux tableaux. Il est donc à privilégier dans les algorithmes où la gestion de la mémoire doit être optimisée. Le programme de gestion d'une liste de chevaux de course *via* une liste chaînée est proposé à l'exercice n° 3.

7 Variantes sur les tableaux

Les *tableaux dynamiques* et les *tableaux de pointeurs* représentent deux autres alternatives à la gestion de la mémoire.

7.1 Les tableaux dynamiques et la classe Java Vector

Les *tableaux dynamiques* s'apparentent aux tableaux pour la facilité d'accès aux données, et aux pointeurs pour l'allocation dynamique de la mémoire. Quand le langage propose cette possibilité, il devient possible d'optimiser l'espace mémoire tout en utilisant une syntaxe simple.

Le tableau dynamique peut s'agrandir durant l'exécution du programme, grâce à l'ajout de nouvelles cases à la suite des autres. Le tableau doit toujours former un *seul bloc de données* dans la mémoire. C'est la condition indispensable pour que la syntaxe liée aux tableaux (indices de case) soit toujours possible. C'est ce qui différencie aussi les tableaux dynamiques des listes chaînées. Avec les listes, les données sont liées entre elles par des pointeurs. Elles peuvent donc être allouées n'importe où dans la mémoire centrale.

Cette contrainte liée à l'implémentation mémoire d'un tableau sous la forme d'un seul bloc de données a une incidence directe sur la performance du programme. Tant que l'espace contigu au tableau est libre, l'agrandissement du tableau alloue simplement les cases supplémentaires. Si le tableau est suivi par un espace occupé par d'autres variables, la réservation d'une nouvelle case à la suite du tableau actuel devient impossible. Tout le tableau est alors déplacé à un autre endroit dans la mémoire. Dans ce cas, l'allocation d'une nouvelle case effectue un traitement plus important que la simple réservation d'une case. Or, cette délocalisation n'est pas contrôlable. Si à chaque création de case le tableau est totalement déplacé, la performance du programme s'en ressentira.

La syntaxe `redimensionner(tab_chevaux, nbchevaux)` représente l'agrandissement du tableau `tab_chevaux` à `nbchevaux` cases en pseudo-langage. Voici la boucle de saisie des chevaux avec un tableau dynamique d'enregistrements :

```
Tant que (cheval.dossard <> 0) Faire
  // saisie des informations
  Écrire("Dossard du cheval : ")
  Lire(cheval.dossard)
  Si (cheval.dossard <> 0) Alors
    // on demande la suite, puis on range dans le tableau
    Écrire("Nom du cheval : ")
    Lire(cheval.nom)
    // rangement dans le tableau
    redimensionner(tab_chevaux,nbchevaux+1)
    tab_chevaux[nbchevaux] ← cheval
    nbchevaux ← nbchevaux+1
  FinSi
FinTantQue
```

Le langage Java propose une gestion spécifique des tableaux dynamiques avec la classe `Vector`. Elle dispose de méthodes similaires à la classe `LinkedList` présentée précédemment. Le programme Java `saisie_affichage_chevaux4.java` utilise la classe `Vector`. La classe `CCheval` est identique à celle du programme `saisie_affichage_chevaux.java`. Son contenu est remplacé par des pointillés.

« Java »

```
// saisie_affichage_chevaux4.java
// tableaux dynamique d'objets avec la classe Vector
import java.io.*;
import java.util.*;
// ========================
class CCheval { ... }
// ========================
class CVectChevaux {
 private Vector<CCheval> vect_chevaux;
 // -------constructeur-------
 public CVectChevaux(){
  vect_chevaux = new Vector<CCheval>();
  Scanner Entree = new Scanner(System.in);
  Entree.useLocale(Locale.FRENCH)        ;
  int num_dossard=1 ;
  while (num_dossard != 0)
  { System.out.printf("Dossard du cheval (0 pour terminer) : ");
    num_dossard=Entree.nextInt() ;
    if (num_dossard != 0) // saisie du nom
    { String nom_cheval;
      System.out.printf("Nom du cheval     : ") ;
      nom_cheval=Entree.next();
      CCheval cheval=new CCheval(num_dossard,nom_cheval);
      insertion_fin_de_liste(cheval);
     }
  }
 }
```

```
  // --------------------------
  public void insertion_fin_de_liste(CCheval nouveau_cheval) {
     vect_chevaux.add(nouveau_cheval); }
 // --------------------------
  public void affiche() {
   System.out.printf("--- liste des chevaux ---\n");
   System.out.printf("Nom              Dossard Temps Classement\n");
   for (CCheval cheval : vect_chevaux) cheval.affiche_info();
   System.out.printf("\n");
  }
 }
 // ==========================
  public class saisie_affichage_chevaux4{
   public static void main(String[] args) {
      CVectChevaux course = new CVectChevaux();
      course.affiche();
   }
 }
```

7.2 LES TABLEAUX DE POINTEURS

Les *tableaux de pointeurs* représentent une autre organisation des données, qui associe la souplesse d'accès proposée par les tableaux et l'allocation dynamique de la mémoire supportée par les pointeurs. Cette représentation des données trouve son utilité dans des algorithmes tels que la recherche par *table de hachage chaînée* présentée à la section 4.3 du chapitre 7. Dans cette organisation, les tableaux ne contiennent plus directement les données, mais l'adresse des données. Il devient possible d'associer un tableau avec des listes chaînées, chaque case du tableau contenant alors l'adresse du premier élément d'une liste chaînée.

Les tableaux de pointeurs permettent également d'accélérer les traitements comme les tris. Dans le cas d'un tableau de structures ou d'objets, le tri échange le contenu des cases du tableau, ce qui peut s'avérer coûteux si la donnée est volumineuse. Avec un tableau de pointeurs, chaque case ne contient plus la donnée, mais son adresse. Le tri inversera le pointeur sans toucher à la donnée. L'ordre sera respecté et le coût de l'inversion restera minime.

En Java, un tableau d'objets contient les adresses des objets. Les tableaux de pointeurs correspondent à l'organisation de base de ce langage.

Résumé

Les deux principaux types qui servent de support à la modélisation des données sont les tableaux et les listes chaînées.

Les tableaux proposent une méthode d'accès simple basée sur une numérotation des cases, et une gestion d'un ensemble d'éléments identiques. Les principaux défauts de cette organisation sont la gestion statique de la mémoire (la réservation de l'espace s'effectue au début du programme) et l'impossibilité de gérer des données de natures différentes.

Les listes chaînées sont construites à partir d'enregistrements liés entre eux par des pointeurs. La gestion dynamique de la mémoire, et la prise en compte d'éléments qui possèdent des champs de types différents sont les deux atouts de cette organisation. À l'inverse, la syntaxe donnant accès à un élément ou permettant le parcours de la liste est assez complexe, ce qui représente le principal inconvénient de ce modèle.

Ces deux grandes organisations peuvent être déclinées en plusieurs variantes, comme les tableaux d'enregistrements, les tableaux dynamiques ou les tableaux de pointeurs. Ces modèles permettent de gérer au mieux les données complexes ou d'optimiser le temps de traitement ou l'espace mémoire.

Problèmes et exercices

Le premier et le deuxième exercice montrent l'incidence de la gestion de l'espace mémoire sur la complexité algorithmique. Le troisième exercice présente une gestion de données complexes par une liste chaînée. Le quatrième exercice montre comment utiliser le type caractère pour lire tout type de données. Le dernier porte sur la conversion de base de calcul.

Les tableaux

Exercice 1 Nombre d'occurrences dans un tableau

Énoncé

Soit un tableau contenant une liste de N nombres entiers dont la valeur est comprise entre 1 et 100. Écrivez un algorithme qui calcule le nombre d'occurrences pour chaque valeur contenue dans le tableau (un nombre entier peut apparaître plusieurs fois).

a Écrivez une première version qui n'utilise qu'un seul tableau. Indiquez quelle est sa complexité algorithmique.

b Modifiez l'algorithme pour qu'il utilise deux tableaux. Le premier contiendra les données et le deuxième, les occurrences pour chaque nombre entier. On pourra utiliser l'entier à traiter comme indice du deuxième tableau. Indiquez quelle est sa complexité algorithmique.

Solution

a La solution présentée utilise une boucle principale POUR, qui parcourt tous les éléments du tableau. Pour chaque valeur de la liste (contenue dans la case i du tableau), on vérifie qu'elle n'est pas présente dans la partie gauche du tableau, c'est-à-dire du début jusqu'à sa position actuelle. Si elle est trouvée, alors cette valeur a déjà été traitée. Sinon, on comptabilise ses occurrences situées dans la partie droite du tableau, depuis sa position jusqu'à la fin. Ce traitement est représenté à la figure 3.14.

```
Pour i variant de 0 à nbelements-1 Faire
  // on vérifie que cet élément n'a pas déjà été traité
  trouve ← FAUX
  Pour j variant de 0 à i-1 Faire
    Si (tab[i] = tab[j]) Alors
       trouve ← VRAI
    FinSi
  FinPour
  Si (trouve = FAUX) Alors
    // on comptabilise ses occurrences
    occurrences ← 1
    Pour j variant de i+1 à nbelements-1 Faire
       Si (tab[i] = tab[j]) Alors
         occurrences ← occurrences+1
       FinSi
    FinPour
    Écrire(tab[i]," : ",occurrence," occurrence(s)")
FinPour
```

Figure 3.14

Détection des occurrences d'une valeur.

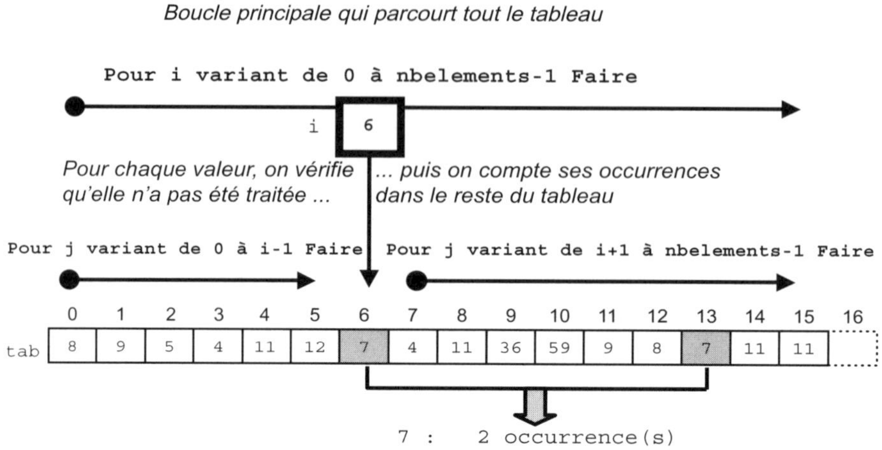

Pour chaque valeur de la liste, on parcourt la partie gauche du tableau, puis la partie droite si le nombre n'est pas trouvé. Dans le cas d'une liste de N valeurs ne contenant aucun doublon, on effectue N × (N–1) calculs. Cet algorithme est en $O(N^2)$. Voici le programme nb_occurrences_tableau.java qui implémente cet algorithme.

« Java »

```
// nb_occurrences_tableau.java
import java.io.*;
import java.util.*;
class ListeNb {
 static final int TAILLE=100;
 private int[] tab       ;
 private int nbelements ;
 private int nb         ;
 // -------constructeur-------
 public ListeNb(){
  nbelements=0; nb=0;
  tab = new int[TAILLE];
  System.out.printf("Entrez une liste de nombres entiers positifs\n");
  System.out.printf("terminée par -1, avec ou sans doublons :\n");
  System.out.printf("(ex: 1 2 23 2 6 7 1 19 -1) :\n");
  Scanner Entree = new Scanner(System.in);
  // --- boucle de chargement ---
  while ((nb != -1) && (nbelements < TAILLE))
  { nb=Entree.nextInt();
    tab[nbelements++]=nb; }
  Entree.close();
  if (nb == -1) nbelements--;
  else System.out.printf("nombre de valeurs limité à %d\n",TAILLE);
 }
// -------------------------
 public void affiche_liste() {
  // --- boucle d'affichage des occurrences ---
  System.out.printf("Contenu du tableau : ");
  for (int i=0;i<nbelements;i++) System.out.printf("%d ",tab[i]);
  System.out.printf("\n");
 }
// -------------------------
 public void detecte_occurrences() {
  // --- boucle de détection des occurrences ---
  for (int i=0;i<nbelements;i++)
  { // on vérifie que cet élément n'a pas déjà été traité
    boolean trouve=false;
    for (int j=0; j<i;j++) { if (tab[i]==tab[j]) trouve=true; }
    if (!trouve)
    { // on comptabilise ses occurrences
```

```
            int occurrences=1;
            for (int j=i+1; j<nbelements; j++)
                if (tab[i]==tab[j])  occurrences++;
            System.out.printf("%5d : %3d occurrence(s)\n",tab[i],occurrences);
         }
      }
   }
}
// -------------------------
 public class nb_occurrences_tableau{
  public static void main(String[] args) {
     ListeNb Liste = new ListeNb();
     Liste.affiche_liste();
     Liste.detecte_occurrences();
  }
}
```

Voici un exemple d'exécution :

```
$ java nb_occurrences_tableau
Entrez une liste de nombres entiers positifs
terminée par -1, avec ou sans doublons :
(ex: 1 2 23 2 6 7 1 19 -1) :
8 9 5 4 11 12 7 4 11 36 59 9 8 7 1 11 -1
Contenu du tableau : 8 9 5 4 11 12 7 4 11 36 59 9 8 7 1 11
    8 :   2 occurrence(s)
    9 :   2 occurrence(s)
    5 :   1 occurrence(s)
    4 :   2 occurrence(s)
   11 :   3 occurrence(s)
   12 :   1 occurrence(s)
    7 :   2 occurrence(s)
   36 :   1 occurrence(s)
   59 :   1 occurrence(s)
    1 :   1 occurrence(s)
```

b La deuxième version utilise le tableau tab_occurrences de 100 cases pour conserver le nombre d'occurrences des valeurs entières contenues dans le tableau tab. On parcourt la liste des nombres entiers, et pour chaque valeur *v*, on incrémente la case d'indice *v* du tableau tab_occurrences. Chaque case de ce tableau est initialisée à 0. L'affichage du résultat est obtenu par une simple boucle POUR, qui parcourt tout le tableau tab_occurrences du début à la fin, ce qui présentera les occurrences dans l'ordre des nombres entiers. Seules les occurrences différentes de 0 s'afficheront. Cet algorithme est présenté à la figure 3.15.

```
// --- boucle d'initialisation ---
Pour i variant de 0 à 99 Faire
   tab_occurrences[i] ← 0
FinPour

// --- boucle de détection des occurrences ---
Pour i variant de 0 à nbelements-1 Faire
   v ← tab[i]
   tab_occurrences[v] ← tab_occurrences[v]+1
FinPour
// --- boucle d'affichage des occurrences ---
Pour i variant de 0 à 99 Faire
  Si (tab_occurrences[i] <> 0) Alors
    Écrire(i," : ", tab_occurrences[i]," occurrence(s)")
  FinSi
FinPour
```

Figure 3.15

Détection des occurrences d'une valeur avec un tableau des occurrences.

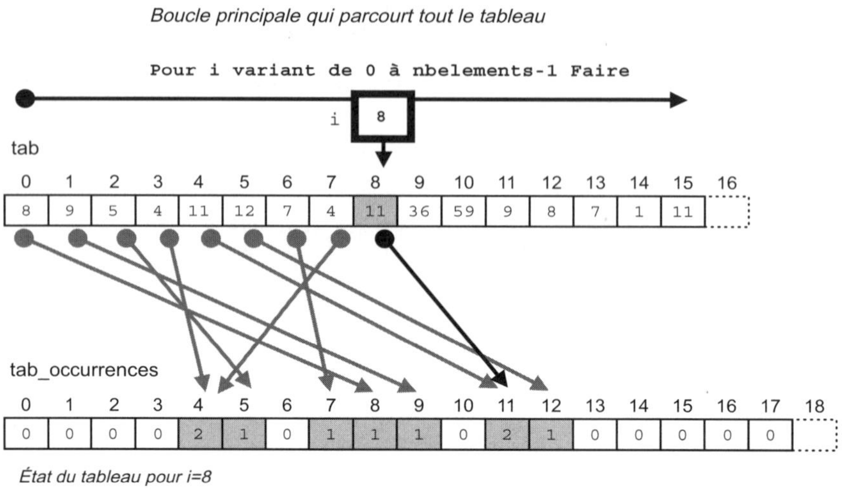

Dans cette deuxième version, on ne parcourt la liste des valeurs entières qu'une seule fois. Cet algorithme est en O(N). La complexité algorithmique ne tient pas compte des boucles d'initialisation et d'affichage, car pour l'évaluer, on suppose que le nombre d'entiers à traiter est très grand. Ainsi, si le comptage d'occurrences porte sur 100 000 entiers, les deux boucles d'initialisation et d'affichage ajoutent 200 traitements supplémentaires (le tableau des occurrences possède 100 cases), ce qui est négligeable comparé aux 100 000 traitements de la boucle principale. Sur la même quantité d'entiers, la première version de l'algorithme en $O(N^2)$ effectue 10 milliards de calculs ($100\,000 \times 100\,000$).

La contrepartie de cette diminution de la complexité algorithmique est l'augmentation de l'espace mémoire. Il faut un deuxième tableau. La taille de ce tableau dépend de la plage des valeurs à traiter. Si la plus grande valeur est 100 (comme indiqué dans l'énoncé), le tableau doit posséder 100 cases. Cette deuxième version implique de connaître à l'avance l'ordre de grandeur des nombres à traiter.

Info

Cet exercice met en évidence l'opposition qui existe souvent entre la *réduction de la complexité algorithmique* et *l'optimisation de l'espace mémoire*. Il est courant d'utiliser plus de mémoire pour réduire le nombre de calculs. À l'inverse, la limitation de l'espace mémoire au minimum nécessaire implique une augmentation des traitements.

Voici le programme `nb_occurrences_tableau2.java` qui implémente cet algorithme. Les instructions identiques à celles du programme précédent sont remplacées par des « ... ».

« Java »

```
// nb_occurrences_tableau2.java
import java.io.*;
import java.util.*;
class ListeNb {
 static final int TAILLE=100;
 private int[] tab, tab_occurrences;
 private int nbelements ;
 private int nb         ;
 // -------constructeur-------
 public ListeNb(){
  nbelements=0; nb=0;
  tab = new int[TAILLE];
  System.out.printf("Entrez une liste de nombres entiers positifs\n");
  ...
```

```
    else System.out.printf("nombre de valeurs limité à %d\n",TAILLE);
    // --- boucle d'initialisation du tableau des occurrences ---
    tab_occurrences = new int[TAILLE];
    for (int i=0;i<TAILLE;i++) tab_occurrences[i]=0;
   }
   // -------------------------
   public void affiche_liste() { ... }
   // -------------------------
   public void detecte_occurrences() {
    // --- boucle de détection des occurrences ---
    for (int i=0;i<nbelements;i++) tab_occurrences[tab[i]]++;
   }
   // -------------------------
   public void affiche_occurrences() {
    // --- boucle d'affichage des occurrences ---
    for (int i=0;i<TAILLE;i++)
    {if (tab_occurrences[i] != 0)
     System.out.printf("%5d : %3d occurrence(s)\n",i,tab_occurrences[i]);}
   }
  }
  // -------------------------
   public class nb_occurrences_tableau2{
    public static void main(String[] args) {
       ListeNb Liste = new ListeNb();
       Liste.affiche_liste();
       Liste.detecte_occurrences();
       Liste.affiche_occurrences();
    }
  }
```

Voici un exemple d'exécution :

```
$ java nb_occurrences_tableau2
Entrez une liste de nombres entiers positifs
terminée par -1, avec ou sans doublons :
(ex: 1 2 23 2 6 7 1 19 -1) :
8 9 5 4 11 12 7 4 11 36 59 9 8 7 1 11 -1
Contenu du tableau : 8 9 5 4 11 12 7 4 11 36 59 9 8 7 1 11
    1 :   1 occurrence(s)
    4 :   2 occurrence(s)
    5 :   1 occurrence(s)
    7 :   2 occurrence(s)
    8 :   2 occurrence(s)
    9 :   2 occurrence(s)
   11 :   3 occurrence(s)
   12 :   1 occurrence(s)
   36 :   1 occurrence(s)
   59 :   1 occurrence(s)
```

EXERCICE 2 LES N PREMIERS NOMBRES PREMIERS AVEC UN TABLEAU

Énoncé

L'une des propriétés des nombres premiers est qu'ils permettent de décomposer n'importe quel nombre entier de manière unique. Ainsi, le nombre 3801 se décompose comme $3 \times 7 \times 181$. Les valeurs 3, 7 et 181 sont des nombres premiers.

Modifiez le programme premier3 donné en exercice au chapitre 2, qui affiche la liste des N premiers nombres premiers, pour qu'il utilise les nombres premiers déjà calculés comme diviseurs à la place des diviseurs impairs. Pour mémoire, le programme premier3 s'appuie sur une boucle principale qui teste si le nombre représenté par le compteur de la boucle est premier ou non.

Énoncé

Pour prouver qu'il n'est pas premier, on essaie de le diviser par une série de diviseurs impairs, qui commencent à 3 et s'arrêtent à la racine carrée du nombre. Le nouvel algorithme conservera dans un tableau chaque nouveau nombre premier trouvé, et utilisera ce tableau comme suite de diviseurs pour le prochain nombre à traiter.

Solution

Le tableau `tab_premiers` conserve les nombres premiers au fur et à mesure qu'ils sont trouvés. C'est une variable accessible par le programme principal et la fonction `est_nbpremier()`. La variable `nbtrouvé` indique le nombre d'éléments de ce tableau. Le programme principal remplit le tableau à chaque nouveau nombre premier trouvé. La fonction `est_nbpremier()` détermine si le nombre passé en paramètre est premier ou non. Elle teste une série de diviseurs jusqu'à la racine carrée du nombre. À chaque itération, elle récupère le nouveau diviseur à partir du tableau des nombres premiers.

```
Programme premier4
Déclaration
  Variable globale nbtrouvé     en Entier
  Variable globale tab_premiers en Tableau[300000] d'Entiers
  Variables N, j, i  en Entier
Début
  nbtrouvé ← 0
  j ← 1
  Écrire("Combien de nombres premiers à trouver ? ")
  Lire(N)
  // boucle de traitement
  Tant que (nbtrouvé < N) Faire
    j ← j+1
    Si (est_nbpremier(j)) Alors
      tab_premiers[nbtrouvé] ← j
      nbtrouvé ← nbtrouvé+1
    FinSi
  FinTantQue
  // boucle d'affichage
  Pour i variant de 0 à nbtrouvé-1 Faire
    Écrire(tab_premiers[i])
  FinPour
Fin
// --- fonction est_nbpremier
Fonction est_nbpremier(nb)
Déclaration
  Paramètres nb                          en Entier
  Variables reste, diviseur, i,limite    en Entier
  Variable  trouvé                       en Booléen
Début
  // partie entière de la racine carrée+1
  limite ← partie_entière(racine_carré(nb)+1)
  trouvé ← FAUX
  i ← 0
  // on teste tous les diviseurs contenus dans le tableau
  diviseur ← 2
  Tant que ( (NON trouvé) ET (diviseur<limite)) Faire
    reste ← nb MOD diviseur
    Si (reste = 0) Alors
      trouvé ← VRAI
    FinSi
    // on passe au diviseur suivant
    i ← i+1
    diviseur ← tab_premiers[i]
  FinTantQue
  Retourner (NON trouvé)
Fin
```

Voici le programme Java correspondant :

« Java »

```
// premier4.java
import java.io.*;
import java.util.*;
class ListeNbPremier{
  static final int TAILLE=300000;
  private int[] tab_premiers    ;
  private int nbtrouve          ;
  // -------constructeur-------
  public ListeNbPremier(){nbtrouve=0;tab_premiers=new int[TAILLE];}
  // --------------------------
  private boolean est_nbpremier(int nb)
  { int nb_iterations=1;
    // partie entière de la racine carrée+1
    int limite = (int) (Math.sqrt(nb)+1);
    boolean trouve=false  ;
    int diviseur=2, i=1 ;
    while ( (! trouve) && (diviseur<limite) ) {
     int reste= nb%diviseur ;
     if (reste == 0) trouve= true ;
     // on passe au diviseur suivant
     diviseur=tab_premiers[i++] ;
    }
    return (!trouve);
  }
  // --------------------------
  public void affiche(int N){
    int j=1,nbtrouve=0 ;
    if (N > TAILLE)
      System.out.printf("Recherche limitée aux %d nombres\n",TAILLE);
    else
    { while (nbtrouve<N)
      { if (est_nbpremier(++j))
        { tab_premiers[nbtrouve++]=j;
          System.out.printf("%5d ",j);
          if ((nbtrouve%10)==0) System.out.printf("\n");
        }
      }
      System.out.printf("\n");
    }
  }
}
// --------------------------
public class premier4{
 public static void main(String[] args) {
   ListeNbPremier Liste = new ListeNbPremier();
   System.out.printf("Combien de nombres premiers à trouver ? ");
   Scanner Entree = new Scanner(System.in);
   int N=Entree.nextInt();
   Entree.close();
   Liste.affiche(N);
 }
}
```

Voici le résultat de l'exécution du programme premier4 sur les 200 000 premiers nombres premiers :

```
$ time java premier4
Combien de nombres premiers à trouver ?  200000
    2     3     5     7    11    13    17    19    23    29
   31    37    41    43    47    53    59    61    67    71
  ...
15.70user 4.28system 1:12.55elapsed 31%CPU
```

Exercices

Le temps CPU est de 15,70 secondes sur un Pentium II cadencé à 450 MHz. Ce nouvel algorithme divise par deux le temps de traitement de 30,67 secondes du programme premier3, qui utilisait tous les diviseurs impairs jusqu'à la racine carrée du nombre. De la même manière, les 200 000 premiers nombres premiers sont détectés en 4,48 secondes avec le programme premier4 sur un Macintosh G5 cadencé à 1,8 GHz, soit la moitié des 8,73 secondes nécessaires à l'exécution du programme premier3 sur cet ordinateur.

Les listes chaînées

Exercice 3 Course hippique

Énoncé

Écrivez les instructions qui saisissent, puis affichent une liste de chevaux de course. Les chevaux seront gérés dans une liste chaînée d'enregistrements. Le résultat de l'exécution sera identique au programme saisie_affichage_chevaux présenté à la section 6 de ce chapitre.

Solution

Le type cheval_de_course est un enregistrement qui contient deux champs pointeurs, en plus des champs de données (voir section 6.2). La variable dossard utilisée dans la boucle de saisie est un entier. La variable pt_nouveau est un pointeur de cheval_de_course, liste_chevaux est le pointeur de début de liste et pt_fin le pointeur de fin de liste. Voici la boucle de saisie, qui s'arrête quand le numéro de dossard entré est égal à 0.

```
dossard  ← 1 // pour démarrer la boucle
Tant que (dossard <> 0) Faire
  Écrire("Dossard du cheval : ")
  Lire(dossard)
  Si (dossard <> 0) alors // création du nouvel élément
    pt_nouveau ← allouer(cheval_de_course)
    // initialisation des champs pointeurs
    (*pt_nouveau).pt_pred ← AUCUNE_ADRESSE
    (*pt_nouveau).pt_succ ← AUCUNE_ADRESSE
    // saisie des autres champs
    (*pt_nouveau).dossard ← dossard
    Écrire("Nom du cheval     : ")
    Lire((*pt_nouveau).nom)
    (*pt_nouveau).temps ← 0.0
    (*pt_nouveau).classement ← 0
    // Ajout du nouvel élément en fin de liste
    Si (liste_chevaux = AUCUNE_ADRESSE) Alors // la liste est vide
      liste_chevaux ← pt_nouveau
      pt_fin        ← pt_nouveau
    Sinon
      // étape 1: on affecte le champ pt_succ du dernier élément
      (*pt_fin).pt_succ ← pt_nouveau
      // étape 2: on affecte le champ pt_pred du nouvel élément
      (*pt_nouveau).pt_pred ← pt_fin
      // étape 3 - on met à jour pt_fin
      pt_fin ← pt_nouveau
    FinSi
  FinSi
FinTantQue
```

Dans la boucle d'affichage, pt_courant pointe sur l'élément en cours de traitement. Ce pointeur est initialisé au début de la liste (liste_chevaux) avant la boucle.

```
pt_courant ← liste_chevaux
Tant que (pt_courant <> AUCUNE_ADRESSE) Faire
  Écrire((*pt_courant).nom,(*pt_courant).dossard)
  Écrire((*pt_courant).temps,(*pt_courant).classement)
  pt_courant ← (*pt_courant).pt_succ
FinTantQue
```

Voici le programme Java saisie_affichage_chevaux2.java :

« Java »

```
// saisie_affichage_chevaux2.java
import java.io.*;
import java.util.*;
// ==========================
class CCheval {
 private CCheval pt_succ,pt_pred;
 private String nom     ;
 private int dossard    ;
 private double temps   ;
 private int classement ;
 // -------constructeur-------
 public CCheval(int num_dossard,String nom_cheval){
  dossard=num_dossard;nom=nom_cheval;
  temps=0;classement=0;pt_succ=null;pt_pred=null;
 }
// --------------------------
 public void affiche_info() {
  System.out.printf("%-15s %5d %7.2f %5d\n",nom,dossard,temps,
                   classement);
 }
 // autres méthodes
 public void change_successeur(CCheval pt) {this.pt_succ = pt;}
 public void change_predecesseur(CCheval pt) {this.pt_pred = pt;}
 public CCheval successeur() {return this.pt_succ;}
 public CCheval predecesseur() {return this.pt_pred;}
}
// ==========================
class CListeChevaux {
 private CCheval pt_debut,pt_fin;
 // -------constructeur-------
 public CListeChevaux(){
  Scanner Entree = new Scanner(System.in);
  Entree.useLocale(Locale.FRENCH)        ;
  int num_dossard=1 ;
  while (num_dossard != 0)
  { System.out.printf("Dossard du cheval (0 pour terminer) : ");
    num_dossard=Entree.nextInt() ;
    if (num_dossard != 0)
    { // saisie du nom
      String nom_cheval;
      System.out.printf("Nom du cheval     : ") ;
      nom_cheval=Entree.next();
      CCheval cheval=new CCheval(num_dossard,nom_cheval);
      insertion_fin_de_liste(cheval);
     }
  }
 }
 // --------------------------
 public void insertion_fin_de_liste(CCheval pt_chv)
 {// Ajout du nouvel élément en fin de liste
  if (pt_debut == null) // la liste est vide
  { pt_debut = pt_chv ; pt_fin = pt_chv ; }
  else
  {  // étape 1: on affecte le champ pt_succ du dernier élément
     pt_fin.change_successeur(pt_chv);
     // étape 2: on affecte le champ pt_pred du nouvel élément
```

Exercices

```
      pt_chv.change_predecesseur(pt_fin);
      // étape 3 - on met à jour pt_fin
      pt_fin = pt_chv ;
   }
  }
  // -------------------------
  public void affiche() {
   CCheval pt_chv=pt_debut ;
   System.out.printf("--- liste des chevaux ---\n");
   System.out.printf("Nom             Dossard Temps Classement\n");
   while (pt_chv != null)
   { pt_chv.affiche_info(); pt_chv=pt_chv.successeur() ; }
   System.out.printf("\n");
  }
 }
 // ========================
  public class saisie_affichage_chevaux2{
   public static void main(String[] args) {
      CListeChevaux Liste = new CListeChevaux();
      Liste.affiche();
   }
 }
```

Traitements de caractères

EXERCICE 4 CALCULETTE SIMPLIFIÉE

Énoncé

Écrivez un programme qui affiche le résultat d'une expression arithmétique contenant des additions et des soustractions. Le programme lira chaque élément caractère par caractère, retrouvera la valeur numérique et exécutera les opérations lorsqu'un signe '+' ou '–' sera rencontré. La boucle générale sera une boucle de lecture d'un caractère TANT QUE la fin de ligne n'est pas atteinte. Les expressions auront la forme suivante : 102 + 28 – 329 – 10 + 124.

Solution

L'algorithme suivant lit chaque caractère saisi, retrouve la valeur numérique et effectue les opérations lorsqu'un signe '+' ou '–' est rencontré. La boucle générale est une boucle de lecture d'un caractère TANT QUE la fin de ligne n'est pas atteinte.

Le premier type de traitements concerne les cas où le caractère lu est un signe. Il faut alors additionner le nombre qui vient d'être lu à la somme actuelle pour produire la nouvelle somme, puis remettre le nombre à 0. Il faut enfin mémoriser le caractère lu dans la variable `signe`, car il correspond à la prochaine opération à effectuer, quand le nombre suivant sera lu.

Le second type de traitements concerne les cas où le caractère lu est un chiffre. Il faut retrouver la valeur numérique correspondante (`code_ascii(caract)-48`), et l'ajouter au nombre. Cet ajout ressemble à une « concaténation » numérique, afin que ce chiffre soit ajouté en tant qu'unité au nombre précédent, lequel doit être considéré comme une dizaine : `nb ← (nb*10)+chiffre`.

```
Écrire("Entrez une expression arithmétique : ");
nb ← 0
chiffre ← 0
somme ← 0
```

```
signe ← '+'
// on boucle TANT QUE la fin de ligne n'est pas atteinte
Tant que (NON fin_de_ligne()) Faire
  Lire(caract)
  Selon (caract) Faire
    Cas '+', '-' : // somme ou soustraction selon le signe précédent
       Si (signe = '+') Alors
          somme  ←  somme+nb
       Sinon
          somme  ←  somme-nb
       FinSi
       nb ← 0 // On remet nb à 0
       signe  ←  caract // On mémorise le signe actuel
    Cas '0'...'9': // On récupère la valeur numérique
       chiffre ← code_ascii(caract)-48
       nb  ← (nb*10)+chiffre // On calcule le nouveau nombre
  FinSelon
FinTantQue
// Quand on sort, la dernière somme n'est pas faite
Si (signe = '+') Alors
   somme  ←  somme+nb
Sinon
   somme  ←  somme-nb
FinSi
Écrire("Résultat : ",somme)
```

Voici le programme Java qui implémente ce traitement. L'expression est lue entièrement, puis traitée caractère par caractère.

« Java »

```
// calculateur.java
import java.io.*;
import java.util.*;
public class calculateur {
 public static void main(String[] args) {
  System.out.printf("Entrez une expression arithmétique : ");
  // initialisation des variables
  int nb=0, chiffre=0, somme=0 ;
  char signe='+' ;
  String phrase=Saisie.lire_String();
  for (int i=0;i<phrase.length();i++)
  { char caract=phrase.charAt(i);
    switch(caract)
    { case '+':case '-' : // somme ou soustraction
                          // selon le signe précédent
          if (signe == '+') somme = somme+nb ;
          else somme = somme-nb ;
          nb=0           ; // On remet nb à 0
          signe = caract ; // On mémorise le signe actuel
          break;
      case '0':case '1':case '2':case '3':case '4':
      case '5':case '6':case '7':case '8':case '9':
          // On récupère la valeur numérique
          chiffre = ((int)(caract))-48;
          // On calcule le nouveau nombre
          nb      = (nb*10)+chiffre;
          break;
    }
  }
 // quand on sort, la dernière somme n'est pas faite
 if (signe == '+') somme = somme+nb ;
 else somme = somme-nb ;
 System.out.printf("Résultat = %d \n",somme);
 }
}
```

Le résultat de ce programme est:

```
$ java calculateur
Entrez une expression arithmétique : 123-76+14
Résultat = 61
```

Exercice 5 Conversion d'un nombre décimal en base N (de 2 à 36)

Énoncé

L'exercice 6 du chapitre 2 décompose un nombre décimal dans une base inférieure à 10. La boucle principale effectue une série de divisions entières sur le nombre, et affiche le reste de chaque traitement. La boucle évolue en affectant le quotient calculé au nombre pour la prochaine itération, et continue tant que le quotient est différent de 0. Pour mémoire, voici le résultat de l'algorithme de l'exercice 6 du chapitre 2 sur le nombre 2500.

```
Entrez un nombre entier : 2500
Base de conversion : 8
4
0
7
4
```

Modifiez l'algorithme précédent pour qu'il convertisse (à la place de le décomposer) un entier en base N (variant de 2 à 36). Le nombre doit s'afficher dans le bon ordre. Voici un exemple d'exécution du programme sur le nombre décimal 2500, qui s'écrit 9C4 en hexadécimal.

```
Nombre à convertir:2500
Base de conversion:16
2500 en base 16 = 9C4
```

Solution

Voici l'algorithme donné en solution à l'exercice 6 du chapitre 2.

```
quotient ← 1
Tant que (quotient <> 0) Faire
  // --- Calcul de cette itération ---
  quotient ← nb DIV base
  reste ← nb MOD base
  // --- Évolution prochaine itération ---
  nb ← quotient
  // --- Affichage du résultat ---
  Écrire(reste)
FinTantQue
```

Pour prendre en compte les bases supérieures à 10, il suffit de régler le traitement des chiffres « lettres » comme A, B, C, etc., qui correspondent aux valeurs décimales 10, 11, 12, etc. Or, une analyse simple de la table ASCII montre que pour obtenir la lettre A à partir de la valeur 10, il suffit d'ajouter la valeur 55 (10+55=65) et de récupérer le caractère équivalent à ce code ASCII. La fonction `code_caractère()` effectue ce traitement. L'affichage du résultat dans l'algorithme précédent devient :

```
// --- Affichage du résultat ---
Si (reste>=0) ET (reste<=9) Alors
   Écrire(reste)
Sinon
   Écrire(code_caractère(reste+55))
FinSi
```

Ce traitement résout le problème de la conversion vers des bases supérieures à 10. Si on considère que seules les lettres A à Z représentent des chiffres valides, ce calcul permet la conversion dans une base comprise entre 2 et 36.

Il reste encore à résoudre le problème de l'affichage *dans l'ordre*, car chaque calcul donne les unités, puis les dizaines, etc. dans le désordre. Il faut pour cela faire intervenir le *traitement de chaînes*. L'affichage est remplacé par une concaténation du nouveau caractère à gauche de la chaîne précédente. Il faut donc que le reste numérique compris entre 0 et 9 soit aussi un caractère. Suivant une remarque identique sur la table ASCII, il suffit d'ajouter 48 au reste pour obtenir le caractère « numérique » équivalent. La variable chaîne de caractères `affichage` reçoit la concaténation des restes successifs convertis en lettres. Le nouveau traitement devient (les lignes identiques sont remplacées par « ... ») :

```
affichage ← ""
quotient ← 1
Tant que (quotient <> 0) Faire
  // --- Calcul de cette itération ---
  ...
  // --- Mise en forme et affichage du résultat ---
  Si (reste>=0) ET (reste<=9) Alors
    lettre ← code_caractère(reste+48)
  Sinon
    lettre ← code_caractère(reste+55)
  FinSi
  // --- concaténation du chiffre traité comme une lettre ---
  affichage ← concaténation(lettre,affichage)
FinTantQue
Écrire(affichage)
```

En algorithmique, on suppose que la concaténation entre un caractère et une chaîne est possible, car ces données sont similaires. En programmation, il faut souvent convertir la lettre en une chaîne de caractères pour effectuer la concaténation.

Info

Cet exercice montre qu'il est plus simple de traiter un problème complexe en le divisant en sous-problèmes plus simples. La première étape a été de réduire le traitement qui demandait de traduire un nombre décimal en une base comprise entre 2 et 36, à la décomposition dans une base inférieure à 10. La décomposition évacuait le problème d'ordonner les chiffres obtenus, et la base inférieure à 10 évacuait le traitement des chiffres « lettres ». C'est la solution de l'exercice 6 du chapitre 2.
La solution présentée résout les deux autres problèmes. Le traitement des chiffres des bases supérieures à 10 revient à faire du traitement de caractères. L'ordonnancement des résultats de chaque itération correspond à du traitement de chaînes. Chaque problème séparé fait appel à un traitement différent de complexité faible.

Voici le programme Java qui implémente cet algorithme :

« Java »

```
// convert_base2.java
import java.io.*;
import java.util.*;
public class convert_base2 {
 public static void main(String[] args) {
  Scanner Entree = new Scanner(System.in);
  System.out.printf("Nombre à convertir: ");
  int nb=Entree.nextInt();
  int nb_initial=nb;
  System.out.printf("Base de conversion: ");
```

```
    int base=Entree.nextInt();
    Entree.close();
    // valeurs initiales
    int quotient = 1 ;
    char lettre=0;
    String affichage="";
    while (quotient != 0)
    { quotient = nb / base ;
      int reste= nb % base ;
      // --- Évolution prochaine itération ---
      nb       = quotient      ;
      // --- Affichage du résultat ---
      if ((reste >= 0) && (reste <= 9)) lettre=(char)(reste+48);
      else lettre=(char)(reste+55);
      affichage=lettre+affichage;
    }
    System.out.printf("%d en base %d = %s\n",nb_initial,base,affichage);
  }
}
```

Voici deux exécutions de ce programme. La première convertit 2500 en base 16 :

```
$ java convert_base2
Nombre à convertir: 2500
Base de conversion: 16
2500 en base 16 = 9C4
```

La deuxième convertit 250 en base 2 :

```
$ java convert_base2
Nombre à convertir: 250
Base de conversion: 2
250 en base 2 = 11111010
```

Chapitre 4

La récursivité

L'algorithmique présentée dans les chapitres précédents peut être qualifiée d'élémentaire, car elle décrit des processus de traitement et des modèles de données relativement traditionnels dans la plupart des langages.

Ce chapitre débute la deuxième partie de l'ouvrage, consacrée à la description de concepts et de méthodes purement algorithmiques, avec l'étude des traitements récursifs. Cette partie fait appel à des notions et à des raisonnements plus abstraits.

1 Principe

La conception des algorithmes présentés jusque-là s'appuie sur la méthode *itérative*, basée sur les boucles, et qui décrit le calcul pas à pas. La *récursivité* propose une autre approche des traitements, à la fois plus séduisante, plus simple à écrire, mais souvent plus complexe à concevoir.

La description d'un calcul basé sur la méthode itérative définit un traitement élémentaire qui progresse grâce à une boucle, du premier jusqu'au dernier calcul. À la fin de la boucle, le dernier traitement donne le résultat final. Ainsi, le calcul de x^N (le calcul itératif d'une puissance est présenté à la section 2.3 du chapitre 2) se résume à calculer x^1, puis x^2, x^3, … N fois. Il progresse à chaque nouvelle itération de la boucle, en réutilisant le résultat de l'itération précédente et en le multipliant par x, ce qui correspond au calcul suivant :

$$x^N = (\ldots(\,(\,(\,(\,(x)*x)*x\,)*x\,)*x\,)*\ldots)*x \qquad \text{N fois}$$

La récursivité propose une approche opposée. Le calcul final est exprimé en fonction du calcul précédent, ce qui donne : $x^N = x*\, x^{N-1}$. Avec cette méthode, le calcul se définit par lui-même : c'est la notion de récursivité. Ce formalisme mathématique donne l'impression de ne pas avancer dans la recherche de la solution, car si on connaît la valeur de x, on ne connaît pas celle de x^{N-1}. En poursuivant le raisonnement, on peut exprimer x^{N-1} comme égal à $x*\, x^{N-2}$, et ainsi de suite, jusqu'à obtenir $x^1 = x$. Ainsi, de proche en proche, le calcul devient :

$$x^N = x*x^{N-1} = x*(\,x*x^{N-2}) = x*(\,x*(\,x*x^{N-3})\,) = x*(\,x*(\,x*(\ldots*(x*x^1)\ldots)\,)\,)$$

La comparaison entre ces deux méthodes est présentée à la figure 4.1, qui décrit le calcul de x^4.

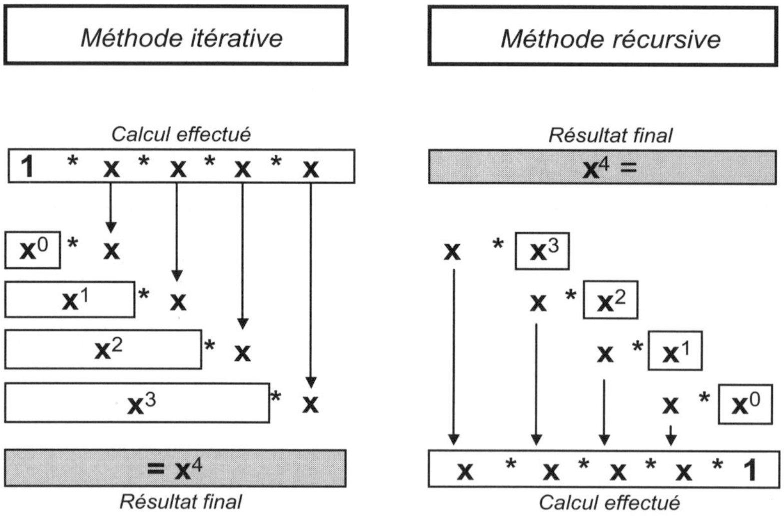

Figure 4.1

Comparaison entre un calcul itératif et un calcul récursif.

La méthode itérative utilise clairement une boucle. La valeur initiale (en dehors de la boucle) est 1, soit x^0.

La méthode récursive ne peut pas utiliser de boucle, puisque le calcul est exprimé en fonction d'un autre qui n'est pas encore connu, sauf pour la récursion terminale (x^1) dont on peut connaître la valeur (la récursion terminale est la dernière étape du traitement récursif).

Le traitement est donc formalisé par une fonction (ou une procédure) qui décrit le calcul plutôt que de le faire. On parle de *fonction récursive* car elle s'appelle elle-même. Le fonctionnement d'une telle fonction se passe en deux phases : la *descente en profondeur* par appels récursifs, puis la *remontée du résultat* de chaque appel. Voici le détail de ce fonctionnement sur l'exemple du calcul de la puissance d'un nombre.

Le premier appel de la fonction `puissance(x,N)` effectue le calcul de `x*puissance(x,N-1)`. Ce calcul reste en « suspens », car il déclenche l'appel à la fonction `puissance(x,N-1)` qui effectue le calcul de `x*puissance(x,N-2)`. Ce calcul reste lui-même en attente du résultat du nouvel appel à la fonction `puissance(x,N-2)`, qui calcule `x*puissance(x,N-3)`, etc. On voit que, s'il n'y a pas de boucle, il y a bien une répétition de calculs par une suite d'appels en cascade de la même fonction avec des exposants de plus en plus petits. Chaque appel est suspendu par un nouvel appel, dont il attend le résultat. Si l'enchaînement des appels n'est pas contrôlé, on aboutit à une fonction récursive infinie qui provoque un arrêt brutal du programme. Il faut donc prévoir le cas de la récursion terminale, c'est-à-dire de l'appel dont le résultat est obtenu de manière itérative. Dans notre exemple, cela se produit quand la puissance est égale à 1. Alors, le résultat de la fonction est x. La condition terminale peut aussi correspondre à l'exposant 0, qui donne le résultat 1. Quand le « fond » des appels récursifs est atteint (la récursion terminale donne un résultat et ne fait plus d'appel), l'appel le plus profond se termine et retourne son résultat à l'appel précédent. Cet appel, qui était en attente d'un résultat, reçoit la valeur de retour, poursuit son calcul, et retourne son résultat à l'appel précédent, qui reprend le traitement suspendu et retourne son résultat, et ainsi de suite. Cette phase constitue la remontée du résultat de chaque appel. Enfin, le premier appel reçoit le résultat final. Le fonctionnement des appels récursifs, avec une phase de descente et une phase de remontée, est présenté à la figure 4.2, qui calcule x^4. Pour simplifier la présentation, `puissance(x,N)` est noté `P(x,N)`.

Figure 4.2

Fonctionnement des appels récursifs.

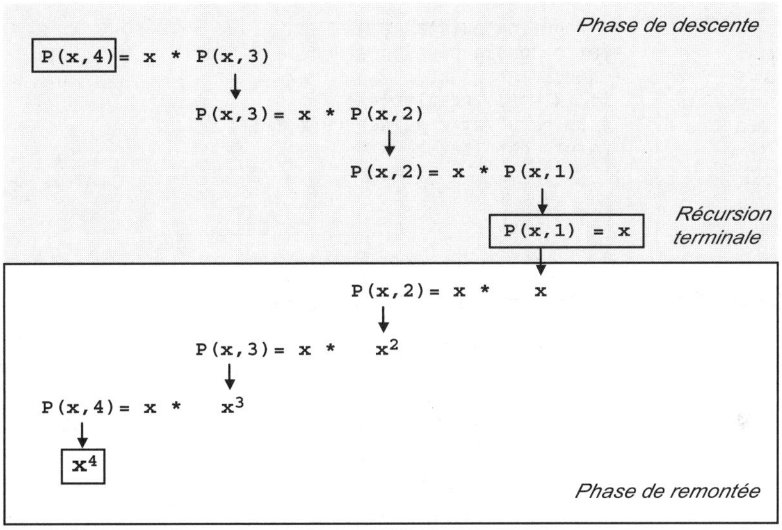

L'élégance de cette méthode de programmation tient au fait que le calcul s'effectue de lui-même avec, comme seules informations, la valeur de la récursion finale et la description du calcul.

C'est à la fois simple et puissant. Concevoir une fonction récursive suppose le respect de deux règles : définir la *récursion terminale* et décrire la *méthode de calcul* à partir de la fonction elle-même. Voici l'écriture de la fonction récursive `puissance(x,N)` :

```
Fonction puissance(x, N)
Déclarations
  Paramètre x          en Réel
  Paramètre N          en Entier
  Variable résultat    en Réel
Début
  Si (N = 1) Alors   // Récursion terminale
     résultat ← x
  Sinon              // Appel récursif
     résultat ← x * puissance(x,N-1)
  FinSi
  Retourner résultat
Fin
```

Voici le programme `puissance_recursive.java` qui implémente cet algorithme :

« Java »

```
// puissance_récursive.java
import java.io.*;
import java.util.*;
public class puissance_recursive {
 public static void main(String[] args){
  System.out.printf("Entrez le nombre et sa puissance : ") ;
  Scanner Entree = new Scanner(System.in);
  double nb=Entree.nextDouble();
  int m=Entree.nextInt();
  Entree.close();
  // -- appel de la fonction récursive --
  double res=puissance(nb,m);
  System.out.printf("%5.2f puissance %d =%10.3f\n",nb,m,res) ;
 }
 // fonction puissance
 static double puissance(double x, int N)
 { double resultat;
  if (N == 1) resultat=x;
  else resultat=x*puissance(x,N-1);
  return resultat ;
 }
}
```

2 Diviser pour résoudre

La fonction récursive `puissance()` est dite *simple*, car elle s'appelle une seule fois. Il existe d'autres modèles pour lesquels la fonction s'appelle plusieurs fois. C'est le cas des algorithmes de type *diviser pour résoudre*, qui divisent l'ensemble des données en plusieurs parties (généralement deux), et qui appellent la fonction récursive sur chaque sous-ensemble. Si l'ensemble des données est divisé en deux parties, la fonction contient deux appels récursifs appliqués au premier, puis au deuxième sous-ensemble.

Le parcours d'un arbre binaire (chaque sommet de l'arbre possède deux branches, qui aboutissent à un sommet, qui contient lui-même deux branches, etc.) est une parfaite illustration de l'efficacité de cette technique (les arbres sont étudiés au chapitre 5). Sur l'arbre binaire représenté à la figure 4.3, parcourir tout l'arbre à partir du sommet `s` revient à parcourir le sous-arbre de gauche (`g`), traiter le sommet `s` (ce qui peut correspondre à un affichage), puis parcourir le sous-arbre de droite (`d`).

Figure 4.3

Parcours d'un arbre binaire.

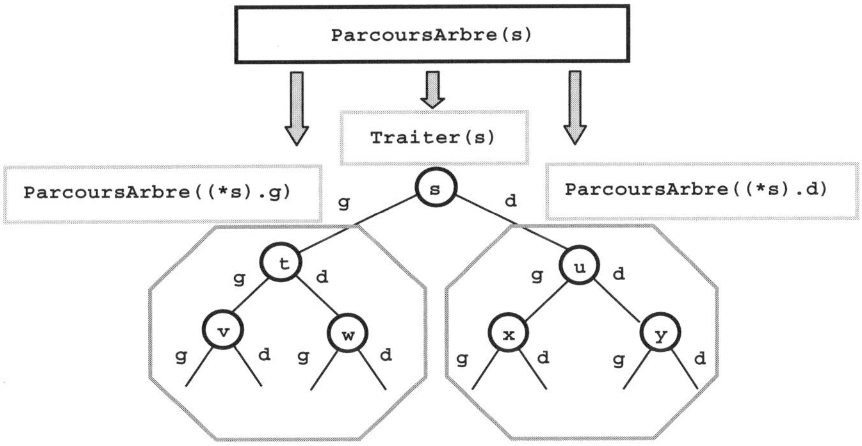

La fonction récursive `ParcoursArbre()` s'écrit :

```
Fonction ParcoursArbre(s)
Déclaration
  Paramètre s   en Nœud_d'un_arbre
Début
  Si (s <> AUCUNE_ADRESSE) Alors
      ParcoursArbre((*s).g)
      Traiter(s)
      ParcoursArbre((*s).d)
  FinSi
Fin
```

Dans ce modèle de données, le type `Nœud_d'un_arbre` est un enregistrement ou un objet possédant deux champs de type pointeur d'enregistrement, `g` et `d`, qui pointent respectivement vers le sous-arbre de gauche et celui de droite, et un champ qui contient la donnée liée au sommet.

L'algorithme récursif de type diviser pour résoudre est aussi utilisé pour programmer le jeu des Tours de Hanoi, qui est proposé à l'exercice 5.

3 Suppression de la récursion

Les algorithmes récursifs sont séduisants dans leur conception, mais les appels récursifs occasionnent la sauvegarde de l'environnement d'exécution (les valeurs des variables) avant chaque appel et sa restitution au retour de l'appel, ce qui peut diminuer l'efficacité du programme. Les algorithmes itératifs produisant le même résultat ont toutes les chances d'être plus performants, car ils s'exécutent toujours dans le même environnement, c'est-à-dire avec les mêmes variables. Or, il existe des méthodes plus ou moins complexes pour supprimer la récursion d'un algorithme et le transformer en algorithme itératif. Voici une méthode qui s'applique aux algorithmes récursifs simples.

En reprenant l'exemple de la puissance récursive, on constate que le calcul est basé sur la valeur du résultat précédent, $x^N = x^* x^{N-1}$. À l'aide d'un tableau contenant les résultats successifs à chaque étape, il devient possible d'effectuer ce calcul dans le sens normal de la progression de la plus faible puissance vers la puissance finale. La valeur à l'étape 0 (x^0) est affectée à la case 0 du tableau `résultat`. Ensuite, une boucle effectue le calcul de x^1 qui est égal à x^*x^0, soit x*résultat[0]. Ce calcul est rangé dans la case 1 du tableau, qui contient la valeur de x^1. À l'itération suivante de la boucle, le calcul de x^2 suit le même modèle,

x^2=x*x^1, donc x^2=x*résultat[1]. De nouveau, le résultat de ce calcul est rangé dans la case 2, et ainsi de suite. Le tableau résultat remplace les appels récursifs en conservant le résultat de chaque itération. On retrouve le principe même de l'algorithme du calcul de la puissance décrit au chapitre 2, qui déduit le nouveau calcul à partir du résultat précédent. Voici la traduction itérative de la fonction puissance.

Voici cette fonction écrite en Java :

« Java »

```
static double puissance(double x, int N)
{ double[] resultat = new double[100] ;
  resultat[0]=1 ;
  for (int i=1 ;i<=N ;i++) resultat[i]=x*resultat[i-1] ;
  return resultat[N] ;
}
```

4 Récursivité croisée

La récursivité croisée traduit le fait que deux fonctions s'appellent mutuellement. Une fonction `f1()` effectue un calcul en appelant une fonction `f2()`, qui effectue un traitement en utilisant la fonction `f1()`. Comme dans toute récursion, le problème principal à résoudre est le contrôle des appels récursifs. Voici un exemple de deux suites `u(n)` et `v(n)`, qui dépendent l'une de l'autre. Les valeurs initiales sont :

$$u(0)=1, v(0)=2$$

La définition des deux suites est :

$$u(n)=3u(n-1)+2v(n-1)$$

$$v(n)=2u(n-1)+3(v(n-1)$$

La propriété de ces deux suites est que `v(n)-u(n)=1`. Voici l'écriture de ces deux fonctions :

```
Fonction u(nb)
Déclaration
  Paramètre nb en Entier
Début
  Si (nb=0) Alors
    retourner 1
  Sinon
    retourner ((3*u(nb-1))+(2*v(nb-1)))
  FinSi
Fin
Fonction v(nb)
Déclaration
  Paramètre nb en Entier
Début
  Si (nb=0) Alors
    retourner 2
  else
    retourner ((2*u(nb-1))+(3*v(nb-1)))
Fin
```

Le programme Java `recursivite_croisee.java` calcule la valeur de `u(n)` et `v(n)` pour un nombre n demandé à l'utilisateur.

« Java »

```
// récursivité_croisée.java
import java.io.*;
import java.util.*;
public class recursivite_croisee {
 public static void main(String[] args){
```

```
    System.out.printf("Entrez un nombre entier : ") ;
    Scanner Entree = new Scanner(System.in);
    int N=Entree.nextInt();
    Entree.close();
    // -- appel des fonctions récursives --
    int res1=u(N) ; int res2=v(N) ;
    System.out.printf("u(%d)=%d    ",N,res1) ;
    System.out.printf("v(%d)=%d    ",N,res2) ;
    System.out.printf("Vérification : v(%d)-u(%d)=%d\n",N,N,res2-res1) ;
   }
   static int u(int nb)
   { if (nb==0) return 1 ;
    else return ((3*u(nb-1))+(2*v(nb-1))) ;
   }
   static int v(int nb)
   { if (nb==0) return 2 ;
    else return ((2*u(nb-1))+(3*v(nb-1))) ;
   }
  }
```

Voici un exemple d'exécution de ce programme :

```
$ java recursivite_croisee
Entrez un nombre entier : 3
u(3)=187    v(3)=188    Vérification : v(3)-u(3)=1
```

Résumé

La récursivité fait partie des concepts importants en algorithmique. De nombreux problèmes sont intrinsèquement récursifs, comme le parcours d'un arbre binaire ou la recherche dichotomique, qui reproduisent le traitement sur un sous-ensemble des données initiales. Une fonction récursive est simple à programmer, mais parfois complexe à concevoir. Il faut décrire le calcul et fournir la valeur de la récursion finale, alors que la programmation itérative évalue le calcul à chaque étape de la boucle.

Si les algorithmes récursifs sont puissants, ils peuvent s'avérer coûteux à cause des empilements successifs des contextes d'exécution. Il existe des méthodes plus ou moins complexes pour les transformer en algorithmes itératifs. Ces transformations utilisent des données abstraites, comme les piles étudiées au chapitre 5.

Problèmes et exercices

Les trois premiers exercices présentent une utilisation simple de la récursivité. Le quatrième exercice montre que cette méthode de programmation est inappropriée à certains traitements. Le dernier exercice démontre la simplicité d'écriture et la puissance d'un traitement récursif.

EXERCICE 1 CALCUL D'UNE FACTORIELLE

Énoncé

L'exercice 3 du chapitre 2 a présenté le calcul de la factorielle d'un nombre par un algorithme itératif. Écrivez une fonction récursive qui effectue ce calcul. Pour mémoire, la factorielle de 5, notée 5 !, est le résultat de $1 \times 2 \times 3 \times 4 \times 5$.

Solution

La relation de récurrence pour une factorielle est : fact(nb) = nb × fact(nb-1). La fonction factorielle présentée teste le cas de la récursion terminale quand `nb` prend la valeur 1, et effectue l'appel récursif dans les autres cas. Les valeurs initiales négatives et 0 sont envisagées afin d'obtenir un résultat juste (0!=1).

```
Fonction factorielle(nb)
Déclaration
  Paramètre nb en Entier
  Variable res en Entier
Début
  Si (nb<0) Alors
     res ← 0
  Sinon
     Si ((nb = 1) OU (nb = 0)) Alors
         res ← 1
     Sinon
         res ← nb * factorielle(nb-1)
    FinSi
  FinSi
  Retourner res
Fin
```

Le programme Java `factorielle_recursive.java` implémente cet algorithme :

« Java »

```
// factorielle_récursive.java
import java.io.*;
import java.util.*;
public class factorielle_recursive {
 public static void main(String[] args){
  System.out.printf("Entrez un nombre : ") ;
  Scanner Entree = new Scanner(System.in);
  int N=Entree.nextInt();
  Entree.close();
  // -- appel de la fonction récursive --
  int resultat=factorielle(N);
  System.out.printf("%d! = %d\n",N,resultat) ;
 }
 // ----------------------
 static int factorielle(int nb)
 { int res ;
  if (nb<0) res=0;
```

```
    else if ((nb == 1)|| (nb == 0)) res=1;
    else res=nb*factorielle(nb-1);
    return res ;
  }
}
```

Voici un exemple d'exécution de ce programme :

```
$ java factorielle_recursive
Entrez un nombre : 5
5! =120
```

EXERCICE 2 DÉTECTEUR DE PALINDROME

Énoncé

Écrivez un détecteur de *palindrome*. Un palindrome est un mot (ou une phrase) qui se lit aussi bien à l'envers qu'à l'endroit : par exemple, « radar », « kayak », ou bien la phrase « esope reste et se repose » (si on ne tient pas compte des espaces). L'algorithme récursif travaillera sur un tableau de caractères contenant la phrase. Il testera si les deux caractères opposés sont identiques, puis appellera récursivement la fonction sur la partie de la chaîne qui ne contient pas ces deux caractères. Les espaces seront ignorés.

Solution

La fonction palindrome admet trois arguments : `phr`, le tableau de caractères contenant la phrase ; `début`, le numéro de la case du tableau contenant le premier caractère de la chaîne à tester ; `fin`, le numéro du dernier caractère de cette chaîne. On obtient la condition terminale quand les caractères indiqués par `début` et `fin` sont différents (la fonction retourne alors FAUX), ou bien quand `début` et `fin` se rejoignent ou s'inversent (la fonction retourne alors VRAI car tous les caractères symétriques ont été testés sans trouver de différence). Si la condition terminale n'est pas atteinte, l'appel récursif suivant porte sur la partie de la chaîne qui commence donc à `début+1` et se termine à `fin-1`.

```
Fonction palindrome(phr,début,fin)
Déclaration
  Paramètre phr       en Chaîne
  Paramètre début,fin en Entier
Début
  // on passe les espaces
  Tant que (phr[début]=' ') Faire
      début ← début+1
  FinTantQue
  Tant que (phr[fin]=' ') Faire
      fin ← fin-1
  FinTantQue
  Si (début>=fin) Alors
     Retourner VRAI
  Sinon
    Si (phr[début] <> phr[fin]) Alors
       Retourner FAUX
    Sinon
       Retourner palindrome(phr,début+1,fin-1)
    FinSi
  FinSi
Fin
```

Le programme Java `palindrome_recursif.java` implémente cet algorithme. Une série d'affichages au début de chaque appel de `palindrome()` trace le fonctionnement des appels récursifs.

« Java »

```
// palindrome_récursif.java
import java.io.*;
import java.util.*;
public class palindrome_recursif {
 static int compteur=0 ;
 public static void main(String[] args) {
  Scanner Entree = new Scanner(System.in);
  System.out.printf("Entrez une phrase : ");
  String phrase=Entree.nextLine();
  Entree.close();
  // -- appel de la fonction récursive --
  boolean est_palindrome=palindrome(phrase,0,phrase.length()-1) ;
  if (est_palindrome) System.out.printf("c'est un palindrome\n") ;
  else System.out.printf("ce n'est pas un palindrome\n") ;
 }
 // fonction palindrome
 static boolean palindrome(String phr,int debut, int fin)
 { // on passe les espaces
   while(phr.charAt(debut)==' ') debut++ ;
   while(phr.charAt(fin)==' ') fin-- ;
   System.out.printf("appel=%d ",++compteur)          ;
   System.out.printf("début=%d '%c' ",debut,phr.charAt(debut)) ;
   System.out.printf("fin=%d '%c'\n",fin,phr.charAt(fin))      ;
   if (debut>=fin) return true ;
   else if (phr.charAt(debut) != phr.charAt(fin)) return false ;
   else return palindrome(phr,debut+1,fin-1) ;
 }
}
```

Voici un exemple d'exécution de ce programme :

```
$ java palindrome_recursif
Entrez une phrase : radar
appel=1 début=0 'r' fin=4 'r'
appel=2 début=1 'a' fin=3 'a'
appel=3 début=2 'd' fin=2 'd'
c'est un palindrome
```

EXERCICE 3 DÉCOMPOSITION D'UN NOMBRE EN SES FACTEURS PREMIERS

Énoncé

L'exercice 2 du chapitre 3 utilise une propriété des nombres premiers pour afficher la liste des N premiers nombres premiers. Cette propriété indique que tout nombre est décomposable en une suite de nombres premiers. Ainsi, le nombre 3801 se décompose comme $3 \times 7 \times 181$. Les valeurs 3, 7 et 181 sont des nombres premiers.

Écrivez un algorithme récursif qui décompose un nombre en ses facteurs premiers. L'algorithme demandera le nombre N et affichera la liste des nombres premiers qui le décomposent. Il calculera la liste des nombres premiers compris entre 2 et le nombre selon la méthode utilisée par le programme `premier4` (exercice 2 du chapitre 3), puis utilisera la fonction récursive `décomposition(N)` à écrire.

Solution

Le programme `décomposition_premiers` remplit le tableau `tab_premier[]` par la liste des nombres premiers inférieurs à la racine carrée du nombre à décomposer, puis appelle la fonction récursive `décomposition()` sur le nombre. Cette fonction remplit le tableau `fact_premier[]` par les facteurs premiers du nombre `nb`, au fur et à mesure qu'ils sont trouvés. Pour les déterminer, chaque nombre contenu dans le tableau `tab_premier[]` est testé comme diviseur de `nb`. Si le nombre premier évalué divise le nombre `nb`, il est rangé dans le tableau `fact_premier[]`. Pour trouver le facteur premier suivant, on appelle la fonction `décomposi-`

tion() appliquée à nb divisé par le diviseur premier traité, donc au résultat d'une première décomposition. Ainsi, pour le nombre 3801, les appels successifs à décomposition() sont :

```
décomposition(3801) // trouve le facteur 3
décomposition(1267) // trouve le facteur 7
décomposition(181)  // trouve le facteur 181
```

Voici le programme décomposition_premiers. La fonction est_nbpremier() est la même que celle présentée avec le programme premier4 de l'exercice 2 du chapitre 3.

```
Programme décomposition_premiers
Déclaration
  Variable globale tab_premiers  en Tableau[300000] d'Entiers
  Variable globale fact_premiers en Tableau[300000] d'Entiers
  Variable globale nbvalprem     en Entier
  Variables N, i                 en Entier
Début
  nbfact ← 0
  nbvalprem ← 0
  Écrire("Nombre entier à décomposer : ")
  Lire(N)
  // calcul des nombres premiers jusqu'à la racine carrée
  tab_premiers[nbvalprem] ← 2
  nbvalprem ← nbvalprem+1
  Pour i variant de 3 à (racine_carrée(N)+1) par pas de 2 Faire
    Si (est_nbpremier(i)) Alors
        tab_premiers[nbvalprem] ← i
        nbvalprem ← nbvalprem+1
    FinSi
  FinPour
  // décomposition en facteurs premiers
  décomposition(N)
  // Affichage du résultat
  Écrire(N,"se décompose comme la multiplication de :")
  Pour i variant de 0 à nbfact-1 Faire
     Écrire(fact_premiers[i])
  FinPour
Fin
```

Voici la fonction récursive décomposition() :

```
Fonction décomposition(nb)
Déclaration
  Paramètres nb                         en Entier
  Variables numcase, diviseur, reste    en Entier
  Variable  trouvé                      en Booléen
Début
  numcase ← 0
  trouvé ← FAUX
  // si le nombre est premier on l'ajoute au tableau
  Si (est_nbpremier(nb)) Alors
    fact_premiers[nbfact] ← nb
    nbfact ← nbfact+1
  Sinon // on détermine ses diviseurs
    Tant que ( NON trouvé) Faire
      diviseur ← tab_premiers[numcase]
      numcase ← numcase+1
      reste ← nb MOD diviseur
      Si (reste=0) Alors
         trouvé ← VRAI
         fact_premiers[nbfact] ← diviseur
         nbfact ← nbfact+1
         décomposition(nb/diviseur)
      FinSi
    FinTantQue
  FinSi
Fin
```

Voici le programme decomposition_premiers.java. La méthode est_nbpremier() est identique à celle du programme premier4.java.

« Java »

```
// decomposition_premiers.java
import java.io.*;
import java.util.*;
class ListeNbPremier{
  static final int TAILLE=300000;
  private int[] tab_premiers;
  private int nbvalprem ;
  private int[] fact_premiers;
  private int nbfact ;
  // -------constructeur-------
  public ListeNbPremier(int nb){
   nbvalprem=0; nbfact=0;
   tab_premiers = new int[TAILLE];
   fact_premiers = new int[TAILLE];
   // calcul des nombres premiers jusqu'a nb
   tab_premiers[nbvalprem++]=2;
   int limite = (int) (Math.sqrt(nb)+1);
   for (int i=3;i<limite;i+=2)
   { if (est_nbpremier(i)) tab_premiers[nbvalprem++]=i; }
  }
  // -------------------------
  private boolean est_nbpremier(int nb)
  { ... }
  // -----------------------------
  public void decomposition(int nb)
  { if (est_nbpremier(nb)) fact_premiers[nbfact++]=nb;
   else
   { int numcase=0; boolean trouve=false;
     while( !trouve)
     { int diviseur=tab_premiers[numcase++];
       int reste=nb%diviseur;
       if (reste==0)
       { trouve=true;
        fact_premiers[nbfact++]=diviseur;
        decomposition(nb/diviseur);
       }
     }
   }
  }
  // -------------------------
  public void affiche(int nb){
    System.out.printf("%d se décompose comme la multiplication ",nb);
    System.out.printf("des nombres premiers :\n");
    for (int i=0;i<nbfact;i++)
        System.out.printf("   %d",fact_premiers[i]);
    System.out.printf("\n");
  }
}
// -------------------------
public class decomposition_premiers{
 public static void main(String[] args) {
   System.out.printf("Nombre entier à décomposer : ");
   Scanner Entree = new Scanner(System.in);
   int N=Entree.nextInt();
   Entree.close();
   ListeNbPremier Liste = new ListeNbPremier(N);
   Liste.decomposition(N);
   Liste.affiche(N);
 }
}
```

Voici l'exécution du programme decomposition_premiers sur le nombre 3801.

```
$ java decomposition_premiers
Nombre entier à décomposer : 3801
3801 se décompose comme la multiplication des nombres premiers :
   3   7   181
```

EXERCICE 4 LA SUITE DE FIBONACCI

Énoncé

La suite de Fibonacci pour un nombre entier N se définit comme la relation de récurrence :

$$F(N) = F(N\text{-}1) + F(N\text{-}2), \text{ pour } N \geq 2 \text{ avec } F(0) = F(1) = 1$$

a Écrivez l'algorithme récursif qui implémente ce calcul.

b Écrivez une version itérative de cet algorithme en appliquant la règle de suppression de la récursion étudiée à la section 3 de ce chapitre.

Solution

a La construction de la fonction récursive est assez simple, puisque la suite de Fibonacci est donnée sous la forme d'une relation de récurrence. La condition terminale est indiquée pour nb ≤ 1, et le résultat est 1. Pour les autres valeurs, la fonction est appelée pour nb-1 et nb-2.

```
Fonction fibonacci(nb)
Déclaration
  Paramètre nb en Entier
  Variable res en Entier
Début
  Si (nb <= 1) Alors
    res ← 1
  Sinon
    res ← fibonacci(nb-1)+fibonacci(nb-2)
  FinSi
  Retourner res
Fin
```

Le programme fibonacci_recursive.java implémente cet algorithme :

« Java »

```
// fibonacci_récursive.java
import java.io.*;
import java.util.*;
public class fibonacci_recursive {
 public static void main(String[] args){
  System.out.printf("Entrez un nombre : ") ;
  Scanner Entree = new Scanner(System.in);
  int N=Entree.nextInt();
  Entree.close();
  // -- appel de la fonction récursive --
  int resultat=fibonacci(N);
  System.out.printf("Fibonacci(%d) =%d\n",N,resultat) ;
 }
 static int fibonacci(int nb)
 { int res;
  if (nb <= 1) res=1;
  else res = fibonacci(nb-1)+fibonacci(nb-2);
  return res ;
 }
}
```

Voici trois exécutions de ce programme, sur les valeurs 4, 5 et 6. Le résultat de la dernière exécution 13 (sur la valeur 6) est bien la somme de 8 (résultat du calcul sur 5) et de 5 (résultat du calcul sur 4).

```
$ java fibonacci_recursive
Entrez un nombre : 4
Fibonacci(4) =5
$ java fibonacci_recursive
Entrez un nombre : 5
Fibonacci(5) =8
$ java fibonacci_recursive
Entrez un nombre : 6
Fibonacci(6) =13
```

b Cet exemple illustre parfaitement l'utilisation abusive de la récursivité, et démontre qu'une fonction itérative équivalente donne un bien meilleur résultat. Dans le programme précédent, la fonction récursive est appelée deux fois, ce qui produit deux appels qui vont eux-mêmes en appeler deux autres, etc. Or, il est évident que l'appel de `fibonacci(nb-1)` pourrait bénéficier du résultat de `fibonacci(nb-2)`. Ces deux calculs sont traités indépendamment l'un de l'autre, alors qu'ils se complètent. La transformation de la fonction récursive en une fonction itérative évite les redondances, et diminue le nombre de calculs.

Pour supprimer la récursion, on se sert du tableau `res[]` pour conserver les résultats de chaque itération. Les cases 0, 1, 2, 3, ... de ce tableau contiennent respectivement les valeurs de F(0), F(1), F(2), F(3), ... Pour calculer le premier nombre F(2), on affecte les cases 0 et 1 par la valeur initiale 1. Une boucle POUR effectue le calcul de 2 à N. Chaque itération range le calcul `res[i-1]+res[i-2]`, dans `res[i]`.

```
Fonction fibonacci(nb)
Déclaration
  Paramètre nb en Entier
  Variable res en Tableau[100] d'Entiers
  Variable i en Entier
Début
  res[0] ← 1
  res[1] ← 1
  Si (nb <= 1) Alors
     Retourner 1
  Sinon
    Pour i variant de 2 à i nb Faire
       res[i] ← res[i-1]+res[i-2]
    FinPour
    Retourner res[nb]
  FinSi
Fin
```

Le programme Java `fibonacci_iterative.java` implémente cet algorithme :

« Java »

```
// fibonacci_itérative.java
import java.io.*;
import java.util.*;
public class fibonacci_iterative {
 static final int MAX=1000;
 public static void main(String[] args){
  System.out.printf("Entrez un nombre : ") ;
  Scanner Entree = new Scanner(System.in);
  int N=Entree.nextInt();
  Entree.close();
  // -- appel de la fonction récursive --
  int resultat=fibonacci(N);
  System.out.printf("Fibonacci(%d) =%d\n",N,resultat) ;
 }
 static int fibonacci(int nb)
```

```
  { int[] res = new int[MAX] ;
   res[0]=1 ; res[1]=1 ;
   if (nb <= 1) return 1;
   else
   { for (int i=2 ;i<=nb ;i++) res[i]=res[i-1]+res[i-2];
     return res[nb] ; }
  }
 }
```

EXERCICE 5 LES TOURS DE HANOI

Énoncé

Les Tours de Hanoi sont un jeu constitué de trois tours symbolisées par des piquets, sur lesquels sont enfilés des disques de tailles différentes, qui forment une pyramide cylindrique. Le nombre de disques est défini au début de la partie, et il est de trois minimum. Le but du jeu est de déplacer la pyramide située initialement sur la tour 1 vers la tour 3, comme le montre la figure 4.4 qui présente la position initiale et la position finale avec trois disques.

Chaque phase de jeu ne déplace qu'un seul disque à la fois, d'une tour vers une autre en respectant l'ordonnancement des disques, du plus petit (en haut) vers le plus grand (en bas), sur chaque piquet. Il est donc interdit de déplacer un disque plus grand vers une tour contenant en haut de la pile un disque plus petit. Voici un exemple de début du jeu : déplacer le premier disque de la tour 1 vers la tour 3, déplacer le deuxième disque de la tour 1 vers la tour 2, déplacer le premier disque de la tour 3 vers la tour 2. Cette suite d'actions équivaut à déplacer les deux premiers disques de la tour 1 vers la tour 2, en respectant les règles indiquées précédemment.

Figure 4.4

Principe du jeu des Tours de Hanoi.

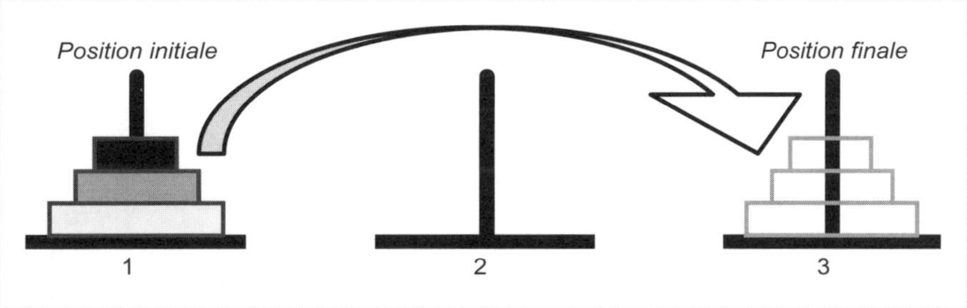

Écrivez l'algorithme de ce jeu, et plus particulièrement la procédure récursive de déplacement d'une pile de disques notée `déplacer(nb_disques,départ,arrivée,intermédiaire)`, où `nb_disques` est le nombre de disques à déplacer, `départ` le numéro de la tour où se trouvent ces disques, `arrivée` le numéro de la tour cible, et `intermédiaire` le numéro de la tour restante.

Solution

On voit dans cet exercice toute la puissance de la programmation récursive. La procédure récursive `déplacer()` indique que le déplacement des trois disques de la tour 1 vers la tour 3 se résume à déplacer les deux premiers disques de la tour 1 vers la tour 2, et le troisième disque de la tour 1 vers la tour 3 (qui est sa position finale), puis à replacer la pile des deux disques de la tour 2 vers la tour 3 pour reconstituer la pyramide initiale. Voici la suite des déplacements présentés à la figure 4.5 :

```
déplacer(2,1,2,3) // on déplace la pile des deux premiers disques
déplacer(1,1,3,2) // le troisième disque prend sa position finale
déplacer(2,2,3,1) // les deux disques sont déplacés sur le troisième
```

Figure 4.5

Algorithme récursif des Tours de Hanoi.

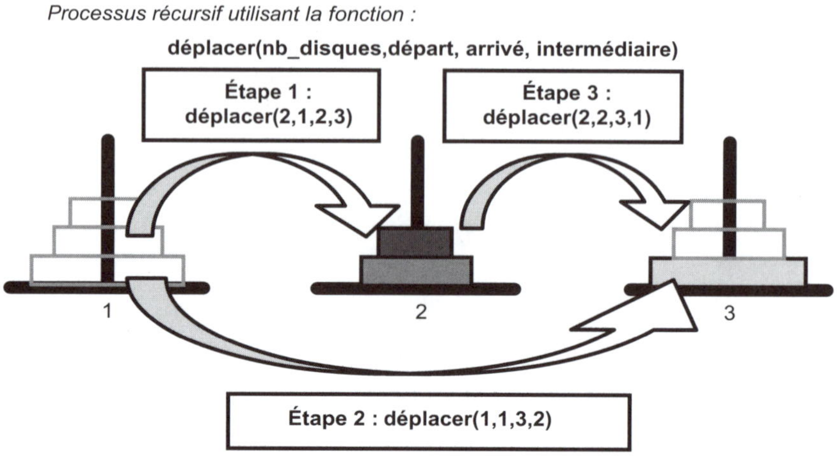

Suite des appels récursifs	coup	déplacement
déplacer(2,1,2,3)		
→ déplacer(1,1,3,2) →	1	1 -> 3
→ déplacer(1,1,2,3) →	2	1 -> 2
→ déplacer(1,3,2,1) →	3	3 -> 2
déplacer(1,1,3,2) →	4	1 -> 3
déplacer(2,2,3,1)		
→ déplacer(1,2,1,3) →	5	2 -> 1
→ déplacer(1,2,3,1) →	6	2 -> 3
→ déplacer(1,1,3,2) →	7	1 -> 3

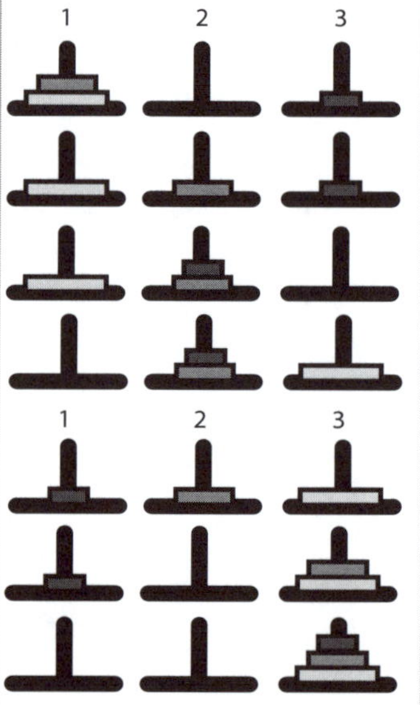

La récursion terminale se produit quand le déplacement ne concerne qu'un seul disque. Il suffit d'afficher le déplacement à faire. Voici l'algorithme `hanoi`, qui emploie la procédure récursive `déplacer()`.

```
Programme hanoi
Déclaration
  Variables nbd  en Entier
Début
  Écrire("Entrez le nombre de disques : ")
  Lire(nbd)
  // appel initial de la procédure récursive
  déplacer(nbd,1,3,2)
Fin
// --- procédure récursive déplacer ---
Procédure déplacer(nb_disques,départ,arrivée,intermédiaire)
Déclarations
  Paramètres nb_disques,départ,arrivée,intermédiaire en Entier
Début
```

```
  Si (nb_disques = 1) Alors  // déplacement d'un seul disque
    Écrire(départ," -> ",arrivée)
  Sinon                      // déplacement d'une pile de disques
    déplacer(nb_disques-1,départ,intermédiaire,arrivée)
    déplacer(1,départ,arrivée,intermédiaire)
    déplacer(nb_disques-1,intermédiaire,arrivée,départ)
  FinSi
Fin
```

La figure 4.5 présente le déroulement des appels récursifs pour trois disques, avec l'état des tours à chaque phase de jeu. L'exécution du premier appel de la procédure `déplacer()` déplace tout d'abord deux disques. Ce déplacement génère trois appels récursifs qui déplacent un disque. Le déplacement suivant (du premier appel) porte sur un seul disque. Le dernier déplacement (toujours du premier appel) concerne deux disques. Il génère de nouveau trois appels récursifs qui déplacent un disque. Voici le programme `hanoi_recursive.java` qui implémente cet algorithme :

« Java »

```
// Algorithme des Tours de Hanoi - hanoi_récursive.java
import java.io.*;
import java.util.*;
public class hanoi_recursive {
 static int coup=0;
 public static void main(String[] args){
  Scanner Entree = new Scanner(System.in);
  System.out.printf("Entrez le nombre de disques : ");
  int nbd=Entree.nextInt();
  Entree.close();
  System.out.printf("\n coup    déplacement\n");
  System.out.printf("--------------------\n");
  // appel initial de la procdure rcursive
  deplacer(nbd,1,3,2);
 }
 // --- procédure récursive ---
 static void deplacer(int nb_disques, int depart, int arrivee,
                      int intermediaire)
 { if (nb_disques == 1) // déplacement d'un seul disque
    System.out.printf("%4d      %d -> %d\n",++coup,depart,arrivee);
  else // déplacement d'une pile de disques
  { deplacer(nb_disques-1,depart,intermediaire,arrivee);
    deplacer(1,depart,arrivee, intermediaire);
    deplacer(nb_disques-1,intermediaire,arrivee,depart);
  }
 }
}
```

Voici un exemple d'exécution de ce programme sur trois disques :

```
$ java hanoi_recursive
Entrez le nombre de disques : 3
 coup    déplacement
--------------------
   1      1 -> 3
   2      1 -> 2
   3      3 -> 2
   4      1 -> 3
   5      2 -> 1
   6      2 -> 3
   7      1 -> 3
```

Exercices

Chapitre 5

Les données abstraites

Les chapitres précédents ont présenté la modélisation des données à partir de types prédéfinis, comme les tableaux (données statiques) ou les listes chaînées (données dynamiques). L'algorithme est alors dépendant du type utilisé : la modification de l'organisation des données entraîne celle de l'algorithme. Les données *abstraites* permettent de concevoir des algorithmes indépendamment d'une structure particulière. Ce type de données est implémenté indifféremment par des tableaux ou des listes chaînées, sans aucune incidence sur l'algorithme qui ne « voit » que la donnée abstraite. Ce chapitre aborde les piles, les files et les arbres.

1 Les piles

1.1 PRINCIPE

Une *pile* est une donnée à accès restreint, ce qui signifie que son traitement se limite à quelques manipulations. Avec une pile, seules deux opérations sont autorisées : *empiler* ou *dépiler* (retirer) un élément. La limitation des manipulations permet de s'affranchir facilement de l'implémentation réelle de la donnée, en définissant des modules de traitement dédiés à ces deux opérations.

La gestion de ce type de données est comparable à celle d'une pile d'assiettes. Toute nouvelle assiette est ajoutée en haut de la pile ; le retrait d'une assiette fournit celle qui a été posée en dernier. Cette méthode d'accès, où le dernier élément posé sur la pile est le premier à en sortir, se nomme *LIFO* (*Last In, First Out*). La figure 5.1 montre le résultat de l'empilement des valeurs numériques de 1 à 5. La dernière valeur est empilée en haut. Elle sera la première à être dépilée.

Figure 5.1

Fonctionnement d'une pile.

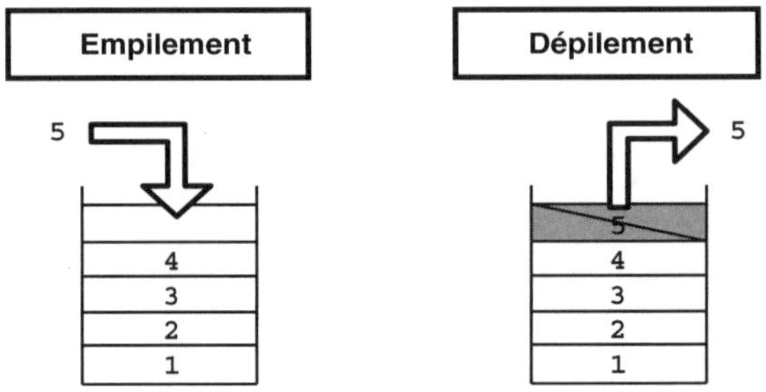

Les piles sont particulièrement adaptées aux processus qui nécessitent la mise en attente de données pour un traitement ultérieur. C'est le cas du calcul d'une expression arithmétique en *notation polonaise inversée*, également appelée *notation postfixée*, ou les données apparaissent avant l'opérateur. Les piles sont également un support privilégié pour rendre itératif un traitement récursif. Les valeurs correspondant aux appels récursifs sont empilées, et leur dépilement simule la remontée des appels.

1.2 LES PRIMITIVES

Un programme utilisant une pile n'a pas besoin de connaître l'implémentation réelle des données. Il se contente de les empiler ou de les dépiler. Il utilise des sous-programmes qui implémentent les traitements de base, appelés *primitives* de gestion. Les principales primitives sont :

- `empiler()` : cette procédure ajoute la donnée passée en argument en haut de la pile.
- `dépiler()` : cette fonction, sans argument, retourne l'élément extrait du dessus de la pile.
- `pile_vide()` : cette fonction retourne la valeur VRAI si la pile est vide, et FAUX le cas échéant.
- `initialiser_pile()` : cette procédure initialise la pile.

Ces primitives gèrent la pile sous la forme de tableaux ou de listes chaînées. En langage objet, l'initialisation de la pile se fait grâce au constructeur de la classe.

1.3 UTILISATION DES TABLEAUX

La représentation la plus simple d'une pile est le tableau. Si le nombre maximal d'éléments contenus dans la pile est connu à l'avance, il est facile de définir la taille du tableau. Sinon, il faut définir un tableau suffisamment grand, ou employer un tableau dynamique.

Chaque nouvel élément de la pile est ajouté dans une case vide du tableau. Le dépilement retire cet élément. Une variable entière indiquant le nombre d'éléments contrôle l'état du tableau. Voici les différentes primitives de gestion d'une pile de caractères.

La procédure `initialiser_pile()` positionne simplement le nombre d'éléments à 0.

```
Procédure initialiser_pile()
Début
  nbéléments ← 0
Fin
```

La procédure `empiler()` ajoute le nouvel élément dans une case vide du tableau et fait progresser le nombre d'éléments.

```
Procédure empiler(c)
Déclaration
  Paramètres c en Caractère
Début
  pile[nbéléments] ← c
  nbéléments ← nbéléments+1
Fin
```

La fonction `dépiler()` retire un élément du tableau et retourne sa valeur au programme appelant.

```
Fonction dépiler()
Déclaration
  Variable c en Caractère
Début
  nbéléments ← nbéléments-1
  c ← pile[nbéléments]
  retourner c
Fin
```

La fonction `pile_vide()` retourne une valeur booléenne qui indique si la pile est vide.

```
Fonction pile_vide()
Début
  Si (nbéléments = 0) Alors
    retourner VRAI
  Sinon
    retourner FAUX
  FinSi
Fin
```

1.4 UTILISATION DES LISTES CHAÎNÉES

Les listes chaînées sont plus appropriées quand le nombre maximal d'éléments à empiler est inconnu. Elles définissent des piles dynamiques qui grandissent au fur et à mesure de leur remplissage.

Tout comme les tableaux dynamiques, elles assurent un bon fonctionnement, quel que soit le nombre d'éléments empilés, ce qui n'est pas le cas des tableaux statiques. Avec cette organisation, la pile devient un pointeur d'éléments. Elle correspond au pointeur de début de la liste chaînée. Un deuxième pointeur indiquant la fin de la liste facilite sa gestion, en évitant un parcours systématique de la liste pour ajouter un élément à la fin. Le type `élément` d'une pile de caractères est :

```
Type élément  en Enregistrement
                   champ pt_succ  en Pointeur d'éléments
                   champ c        en Caractère
                   champ pt_pred  en Pointeur d'éléments
                Fin d'Enregistrement
```

Voici la réécriture des primitives de gestion de la pile sous la forme d'une liste chaînée. La procédure `initialiser_pile()` positionne l'adresse initiale de la pile et du pointeur de fin de liste.

```
Procédure initialiser_pile()
Début
  pile   ← AUCUNE_ADRESSE
  pt_fin ← AUCUNE_ADRESSE
Fin
```

La procédure `empiler()` ajoute le nouvel élément à la fin de la liste chaînée. Les instructions de gestion d'une liste chaînée sont présentées dans le chapitre 3.

```
Procédure empiler(c)
Déclaration
  Paramètres c en Caractère
  Variable pt_nouveau en Pointeur d'éléments
Début
  // création du nouvel élément
  pt_nouveau ← allouer(élément)
  // Initialisation des champs c, pt_pred, pt_succ
  (*pt_nouveau).c ← c
  (*pt_nouveau).pt_pred ← AUCUNE_ADRESSE
  (*pt_nouveau).pt_succ ← AUCUNE_ADRESSE
  // Ajout du nouvel élément en fin de liste
  Si (pile = AUCUNE_ADRESSE) Alors
    // la liste est vide
    pile   ← pt_nouveau
    pt_fin ← pt_nouveau
  Sinon
    // étape 1: on affecte le champ pt_succ du dernier élément
    (*pt_fin).pt_succ  ← pt_nouveau
    // étape 2: on affecte le champ pt_pred du nouvel élément
    (*pt_nouveau).pt_pred  ← pt_fin
    // étape 3 - on met à jour pt_fin
    pt_fin  ← pt_nouveau
  FinSi
Fin
```

La fonction `dépiler()` retire un élément (`candidat`) de la liste et retourne la valeur de sa donnée.

```
Fonction dépiler()
Déclaration
  Variable candidat en élément
  Variable pt_pred en Pointeur d'éléments
Début
 // extraction du dernier élément de la pile
  candidat  ← (*pt_fin)
  candidat.pt_pred  ← AUCUNE_ADRESSE
  candidat.pt_succ  ← AUCUNE_ADRESSE
  // retrait de la pile
  pt_pred ← (*pt_fin).pt_pred
  Si (pt_pred = AUCUNE_ADRESSE) Alors
     pile  ← AUCUNE_ADRESSE
  Sinon
     (*pt_pred).pt_succ  ← AUCUNE_ADRESSE
```

```
  FinSi
  // libération de l'élément
  libérer(pt_fin)
  pt_fin ← pt_pred
  retourner candidat.c
Fin
```

La fonction pile_vide() retourne la valeur FAUX, si la pile ne pointe sur aucun élément.

```
Fonction pile_vide()
Début
  Si (pile = AUCUNE_ADRESSE) Alors
    retourner VRAI
  Sinon
    retourner FAUX
  FinSi
Fin
```

1.5 EXEMPLE

Le programme donné en exemple effectue l'inversion d'une chaîne de caractères. L'algorithme empile les caractères lus, puis les dépile tant que la pile n'est pas vide. La fonction fin_de_ligne() retourne VRAI quand tous les caractères ont été lus.

```
caract ← ' '
initialiser_pile()
Écrire("Entrez une chaîne de caractères : ")
Tant que (caract <> fin_de_ligne()) Faire
  Lire(caract)
  empiler(caract)
FinTantQue
Tant que ( NON pile_vide()) Faire
    Écrire(dépiler())
FinTantQue
```

Les primitives cachent la vraie nature de la pile au programme appelant. Voici le programme Java qui implémente cet algorithme, avec les primitives employant les tableaux. La pile est implémentée par la classe CPile. L'appel à initialiser_pile() est omis, car le constructeur de la classe CPile effectue déjà l'initialisation.

« Java »

```
// inversion_chaine.java
// pile avec un tableau
import java.io.*;
import java.util.*;
class CPile {
 static final int TAILLE=100 ;
 private char[] pile  ;
 private int nbelements ;
 // -------constructeur-------
 public CPile(){
  nbelements=0;
  pile = new char[TAILLE];
 }
 // ----gestion de la pile----
 public void initialiser_pile() { nbelements=0; }
 public void empiler(char c) { pile[nbelements++]=c; }
 public char depiler() { return pile[--nbelements] ; }
 public boolean pile_vide()
  {if (nbelements==0) return true; else return false;}
}
// -------------------------
 public class inversion_chaine{
  public static void main(String[] args) {
```

```
        CPile pile_chaine = new CPile();
        System.out.printf("Entrez une chaîne de caractères : ");
        String phrase=Saisie.lire_String();
        // Inversion
        for (int i=0;i<phrase.length();i++)
        { char c=phrase.charAt(i); pile_chaine.empiler(c); }
        // Affichage
       while ( ! pile_chaine.pile_vide())
         System.out.printf("%c",pile_chaine.depiler()) ;
       System.out.printf("\n") ;
     }
   }
```

Voici un exemple d'exécution de ce programme :

```
$ java inversion_chaine
Entrez une chaîne de caractères : essai de phrase
esarhp ed iasse
```

Le programme `inversion_chaine2.java` présente la version basée sur la liste chaînée. Le programme principal reste inchangé. Il est indépendant de la structure interne des données. Il est remplacé par des pointillés.

```
// inversion_chaine2.java
// pile avec une liste chaînée
import java.io.*;
 import java.util.*;
// =========================
class CElement {
 private CElement pt_succ,pt_pred;
 private char donnee;
 // -------constructeur-------
 public CElement(char car){
  pt_succ=null;pt_pred=null;
  donnee=car;
 }
 // autres méthodes
 public void change_successeur(CElement pt) {this.pt_succ = pt;}
 public void change_predecesseur(CElement pt) {this.pt_pred = pt;}
 public CElement successeur() {return this.pt_succ;}
 public CElement predecesseur() {return this.pt_pred;}
 public char get_donnee() {return this.donnee;}
}
// =========================
class CPile {
 private CElement pt_debut,pt_fin;
 // -------constructeur-------
 public CPile(){pt_debut=null;pt_fin=null; }
 // ----gestion de la pt_debut----
 public void empiler(char c)
 { // création du nouvel élément
   CElement pt_nouveau=new CElement(c);
  // Ajout du nouvel élément en fin de liste
  if (pt_debut == null) // la liste est vide
  { pt_debut = pt_nouveau ; pt_fin   = pt_nouveau ; }
  else
  { // étape 1: on affecte le champ pt_succ du dernier élément
    pt_fin.change_successeur(pt_nouveau);
    // étape 2: on affecte le champ pt_pred du nouvel élément
    pt_nouveau.change_predecesseur(pt_fin);
    // étape 3 - on met à jour pt_fin
    pt_fin = pt_nouveau ;
  }
 }
 public char depiler()
 { // extraction du dernier élément de la pt_debut
```

```
    CElement element = pt_fin ;
    // retrait de la pt_debut
    CElement pt_pred=pt_fin.predecesseur();
    if (pt_pred == null) pt_debut = null ;
    else pt_pred.change_successeur(null);
    // libération de l'élément
    pt_fin=pt_pred ;
    return element.get_donnee() ;
  }
  public boolean pile_vide()
  {if (pt_debut==null) return true; else return false ;}
}
// -------------------------
 public class inversion_chaine2{
  public static void main(String[] args) { ... }
}
```

Le programme `inversion_chaine3.java` utilisant la classe Java `LinkedList` est proposé au téléchargement.

1.6 LES PILES ET LA RÉCURSIVITÉ

Les piles sont des données privilégiées pour transformer un algorithme récursif en itératif. Le chapitre précédent a montré comment procéder à l'aide d'un tableau qui conserve les valeurs en remplacement des appels récursifs. Sans le dire clairement, les solutions proposées utilisaient des piles. La version itérative de la fonction puissance qui a été présentée est :

```
Fonction puissance(x, N)
Déclaration
  ...
Début
  résultat[0] ← 1
  Pour i variant de 1 à N Faire
     résultat[i] ← x * résultat[i-1]
  FinPour
  Retourner résultat[N]
Fin
```

Cette fonction peut être réécrite pour utiliser explicitement une pile (représentée par le tableau `résultat`) de la manière suivante :

```
  ...
  empiler(1)
  Pour i variant de 1 à N Faire
     empiler(x * dépiler())
  FinPour
  Retourner dépiler()
```

À la fin de ce chapitre, un exercice portant sur les Tours de Hanoi montre comment procéder pour transformer un algorithme récursif plus complexe en algorithme itératif.

2 Les files

2.1 Principe

Une *file* est aussi une donnée à accès restreint. Elle se comporte de la même manière que la pile, à la différence que le premier élément entré est le premier sorti. Cette méthode d'accès se nomme *FIFO* (*First In, First Out*). La gestion d'une file se résume à *enfiler* un élément (on l'ajoute à la fin de la file), ou à *défiler* un élément (on retire le premier élément de la file), comme le montre la figure 5.2.

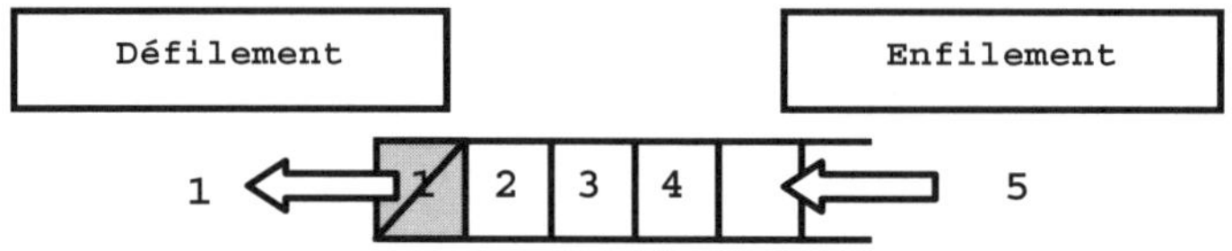

Figure 5.2

Fonctionnement d'une file.

Les files sont moins présentes dans les algorithmes, car leur champ d'application est moins étendu que celui des piles. Cependant, il existe des domaines où elles sont indispensables. C'est le cas de la gestion des requêtes d'impression sur un ordinateur. La file permet de soumettre les travaux dans leur ordre d'arrivée. Il existe également des environnements de la vie courante, où l'utilisation d'une file est plus appropriée qu'une pile. Imaginons le traitement de l'accueil du public à un guichet de la Poste. Une gestion en pile ne manquerait pas de provoquer une émeute, car le dernier arrivé serait le premier servi ! Tout comme les piles, les files peuvent être implémentées sous la forme de tableaux ou de listes chaînées.

2.2 Utilisation des tableaux

Contrairement à la pile, où l'élément dépilé (le dernier) est effectivement retiré du tableau, la gestion d'une file peut se limiter à ajouter des éléments à la fin du tableau (enfiler), et à simuler le retrait du premier élément par le déplacement d'un indice qui indique sa position. Cette méthode est beaucoup moins coûteuse que le retrait effectif du premier élément, qui implique le décalage de tous les autres éléments. Seuls deux indices suffisent pour enfiler et défiler. Voici les primitives de gestion d'une file. Nous conservons le type tableau de caractères pour représenter la file.

La procédure `initialiser_file()` positionne les indices de début de file et de fin de file.

```
Procédure initialiser_file()
Début
  début_file ← 0
  fin_file ← 0
Fin
```

La procédure `enfiler()` ajoute le nouvel élément dans une case vide du tableau et fait progresser l'indice de fin de liste.

```
Procédure enfiler(c)
Déclaration
  Paramètres c en Caractère
Début
  file[fin_liste] ← c
  fin_file← fin_file +1
Fin
```

La fonction `défiler()` retourne l'élément indiqué par `début_liste` et fait progresser cet indice.

```
Fonction défiler()
Déclaration
  Variable c en Caractère
Début
  c ← file[début_file]
  début_file ← début_file+1
retourner c
Fin
```

La fonction `file_vide()` retourne une valeur booléenne qui indique si la file est vide.

```
Fonction file_vide()
Début
  Si (début_file = fin_file) Alors
    retourner VRAI
  Sinon
    retourner FAUX
  FinSi
Fin
```

La limite de cette technique est la taille de la file, qui ne fait que grandir. Si le contexte montre que le nombre d'éléments à enfiler est important, alors il faudra soit définir un tableau de grande taille, soit passer sur un modèle évolutif à base de tableaux dynamiques ou de listes chaînées.

2.3 Utilisation des listes chaînées

La gestion de la file avec une liste chaînée est semblable à celle de la pile. Le type `élément` est inchangé. L'enfilement crée une nouvelle structure qui est ajoutée à la fin de la liste, comme avec une pile. La plupart des primitives sont identiques à celles qui sont proposées pour la gestion de la pile. Pour obtenir la procédure `enfiler()`, il suffit de changer le nom du pointeur `pile` en `file` dans la procédure `empiler()` présentée à la section 1.4. On procède de la même manière pour la procédure `initialiser_file()`, et la fonction `file_vide()`. Nous ne détaillons que la fonction `défiler()` qui diffère de la fonction `dépiler()`.

La fonction `défiler()` déplace le pointeur de début de file d'un élément, et libère l'espace occupé par l'élément qui est défilé.

```
Fonction défiler()
Déclaration
  Variable candidat en élément
  Variable pt_succ en Pointeur d'éléments
Début
  // extraction du premier élément de la file
  candidat  ← (*file)
  candidat.pt_pred  ← AUCUNE_ADRESSE
  candidat.pt_succ  ← AUCUNE_ADRESSE
  // retrait de la file
  pt_succ ← (*file).pt_succ
  Si (pt_succ = AUCUNE_ADRESSE) Alors
     file    ← AUCUNE_ADRESSE
     pt_fin  ← AUCUNE_ADRESSE
  Sinon
    (*pt_succ).pt_pred  ← AUCUNE_ADRESSE
  FinSi
  // libération de l'élément
  libérer(file)
  file ← pt_succ
  retourner candidat.c
```

```
Fin
```

Deux exemples pratiques de traitement d'une file associée à une pile sont donnés en exercice.

3 Les arbres

3.1 Principe et définitions

Les arbres sont des données abstraites à deux dimensions (ils sont usuellement représentés sur une surface plane), contrairement aux piles et aux files qui sont linéaires (liste d'éléments).

Ils peuvent servir à représenter des informations hiérarchisées, comme des arbres généalogiques, à décomposer la syntaxe d'une expression arithmétique, ou à organiser les données pour permettre un accès rapide. De nombreux algorithmes utilisent des arbres pour représenter les données. C'est le cas de la recherche par arbre équilibré, qui est étudiée dans le chapitre 7. Il est important de connaître certains termes particuliers aux arbres pour comprendre ces algorithmes.

Un arbre est constitué d'un ensemble d'éléments, appelés *nœuds*, qui sont organisés de manière hiérarchique. Ces nœuds sont liés entre eux par des *arêtes*. Chaque nœud possède un *père*, et peut posséder des descendants, ses *fils*. Les fils peuvent eux-mêmes être pères d'autres fils. Un nœud particulier débute cette arborescence, la *racine*. C'est le seul à ne pas posséder de père. Les nœuds terminant l'arborescence sont aussi appelés *feuilles* ou *nœuds terminaux*. Une feuille ne possède pas de fils. Tout nœud de l'arbre est la racine d'un *sous-arbre*, constitué par sa descendance et lui-même. Cette dernière remarque montre qu'un arbre est une structure récursive, qui peut facilement être gérée par des procédures récursives. Les nœuds d'un arbre se répartissent en *niveaux*. Le niveau d'un nœud est la distance en nombre de nœuds (à l'exclusion de lui-même) qui le sépare de la racine. La figure 5.3 présente un arbre qui organise un ensemble de caractères. Le nœud U est la racine. Les nœuds N, B, R et E sont des feuilles.

Figure 5.3

Structure d'un arbre.

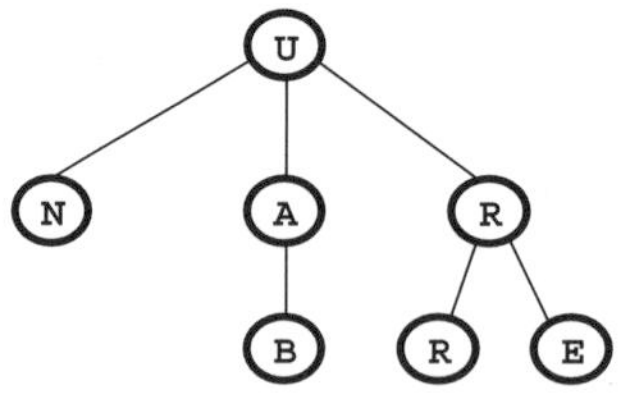

Les arbres sont généralement gérés comme des structures liées entre elles par des pointeurs. Il est aussi possible de se servir de tableaux, mais cette représentation est moins « naturelle ». Nous n'étudierons que la première méthode.

3.2 Les types d'arbres

Les arbres sont répartis en deux catégories : les *arbres binaires* et les *arbres multibranches*.

Les *arbres binaires* sont des arbres dans lesquels chaque nœud possède deux fils tout au plus. Les fils sont généralement nommés *gauche* et *droit*. La structure d'un nœud est un enregistrement qui possède deux pointeurs vers ses fils, en plus des champs de données.

Ces arbres sont majoritairement employés dans les algorithmes. Nous ne traitons que ce type d'arbres dans ce chapitre.

Les *arbres multibranches* sont peu utilisés dans les algorithmes, car ils peuvent être représentés par des arbres binaires équivalents. Par conséquent, tous les algorithmes travaillant sur les arbres binaires s'appliquent aux arbres multibranches, une fois transformés. Cette propriété explique la prépondérance des arbres binaires. La figure 5.4 présente l'arbre binaire qui correspond à celui présenté à la figure 5.3. Il est obtenu en définissant pour chaque nœud le lien gauche qui pointe sur son premier fils de gauche, et le lien droit qui pointe vers son frère situé à droite.

Figure 5.4

Représentation d'un arbre multibranche en arbre binaire.

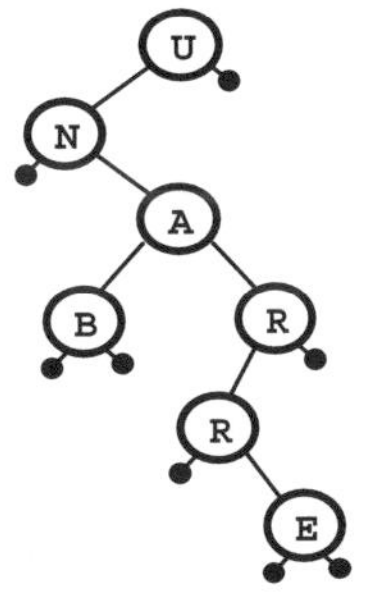

3.3 Création d'un arbre binaire d'expression

Nous présentons dans cette partie la méthode pour créer l'arbre binaire d'une expression arithmétique. Il existe une relation assez forte entre une expression arithmétique, où les opérateurs sont souvent dyadiques, et les arbres binaires. Pour faciliter la compréhension, les valeurs numériques sont remplacées par des caractères (A, B, C, D, E, F). La figure 5.5 présente l'arbre binaire qui correspond à l'expression :

(A+B)*((C-D)/(E+F))

Figure 5.5

Arbre binaire de l'expression (A+B)*((C-D)/(E+F)).

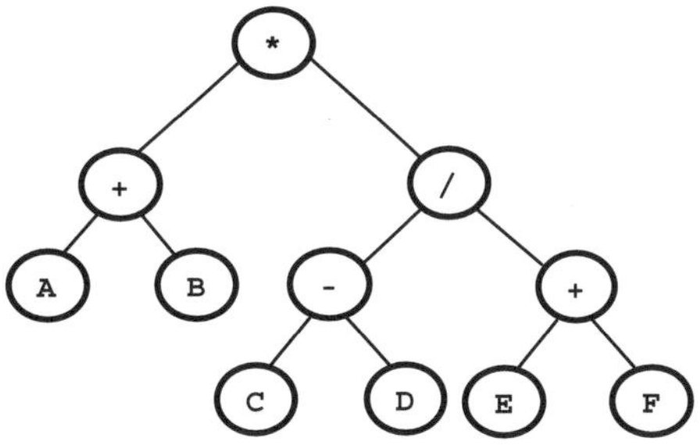

L'enregistrement ou objet représentant un nœud contient un champ caractère et deux champs pointeurs.

```
Type noeud  en Enregistrement
                  champ donnée        en Caractère
                  champ gauche,droit  en Pointeur de noeud
               Fin d'Enregistrement
```

Le programme présenté utilise une pile pour lire l'expression *postfixée* (*polonaise inversée*). À chaque lecture d'une nouvelle donnée, un nœud est créé. Si c'est une lettre (A, B, C, D, E ou F), les fils gauche et droit sont initialisés à AUCUNE_ADRESSE, et le nœud est simplement rangé dans la pile. Si le caractère lu est un opérateur, les deux derniers nœuds contenus dans la pile sont dépilés, et liés comme fils droit et gauche (dans cet ordre) du nœud en cours de traitement. Le nœud est ensuite rangé dans la pile. La figure 5.6 présente le traitement de l'expression *postfixée* A B + C D – E F + / *, qui correspond à l'expression *infixée* (A+B)*((C–D)/(E+F)). Les deux premiers nœuds correspondant aux caractères A, B sont simplement empilés. Le traitement du caractère + provoque le dépilement des nœuds A et B, la liaison en tant que fils de + et l'empilement du nœud +. Le reste du traitement suit le même processus.

Figure 5.6

Processus de création de l'arbre binaire de l'expression A B + C D - E F + / *.

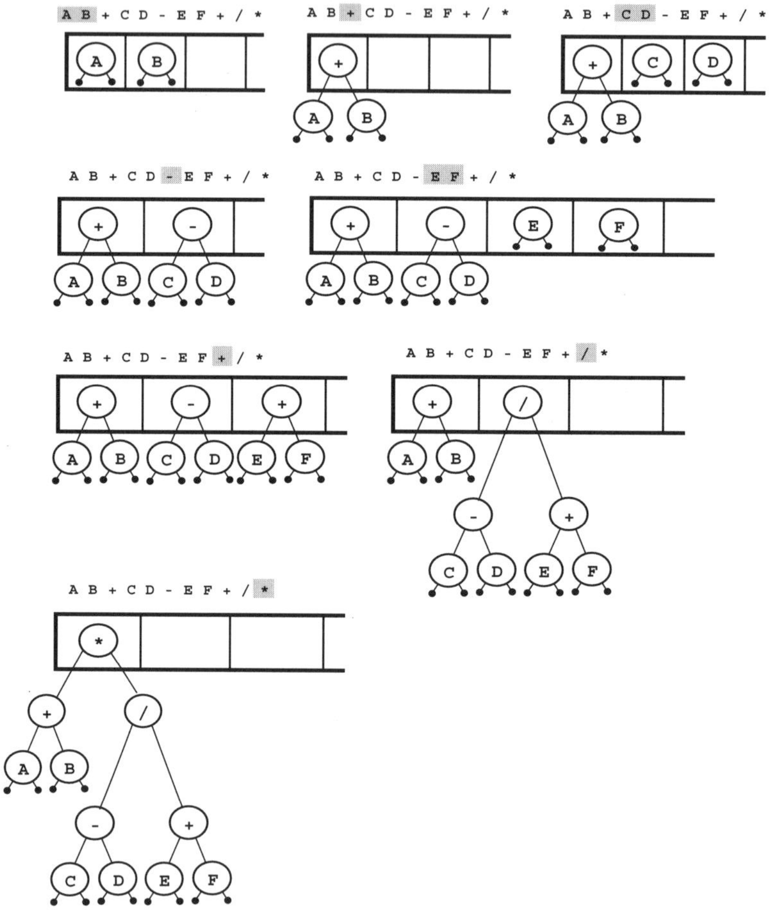

Voici les instructions qui effectuent ce traitement. Les variables `nouveau_noeud` et `racine_arbre` sont de type `noeud`.

```
car ← ' '
Écrire("Entrez une expression postfixée : ")
// initialisation de la pile
initialiser_pile()
// --- construction de l'arbre --
// on boucle TANT QUE la fin de ligne n'est pas atteinte
Tant que (NON fin_de_ligne()) Faire
  Lire(car)
  Si (NON fin_de_ligne()) Alors
    // création d'un nouveau noeud
    nouveau_noeud ← allouer(noeud)
    (*nouveau_noeud).donnée  ← car
    (*nouveau_noeud).gauche  ← AUCUNE_ADRESSE
    (*nouveau_noeud).droit   ← AUCUNE_ADRESSE
```

```
      Si ((car = '+')OU(car = '-')OU(car = '*')OU(car = '/')) Alors
        (*nouveau_noeud).droit  ← dépiler()
        (*nouveau_noeud).gauche ← dépiler()
      FinSi
      Si (car <> ' ') Alors
        empiler(nouveau_noeud)
      FinSi
    FinSi
  FinTantQue
  racine_arbre ← dépiler()
```

Le programme arbre_expression.java, qui intègre la création et les parcours de l'arbre détaillés à la section suivante, est proposé à la fin de cette section.

3.4 Parcours d'un arbre binaire

Le parcours d'un arbre utilise une procédure récursive. Chaque appel visite un nœud, puis explore chaque sous-arbre qui débute au nœud visité. Selon l'ordre d'exploration entre le nœud, le sous-arbre gauche et le sous-arbre droit, on obtient un parcours différent. Le traitement du nœud visité dépend de l'algorithme qui utilise le parcours de l'arbre comme support. La procédure Traiter() présentée affiche simplement l'information contenue dans le champ donnée du nœud.

Parcours préfixé

La notation *préfixée* d'une expression fait toujours apparaître les opérateurs en premier, comme par exemple : * + A B / – C D + E F. Le parcours *préfixé* est défini par la règle suivante : « visiter le nœud, le sous-arbre gauche, puis le sous-arbre droit ». L'implémentation récursive est :

```
Procédure ParcoursPrefixe(pt_noeud)
Déclarations
  Paramètre pt_noeud en Pointeur de noeud
Début
  Si ( pt_noeud <> AUCUNE_ADRESSE) Alors
    Traiter(pt_noeud)
    ParcoursPrefixe((*pt_noeud).gauche)
    ParcoursPrefixe((*pt_noeud).droit)
  FinSi
Fin
```

La figure 5.7 présente le parcours effectué.

Figure 5.7

Parcours préfixé.

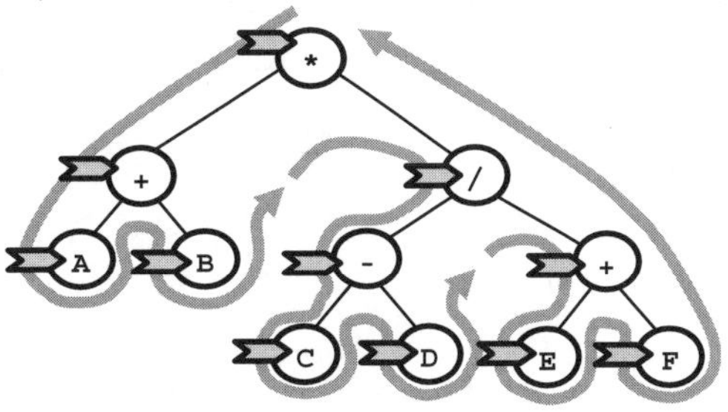

Parcours infixé

Le parcours *infixé* est défini par la règle suivante : « visiter le sous-arbre gauche, le nœud, puis le sous-arbre droit ». Ce parcours est également appelé *symétrique*. Le parcours infixé sert, par exemple, à écrire une expression arithmétique sous sa forme traditionnelle. Dans ce cas, la génération de parenthèses devient indispensable pour fixer l'ordre d'évaluation, comme avec l'expression (A+B)*((C–D)/(E+F)).

Il suffit alors d'afficher une parenthèse ouvrante avant le parcours du sous-arbre gauche, puis d'afficher une parenthèse fermante après le parcours du sous-arbre droit. L'implémentation récursive de ce parcours est :

```
Procédure ParcoursInfixe(pt_noeud)
Déclarations
  Paramètre pt_noeud en Pointeur de noeud
Début
  Si ( pt_noeud <> AUCUNE_ADRESSE) Alors
    ParcoursInfixe((*pt_noeud).gauche)
    Traiter(pt_noeud)
    ParcoursInfixe((*pt_noeud).droit)
  FinSi
Fin
```

Parcours postfixé

Le parcours *postfixé* est défini par la règle suivante : « visiter le sous-arbre gauche, le sous-arbre droit, puis le nœud ». Il sert par exemple à réécrire les expressions en notation *postfixée* ou *polonaise inversée*, comme A B + C D – E F + / *. L'implémentation récursive est :

```
Procédure ParcoursPostfixe(pt_noeud)
Déclarations
  Paramètre pt_noeud en Pointeur de noeud
Début
  Si ( pt_noeud <> AUCUNE_ADRESSE) Alors
    ParcoursPostfixe((*pt_noeud).gauche)
    ParcoursPostfixe((*pt_noeud).droit)
    Traiter(pt_noeud)
  FinSi
Fin
```

Parcours par niveaux

Les parcours précédents étaient récursifs, car ils exploraient l'arbre en profondeur, de la racine vers les feuilles, en se basant sur la structure récursive d'un arbre constitué d'une collection de sous-arbres organisés hiérarchiquement du haut vers le bas. Le parcours par niveaux est équivalent à un parcours « en largeur » de l'arbre (voir figure 5.8).

Figure 5.8

Parcours par niveaux.

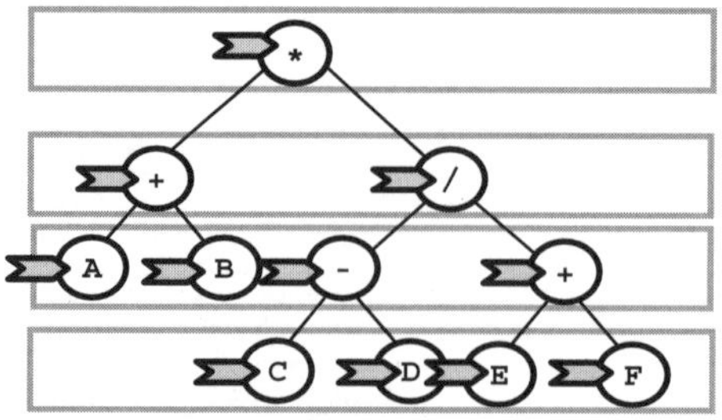

Les fonctions récursives élémentaires ne sont plus adaptées. La procédure proposée est itérative et se base sur une file. La racine est d'abord enfilée. Ensuite, une boucle TANT QUE extrait le premier nœud de la file, le traite, puis ajoute à la file son fils gauche et son fils droit, qui seront donc traités à la prochaine itération de la boucle. La boucle s'arrête quand la file est vide.

```
Procédure ParcoursParNiveaux(pt_noeud)
Déclarations
```

```
  Paramètre pt_noeud en Pointeur de noeud
Début
  enfiler(pt_noeud)
  Tant que (NON file_vide()) Faire
    pt_noeud ← défiler()
    Traiter(pt_noeud)
    Si ((*pt_noeud).gauche <> AUCUNE_ADRESSE) Alors
      enfiler((*pt_noeud).gauche)
    FinSi
    Si ((*pt_noeud).droit <> AUCUNE_ADRESSE) Alors
      enfiler((*pt_noeud).droit)
    FinSi
  FinTantQue
Fin
```

Exemple

Voici le programme Java `arbre_expression.java` qui implémente la création d'un arbre binaire d'expression et les différents parcours de cet arbre. L'expression saisie est présentée sous la forme postfixée :

« Java »

```
// arbre_expression.java
import java.io.*;
import java.util.*;
// === class noeud ===
class CNoeud {
    private CNoeud pt_gauche,pt_droit ;
    private char donnee          ;
    // --- constructeur ---
    public CNoeud(char c) {donnee=c;pt_gauche=null;pt_droit=null; }
    // autres méthodes
    public void change_gauche(CNoeud pt) {this.pt_gauche = pt;}
    public void change_droit(CNoeud pt) {this.pt_droit = pt;}
    public void change_donnee(char _donnee) {this.donnee = _donnee;}
    public CNoeud gauche() {return this.pt_gauche;}
    public CNoeud droit() {return this.pt_droit;}
    // ---- Affichage de la valeur du noeud ----
    public void Traiter(char separateur)
    { System.out.printf("%c%c",donnee,separateur) ; }
}
// === Classe pour l'arbre ===
class CArbre {
    private CNoeud racine ;
    // constructeur
    public CArbre() {racine=null;}
    // autres méthodes
    public CNoeud val_racine(){return racine;};
    public void change_racine(CNoeud noeud_courant)
                          {racine=noeud_courant;};
    // ----Parcours Préfixé ----
    public void ParcoursPrefixe(CNoeud noeud_courant,char separateur)
    { if ( noeud_courant != null)
      { noeud_courant.Traiter(separateur) ;
        this.ParcoursPrefixe(noeud_courant.gauche(),separateur) ;
        this.ParcoursPrefixe(noeud_courant.droit(),separateur)  ;
      }
    }
    // ----Parcours Infixé ----
    public void ParcoursInfixe(CNoeud noeud_courant,char separateur)
    { if ( noeud_courant != null)
      { System.out.printf("(") ;
        this.ParcoursInfixe(noeud_courant.gauche(),separateur) ;
        noeud_courant.Traiter(separateur)      ;
        this.ParcoursInfixe(noeud_courant.droit(),separateur)  ;
```

```
            System.out.printf(")") ;
          }
        }
        // ----Parcours Postfixé ----
        public void ParcoursPostfixe(CNoeud noeud_courant,char separateur)
        { if ( noeud_courant != null)
          { this.ParcoursPostfixe(noeud_courant.gauche(),separateur) ;
            this.ParcoursPostfixe(noeud_courant.droit(),separateur)  ;
            noeud_courant.Traiter(separateur)        ;
          }
        }
        // ----Parcours par Niveaux en mode itératif  ----
        public void ParcoursParNiveaux(CNoeud noeud_courant,char separateur)
        { CFile File = new CFile() ;
          File.initialiser_file() ;
          File.enfiler(noeud_courant) ;
          while ( ! File.file_vide())
          { noeud_courant=File.defiler() ;
            noeud_courant.Traiter(separateur)       ;
            if (noeud_courant.gauche() != null)
               File.enfiler(noeud_courant.gauche()) ;
            if (noeud_courant.droit() != null)
               File.enfiler(noeud_courant.droit())  ;
          }
        }
    }
    // === Classe pour la Pile ===
    class CPile {
        static final int TAILLE=100 ;
        private CNoeud[] pile ;
        private int nbelements ;
        // constructeur
        public CPile() {nbelements=0;pile=new CNoeud[TAILLE];}
        // autres méthodes
        public void initialiser_pile() {nbelements=0;}
        public void empiler(CNoeud noeud_courant)
                          {pile[nbelements++]=noeud_courant;}
        public CNoeud depiler() {return pile[--nbelements];}
        public boolean pile_vide() {if (nbelements==0) return true;
                                    else return false;}
    }
    // === Classe pour la File ===
    class CFile {
        static final int TAILLE=100 ;
        private CNoeud[] file;
        private int debut_file, fin_file ;
        // constructeur
        public CFile(){debut_file=0;fin_file=0;file=new CNoeud[TAILLE];}
        // autres méthodes
        public void initialiser_file() {debut_file=0; fin_file=0;}
        public void enfiler(CNoeud noeud_courant)
                          {file[fin_file++]=noeud_courant;}
        public CNoeud defiler() {return file[debut_file++];}
        public boolean file_vide() {if (debut_file==fin_file) return true;
                                    else return false;}
    }
    // ====programme principal====
    public class arbre_expression{
     public static void main(String[] args) {
      CArbre Arbre = new CArbre() ;
      CPile Pile = new CPile() ;
      // initialisation de la pile
      Pile.initialiser_pile() ;
      // --- construction de l'arbre --
      System.out.printf("Entrez une expression postfixée : ");
```

```
Scanner Entree = new Scanner(System.in);
String phrase=Entree.nextLine();
Entree.close();
for (int i=0;i<phrase.length();i++)
{ char car=phrase.charAt(i);
  { // création d'un nouveau noeud
    CNoeud nouveau_noeud = new CNoeud(car) ;
    if ((car == '+')||(car == '-')||(car == '*')||(car == '/'))
    { nouveau_noeud.change_droit(Pile.depiler())  ;
      nouveau_noeud.change_gauche(Pile.depiler()) ;
    }
    if (car != ' ') Pile.empiler(nouveau_noeud) ;
  }
}
// Affectation de la racine de l'arbre
Arbre.change_racine(Pile.depiler());
System.out.printf("Parcours Préfixé  : ",' ') ;
Arbre.ParcoursPrefixe(Arbre.val_racine(),' ') ;
System.out.printf("\n") ;
System.out.printf("Parcours Infixé   : ") ;
Arbre.ParcoursInfixe(Arbre.val_racine(),(char)0) ;
System.out.printf("\n") ;
System.out.printf("Parcours Postfixé : ") ;
Arbre.ParcoursPostfixe(Arbre.val_racine(),' ') ;
System.out.printf("\n") ;
System.out.printf("Parcours par niveaux : ") ;
Arbre.ParcoursParNiveaux(Arbre.val_racine(),' ') ;
System.out.printf("\n") ;
 }
}
```

Voici un exemple d'exécution de ce programme :

```
$ java arbre_expression
Entrez une expression postfixée : A B + C D - E F + / *
Parcours Préfixé  : * + A B / - C D + E F
Parcours Infixé   : (((A)+(B))*(((C)-(D))/((E)+(F))))
Parcours Postfixé : A B + C D - E F + / *
Parcours par niveaux : * + / A B - + C D E F
```

3.5 Les arbres de recherche

La recherche d'une donnée est un autre domaine d'application des arbres binaires. Un *arbre de recherche* est un arbre binaire ordonné au fur et à mesure de sa construction. Il est spécialement organisé pour accéder rapidement à une donnée. Dans cet arbre, la donnée contenue dans le fils gauche est plus petite que celle du père, et la donnée du fils droit est plus grande. Quand un nouveau nœud est inséré dans l'arbre, on recherche d'abord sa position, par un déplacement gauche/droite selon la valeur de sa donnée, jusqu'à atteindre le nœud final, puis on l'insère comme fils gauche ou fils droit en fonction de sa valeur.

La figure 5.9 montre la construction de l'arbre de recherche pour la suite de valeurs 26, 41, 33, 50, 65, 20, 22, 18. La première valeur constitue la racine. La deuxième valeur plus grande que 26 devient le fils droit de celle-ci. La recherche de la position de la valeur 33 fait descendre à droite de la racine, puis à gauche de 41 où elle est insérée. La valeur 50 est plus grande que 26 et que 41. Elle devient le fils droit de 41, et ainsi de suite.

Figure 5.9

Processus de construction d'un arbre de recherche.

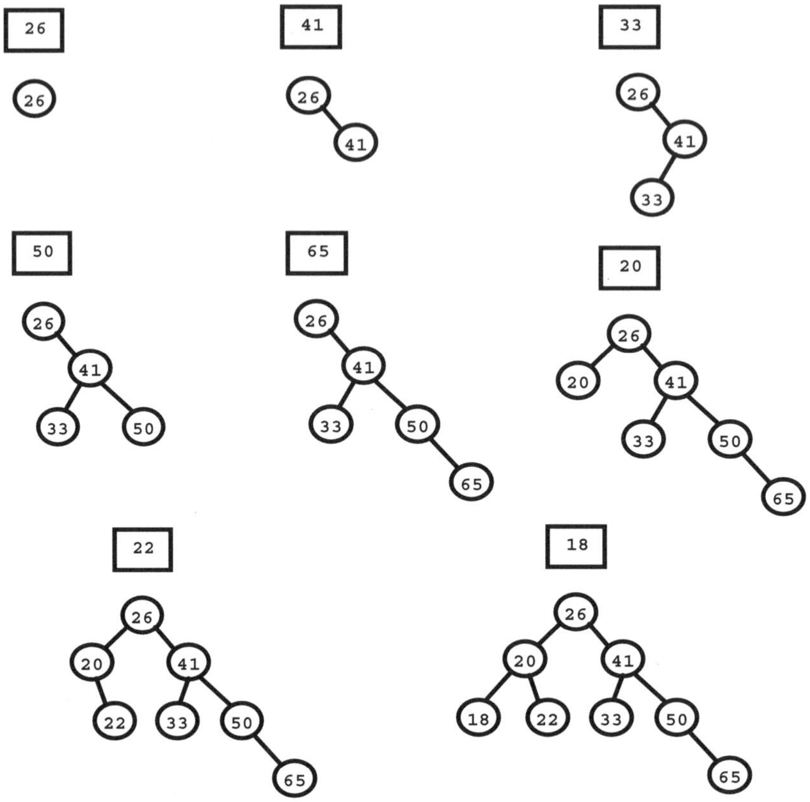

La localisation d'une donnée dans un arbre de recherche est simple et rapide. Ainsi, pour trouver la valeur 33, on part de la racine, et on suit son pointeur droit, car 33 est supérieur à 26. On suit ensuite le pointeur gauche du fils, car 33 est plus petit que 41, et on arrive sur la valeur recherchée.

La complexité algorithmique de la recherche dans un arbre de recherche est en O(log N), ce qui en fait une technique très efficace. Cependant, ce résultat est largement dépendant de *l'équilibre* de l'arbre. Si la suite de valeurs avait été ordonnée dès le début (18, 20, 22, 26, 33, 41, 50, 65), l'arbre aurait été construit à partir de la racine 18, ce qui l'aurait totalement déséquilibré car il n'y aurait que des fils droits. La recherche peut alors nécessiter de parcourir tous les nœuds si la valeur à localiser est en dernier. L'algorithme devient en O(N), ce qui est aussi efficace qu'une simple recherche par comparaison de tous les éléments d'une liste. L'équilibrage des arbres de recherche est fondamental pour obtenir une bonne performance du processus de recherche. La recherche par *arbre équilibré* est étudiée au chapitre 7.

Les arbres de recherche possèdent une autre propriété intéressante. Comme les données sont déjà organisées, il suffit d'effectuer un parcours infixé pour afficher la liste des valeurs triées. De la même manière, un parcours infixé inversé (parcours du fils droit, de la donnée, puis du fils gauche) affiche la liste des données triées en sens inverse.

La construction d'un arbre de recherche n'est qu'un cas particulier de la construction d'un arbre binaire. Elle est proposée en exercice.

Résumé

Les piles, les files et les arbres sont des données abstraites. Les algorithmes qui les utilisent ne tiennent pas compte de leur implémentation réelle. Ces types abstraits sont représentés indifféremment par des tableaux (statiques ou dynamiques) ou par des listes chaînées. Seuls les arbres privilégient les pointeurs associés aux enregistrements ou aux objets.

Ces données jouent des rôles très différents. Les piles conservent les données en vue de leur traitement ultérieur. Elles excellent, par exemple, dans l'interprétation d'expressions postfixées ou dans la conversion de procédures récursives en modules itératifs. Les files sont semblables aux piles, sauf dans l'ordre de restitution des données (la première donnée entrée est la première sortie). Le parcours par niveaux d'un arbre binaire est un exemple d'utilisation de la file. Enfin, les arbres sont des données abstraites à deux dimensions. Les diverses méthodes de parcours « présentent » différemment l'organisation des données. Un arbre binaire particulier, l'arbre de recherche, ordonne les données pour en permettre un accès rapide. Ce dernier exemple montre l'incidence du modèle de donnée sur la performance de l'algorithme.

Problèmes et exercices

Les exercices 1, 4, 5 et 6 montrent comment utiliser les piles, les files et les arbres binaires pour traiter une expression arithmétique préfixée, infixée ou postfixée. Les exercices 2 et 3 présentent des versions itératives du problème des Tours de Hanoi. L'exercice 7 met en œuvre un arbre de recherche.

Les piles

EXERCICE 1 CALCUL D'UNE EXPRESSION ARITHMÉTIQUE POSTFIXÉE

Énoncé

Ce premier exercice propose de se servir d'une pile pour calculer une expression arithmétique exprimée en *notation polonaise inversée*, dont voici un exemple :

3 12 3 - 3 / 1 - *

L'expression *infixée* équivalente qui utilise des parenthèses est :

3 * (((12 – 3) / 3) –1)

Écrivez un algorithme qui calcule le résultat d'une expression arithmétique postfixée. Les données seront lues comme une suite de caractères. Chaque donnée est séparée des autres par un espace. La méthode consiste à utiliser une pile pour conserver les valeurs numériques au fur et à mesure de leur lecture, et à effectuer un traitement quand un opérateur est lu. Ce traitement doit dépiler les deux dernières valeurs présentes dans la pile, effectuer l'opération, puis empiler le résultat. Le résultat final est contenu dans la pile. Les opérateurs acceptés sont +, –, *, /.

Solution

La pile est gérée comme un tableau d'entiers, dans lequel on conserve les valeurs entières lues et traitées. Une boucle lit l'expression caractère par caractère. Si le caractère lu est compris entre '0' et '9', le traitement reconstitue le nombre avant de l'empiler. Si le caractère lu est un signe opératoire, le traitement dépile les deux dernières valeurs contenues dans la pile, effectue l'opération, puis range le résultat dans la pile. Il faut être attentif à l'ordre du dépilement. Si cela ne pose aucun problème pour les opérateurs commutatifs (+ et *) qui donnent le même résultat quel que soit l'ordre des opérandes, ce n'est pas le cas avec les opérateurs – et / (3–5 ne donne pas le même résultat que 5–3). Or, quand on dépile, on obtient l'ordre inverse de celui de l'expression. Le traitement de ces deux opérateurs remet les opérandes dans l'ordre après le dépilement.

La pile est un tableau d'entiers. Les primitives `initialiser_pile_nombres()`, `empiler_nombres()`, `dépiler_nombres()`, `pile_nombres_vide()` ne sont pas détaillées, car elles sont identiques à celles qui ont été présentées à la section 1.3 de ce chapitre. Elles s'appliquent simplement à un tableau d'entiers (à la place d'un tableau de caractères).

```
Programme calculateur2
Déclaration
```

```
  Variable Globale pile_nombres en Tableau[20] d'Entiers
  Variable Globale nbnombres en Entier
  Variable car en Caractère
  Variable res, chiffre, n1, n2 en Entier
Début
  nbnombres ← 0
  car ← ' '
  res ← 0
  chiffre ← 0
  Écrire("Entrez une expression arithmétique")
  Écrire("en notation polonaise inversée : ")
  // initialisation de la pile
  initialiser_pile_nombres()
  // on boucle TANT QUE la fin de ligne n'est pas atteinte
  Tant que (NON fin_de_ligne()) Faire
    res ← 0
    Lire(car)
    Si (car = '+') Alors
       empiler_nombres(dépiler_nombres()+dépiler_nombres())
    Sinon Si (car = '-') Alors // Attention à l'ordre
       n1 ← dépiler_nombres()
       n2 ← dépiler_nombres()
       empiler_nombres(n2-n1)
    Sinon Si (car = '*') Alors
       empiler_nombres(dépiler_nombres()*dépiler_nombres())
    Sinon Si (car = '/') Alors // Attention à l'ordre
       n1 ← dépiler_nombres()
       n2 ← dépiler_nombres()
       empiler_nombres(n2/n1)
    Sinon Si ((car >= '0') ET (car<='9')) Alors
      Tant que ((car >= '0') ET (car<='9')) Faire
        // On récupère la valeur numérique
        chiffre  ←  code_ascii(car)-48
        // On calcule le nouveau nombre
        res ← ((res*10)+chiffre)
        Lire(car)
      FinTantQue
      empiler_nombres(res)
    FinSi
  FinTantQue
  Écrire("Résultat : ",dépiler_nombres())
Fin
```

Voici le programme Java qui effectue ce traitement :

« Java »

```
// calculateur2.java
import java.io.*;
import java.util.*;
class CPile_nombres {
   static final int TAILLE=100;
   private int[] pile_nombres ;
   private int nbnombres      ;
   // constructeur
   CPile_nombres(){nbnombres=0;pile_nombres=new int[TAILLE];}
   // autres méthodes
   public void initialiser_pile_nombres() {nbnombres=0;}
   public void empiler_nombres(int res) {pile_nombres[nbnombres++]=res;}
   public int depiler_nombres() {return pile_nombres[--nbnombres];}
   public boolean pile_nombres_vide() {if (nbnombres == 0) return true;
                                    else return false ; }
}
// ---------------------
public class calculateur2 {
 public static void main(String[] args) {
  CPile_nombres pile = new CPile_nombres();
```

```
  int n1=0, n2=0 ;
  System.out.printf("Entrez une expression arithmétique\n");
  System.out.printf("en notation polonaise inversée : ");
  pile.initialiser_pile_nombres() ;
  Scanner Entree = new Scanner(System.in);
  Entree.useLocale(Locale.FRENCH)         ;
  String phrase=Entree.nextLine();
  Entree.close();
  int i=0;
  while (i<phrase.length())
  {char car=phrase.charAt(i++);
   if (car == '+')
    pile.empiler_nombres(pile.depiler_nombres()+pile.depiler_nombres());
   else if (car == '-')
   {n1=pile.depiler_nombres() ;
    n2=pile.depiler_nombres() ;
    pile.empiler_nombres(n2-n1) ;
   }
   else if (car == '*')
    pile.empiler_nombres(pile.depiler_nombres()*pile.depiler_nombres());
   else if (car == '/')
   {n1=pile.depiler_nombres() ;
    n2=pile.depiler_nombres() ;
    pile.empiler_nombres(n2/n1) ;
   }
   else if ((car >= '0') && (car<='9'))    .
   {int res=0;
    while ((car >= '0') && (car<='9'))
    { int chiffre = ((int)car)-48; // On récupère la valeur numérique
      res=((res*10)+chiffre);      // On calcule le nouveau nombre
      car=phrase.charAt(i++);
    }
    pile.empiler_nombres(res) ;
   }
  }
  System.out.printf("Résultat = %d \n",pile.depiler_nombres());
 }
}
```

Voici le résultat d'une exécution :

```
$ java calculateur2
Entrez une expression arithmétique
en notation polonaise inversée : 3 12 3 - 3 / 1 - *
Résultat = 6
```

EXERCICE 2 ALGORITHME ITÉRATIF DES TOURS DE HANOI

Énoncé

L'algorithme des Tours de Hanoi, proposé à l'exercice 5 du chapitre 4, utilise la procédure récursive `déplacer()`. Cet exercice propose de transformer ce sous-programme en une procédure itérative en utilisant les piles. La nouvelle procédure `déplacer()` fera appel à la procédure `empiler()`, et aux fonctions `dépiler()` et `pile_vide()` qui travailleront sur un tableau dynamique représentant la pile. Chaque élément de la pile sera une action de déplacement constituée de quatre champs : le nombre de disques à déplacer, le numéro de la tour de départ, celui de la tour d'arrivée et celui de la tour intermédiaire.

Solution

La pile est gérée comme un tableau dynamique d'enregistrements. Le type d'un enregistrement est `action_t`. Sa description est :

```
Type action_t  en Enregistrement
                    champ nb_disques     en Entier
```

```
      champ départ          en Entier
      champ arrivée         en Entier
      champ intermédiaire   en Entier
   Fin d'Enregistrement
```

La pile est une variable du programme. L'entier `nbactions` indique en permanence le nombre d'éléments présents dans la pile. Le programme principal est :

```
Programme hanoi
Déclaration
  Variables nbd  en Entier
  Variable Globale pile en Tableau[1] d'action_t
  Variable Globale nbactions en Entier
Début
  nbaction ← 0
  Écrire("Entrez le nombre de disques : ")
  Lire(nbd)
  // appel initial de la procédure récursive
  déplacer(nbd,1,3,2)
Fin
```

Dans sa version récursive, la procédure `déplacer()` effectuait les trois appels récursifs suivants pour déplacer une pile de `nb_disques` de la tour `départ` vers la tour `arrivée`, en utilisant la tour intermédiaire pour les déplacements annexes :

```
déplacer(nb_disques-1,départ,intermédiaire,arrivée)
déplacer(1,départ,arrivée,intermédiaire)
déplacer(nb_disques-1,intermédiaire,arrivée,départ)
```

Le premier déplaçait `nb_disques-1` du dessus vers la tour intermédiaire pour libérer le disque du dessous. Le deuxième appel déplaçait le disque du dessous jusqu'à sa position finale. Le troisième appel remettait les disques déplacés en premier sur ce disque.

Pour transformer la procédure `déplacer()` en une procédure itérative à l'aide d'une pile, il faut bien comprendre la différence de fonctionnement entre un appel récursif et un empilement. Chaque appel récursif effectue réellement les déplacements. Les disques sont déplacés dans l'ordre indiqué. Avec la pile, l'action équivalente à l'appel de la procédure est l'empilement. Or, l'empilement ne fait que mettre de côté la liste des actions à effectuer ultérieurement. Les actions sont réalisées quand la pile est dépilée. Ainsi, si on utilise la procédure `empiler()` dans l'ordre indiqué par les appels récursifs, on empile d'abord l'action de déplacement de `nb_disques-1` vers la tour intermédiaire, puis l'action de déplacement d'un disque vers la tour d'arrivée, puis l'action de déplacement de `nb_disques-1` de la tour intermédiaire vers la tour d'arrivée. Au moment de dépiler, c'est la dernière action empilée qui sera effectuée la première. L'ordre logique des actions est donc inversé. Il faut donc empiler en premier l'action qui doit être effectuée en dernier. L'ordre des empilements est inversé par rapport à l'ordre des appels récursifs. Voici les trois actions d'empilement dans le bon ordre.

```
empiler(nb_disques-1,intermédiaire,arrivée,départ)
empiler(1,départ,arrivée,intermédiaire)
empiler(nb_disques-1,départ,intermédiaire,arrivée)
```

La procédure `déplacer()` basée sur une pile effectue les traitements suivants. Tant que la pile n'est pas vide, on dépile pour récupérer l'action à faire. Si cette action concerne un seul disque, le déplacement est réalisé, sinon les nouveaux déplacements sont empilés comme décrit précédemment. Ce fonctionnement est presque identique à la procédure récursive. Les seules modifications apportées sont la boucle, le dépilement d'une action au début de la boucle, et l'inversion de l'ordre d'empilement par rapport à l'ordre des appels récursifs. Voici la nouvelle procédure `déplacer()` :

```
Procédure déplacer(nb_disques,départ,arrivée,intermédiaire)
Déclaration
```

```
  Paramètres nb_disques,départ,arrivée,intermédiaire en Entier
  Variable action en action_t
Début
  // empilement de l'appel initial
  empiler(nb_disques,départ,arrivée,intermédiaire)
  Tant que ( NON pile_vide() ) Faire
    action       ← dépiler()
    nb_disques   ← action.nb_disques
    départ       ← action.départ
    arrivée      ← action.arrivée
    intermédiaire ← action.intermédiaire
    Si (nb_disques = 1) Alors  // déplacement d'un seul disque
      Écrire(départ," -> ",arrivée)
    Sinon                      // empilement des déplacements
      empiler(nb_disques-1,intermédiaire,arrivée,départ)
      empiler(1,départ,arrivée,intermédiaire)
      empiler(nb_disques-1,départ,intermédiaire,arrivée)
    FinSi
  FinTantQue
Fin
```

La figure 5.10 présente le déroulement de cet algorithme pour trois disques. L'état de la pile est indiqué sur la partie droite de la figure.

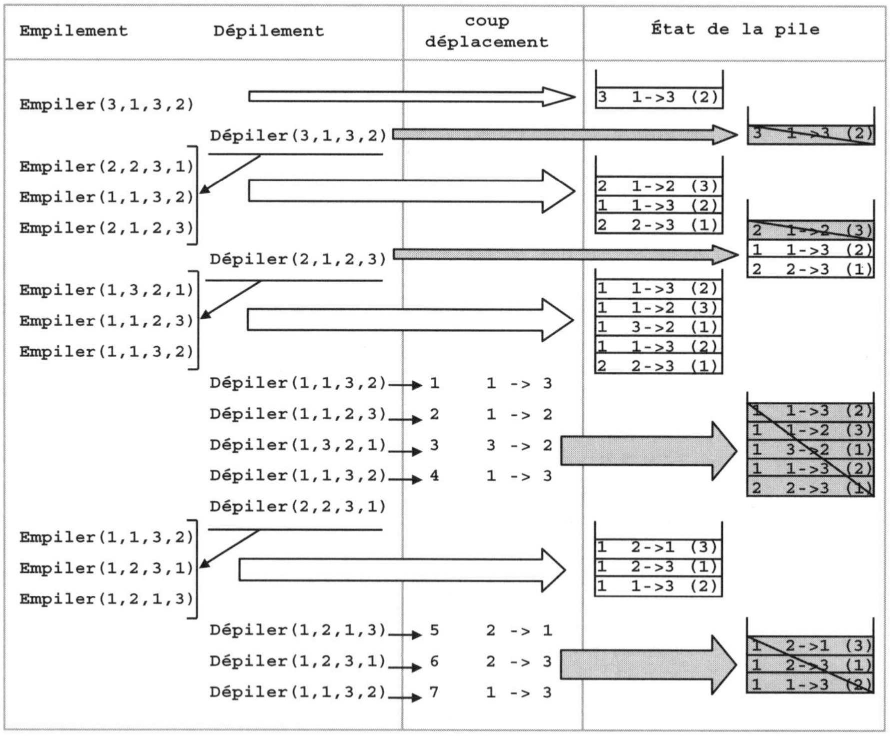

Figure 5.10

Algorithme itératif des Tours de Hanoi.

Voici le détail des autres fonctions. La fonction `pile_vide()` retourne VRAI si la pile est vide, FAUX le cas échéant. Comme la gestion de la pile emploie un tableau, il suffit de tester le nombre d'éléments indiqué par `nbactions`.

```
Fonction pile_vide()
Début
  Si (nbactions=0) Alors
    retourner VRAI
```

```
  Sinon
    retourner FAUX
  FinSi
Fin
```

La procédure empiler() ajoute une action à la fin de la pile. Le tableau dynamique pile est augmenté pour accueillir la nouvelle action.

```
Procédure empiler(nb_disques,départ,arrivée,intermédiaire)
Déclaration
  Paramètres nb_disques,départ,arrivée,intermédiaire en Entier
  Variable action en action_t
Début
  action.nb_disques    ← nb_disques
  action.départ        ← départ
  action.arrivée       ← arrivée
  action.intermédiaire ← intermédiaire
  redimensionner(pile,nbactions+1)
  // Ajout à la pile
  pile[nbactions] ← action
  nbactions ← nbactions+1
Fin
```

La fonction dépiler() retire une action de la pile, et la retourne au programme appelant.

```
Fonction dépiler()
Déclaration
  Variable action en action_t
Début
  // extraction de la pile
  nbactions ← nbactions-1
  action ← pile[nbactions]
  // réduction de la pile
  redimensionner(pile,nbactions)
  retourner action
Fin
```

Voici le programme hanoi_iteratif.java qui implémente ce traitement. Il utilise la classe Java Vector pour gérer les tableaux dynamiques.

« Java »

```
// hanoi_itératif.java
// Pile construite avec un tableau dynamique (Classe Vector)
import java.io.*;
import java.util.*;
// === classe action ===
class CAction {
   private int val_nb_disques    ;
   private int val_depart        ;
   private int val_arrivee       ;
   private int val_intermediaire ;
   // constructeur
   public CAction() {}
   public CAction(int nb, int dep, int arr, int inter)
       {val_nb_disques=nb;val_depart=dep;val_arrivee=arr;
        val_intermediaire=inter;}
   // autres méthodes
   public int nb_disques() {return val_nb_disques;}
   public int depart() {return val_depart;}
   public int arrivee() {return val_arrivee;}
   public int intermediaire() {return val_intermediaire;}
}
// === Classe pour la Pile ===
class CPile {
  static int coup=0;
  private Vector<CAction> pile ;
  // constructeur
```

```
    CPile(){pile=new Vector<CAction>();}
    // autres méthodes
    public void initialiser_pile() {pile.clear();}
    public boolean pile_vide() {if (pile.size()==0) return true;
                                else return false ; }
    public void empiler(CAction action) { pile.add(action); }
    public CAction depiler()  // extraction de la pile
    { int pos_dernier = (pile.size())-1;
      CAction action = new CAction();
      action = pile.remove(pos_dernier);
      return action ;
    }
    // --- procédure itérative ---
    public void deplacer(int nb_disques, int depart, int arrivee,
                         int intermediaire)
    {CAction action= new CAction(nb_disques,depart,arrivee,intermediaire);
      this.empiler(action);
      while ( ! this.pile_vide() )
      { action          = this.depiler()        ;
        nb_disques      = action.nb_disques()   ;
        depart          = action.depart()       ;
        arrivee         = action.arrivee()      ;
        intermediaire   = action.intermediaire() ;
        if (nb_disques == 1) // déplacement d'un seul disque
          System.out.printf("%4d      %d -> %d\n",++coup,depart,arrivee);
        else // gestion d'une pile de disques
        { action=new CAction(nb_disques-1,intermediaire,arrivee,depart);
          this.empiler(action);
          action=new CAction(1,depart,arrivee, intermediaire);
          this.empiler(action);
          action=new CAction(nb_disques-1,depart,intermediaire,arrivee);
          this.empiler(action);
        }
      }
    }
  }
  // === Programme principal ===
  public class hanoi_iteratif {
   public static void main(String[] args){
    Scanner Entree = new Scanner(System.in);
    System.out.printf("Entrez le nombre de disques : ");
    int nbd=Entree.nextInt();
    Entree.close();
    System.out.printf("\n coup    déplacement\n");
    System.out.printf("--------------------\n");
    CPile Pile_Hanoi = new CPile() ;
    Pile_Hanoi.deplacer(nbd,1,3,2);
   }
  }
```

EXERCICE 3 PILE EN LISTE CHAÎNÉE POUR LES TOURS DE HANOI

Énoncé

Modifiez le programme précédent pour que la pile soit gérée par une liste chaînée d'enregistrements. Les modifications à apporter concernent le type `action_t` qui devra posséder deux champs pointeurs supplémentaires, et les sous-programmes `empiler()`, `dépiler()` et `pile_vide()`. La variable `pile` sera un pointeur d'enregistrements, et une variable globale `pt_fin` indiquera la fin de la liste.

Solution

La pile est gérée comme une liste chaînée d'enregistrements. Le nouveau type `action_t` est :

```
Type action_t  en Enregistrement
```

```
    champ pt_succ  en Pointeur d'action_t
    champ nb_disques     en Entier
    champ départ         en Entier
    champ arrivée        en Entier
    champ intermédiaire  en Entier
    champ pt_pred  en Pointeur d'action_t
  Fin d'Enregistrement
```

La structure réelle de la pile n'a aucune incidence sur la suite d'empilement ou de dépilement. La procédure `déplacer()` reste donc inchangée. Voici les nouvelles fonctions et procédures `pile_vide()`, `empiler()` et `dépiler()`. La variable `pile` pointe sur le début de la liste. La fonction `pile_vide()` teste sa valeur, et retourne VRAI si elle ne contient aucune adresse, FAUX le cas échéant.

```
Fonction pile_vide()
Début
  Si (pile = AUCUNE_ADRESSE) Alors
    retourner VRAI
  Sinon
    retourner FAUX
  FinSi
Fin
```

La procédure `empiler()` construit la liste en ajoutant un nouvel élément à la fin.

```
Procédure empiler(nb_disques,départ,arrivée,intermédiaire)
Déclaration
  Paramètres nb_disques,départ,arrivée,intermédiaire en Entier
  Variable action en Pointeur d'action_t
Début
  // Allocation d'un nouvel élément
  pt_action ← allouer(action_t)
  (*pt_action).pt_succ       ← AUCUNE_ADRESSE
  (*pt_action).pt_pred       ← AUCUNE_ADRESSE
  (*pt_action).nb_disques    ← nb_disques
  (*pt_action).départ        ← départ
  (*pt_action).arrivée       ← arrivée
  (*pt_action).intermédiaire ← intermédiaire
  // Ajout à la pile
  Si (pile = AUCUNE_ADRESSE) Alors // Seul élément de la pile
    pile ← pt_action
    pt_fin ← pt_action
  Sinon // Ajout à la fin de la pile
    (*pt_fin).pt_succ    ← pt_action
    (*pt_action).pt_pred ← pt_fin
    pt_fin               ← pt_action
  FinSi
Fin
```

La fonction `dépiler()` extrait la dernière action de la pile.

```
Fonction dépiler()
Déclaration
  Variable action en action_t
  Variable pt_pred en Pointeur d'action_t
Début
  // extraction du dernier élément de la pile
  action  ← (*pt_fin)
  action.pt_pred ← AUCUNE_ADRESSE
  action.pt_succ ← AUCUNE_ADRESSE
  // retrait de la pile
  pt_pred ← (*pt_fin).pt_pred
  Si (pt_pred = AUCUNE_ADRESSE) Alors // la pile est vide
     pile  ← AUCUNE_ADRESSE
  Sinon
     (*pt_pred).pt_succ ← AUCUNE_ADRESSE
```

```
  FinSi
  // libération de l'élément
  libérer(pt_fin)
  pt_fin ← pt_pred
  retourner action
Fin
```

Voici le programme `hanoi_iteratif2.java` qui implémente ce traitement :

« Java »

```
// hanoi_itératif2.java
// Pile construite avec une liste chaînée
import java.io.*;
import java.util.*;
// --- classe action ---
class CAction {
   private CAction pt_succ       ;
   private int val_nb_disques    ;
   private int val_depart        ;
   private int val_arrivee       ;
   private int val_intermediaire ;
   private CAction pt_pred       ;
   // constructeurs
   public CAction(){}
   public CAction(int nb, int dep, int arr, int inter)
          {pt_succ=null;pt_pred=null;val_nb_disques=nb;
           val_depart=dep;val_arrivee=arr;val_intermediaire=inter;}
   // autres méthodes
   public CAction successeur(){return this.pt_succ;}
   public CAction predecesseur(){return this.pt_pred;}
   public void change_successeur(CAction _pt_succ)
                              {this.pt_succ=_pt_succ;}
   public void change_predecesseur(CAction _pt_pred)
                                {this.pt_pred=_pt_pred;}
   public int nb_disques() {return val_nb_disques;}
   public int depart() {return val_depart;}
   public int arrivee() {return val_arrivee;}
   public int intermediaire() {return val_intermediaire;}
}
// --- Classe pour la Pile ---
class CPile {
   static int coup=0;
   private CAction pile, pt_fin ;
   private int nbactions ;
   // constructeur
   CPile(){nbactions=0;pile=null;pt_fin=null;}
   // autres méthodes
   void initialiser_pile() {pile=null;pt_fin=null;}
   boolean pile_vide() {if (pile==null) return true;
                        else return false ; }
   public void empiler(CAction pt_action)
   { if (this.pile == null) // Seul élément de la pile
     { this.pile=pt_action ; this.pt_fin=pt_action ; }
     else // Ajout à la fin de la pile
     { (this.pt_fin).change_successeur(pt_action) ;
       pt_action.change_predecesseur(this.pt_fin) ;
       this.pt_fin = pt_action ; }
   }
   public CAction depiler()
   {// extraction du dernier élément de la pile
    CAction action = this.pt_fin ;
    // retrait de la pile
    CAction pt_pred=(this.pt_fin).predecesseur() ;
    if (pt_pred == null) this.pile = null ;
    else pt_pred.change_successeur(null) ;
    // libération de l'élément
```

```
        pt_fin=pt_pred ;
        action.change_predecesseur(null) ;
        action.change_successeur(null)   ;
        return action ;
       }
       // --- procédure itérative ---
       void deplacer(int nb_disques,int depart,int arrivee,int intermediaire)
       {CAction action=new CAction(nb_disques,depart,arrivee,intermediaire);
        this.empiler(action);
        while ( ! this.pile_vide() )
        { action         = this.depiler()        ;
          nb_disques     = action.nb_disques()    ;
          depart         = action.depart()        ;
          arrivee        = action.arrivee()       ;
          intermediaire  = action.intermediaire() ;
          if (nb_disques == 1) // déplacement d'un seul disque
            System.out.printf("%4d      %d -> %d\n",++coup,depart,arrivee);
          else // gestion d'une pile de disques
          { action = new CAction(nb_disques-1,intermediaire,arrivee,depart);
            this.empiler(action);
            action = new CAction(1,depart,arrivee, intermediaire);
            this.empiler(action);
            action = new CAction(nb_disques-1,depart,intermediaire,arrivee);
            this.empiler(action);
          }
        }
       }
}
// === Programme principal ===
public class hanoi_iteratif2 {
 public static void main(String[] args){
  Scanner Entree = new Scanner(System.in);
  System.out.printf("Entrez le nombre de disques : ");
  int nbd=Entree.nextInt();
  Entree.close();
  System.out.printf("\n coup    déplacement\n");
  System.out.printf("--------------------\n");
  CPile Pile_Hanoi = new CPile() ;
  Pile_Hanoi.deplacer(nbd,1,3,2);
 }
}
```

Le programme hanoi_iteratif3.java utilisant la classe Java LinkedList est proposé au téléchargement.

Les files

EXERCICE 4 CONVERSION D'UNE EXPRESSION INFIXÉE EN POSTFIXÉE

Énoncé

Écrivez un algorithme qui transforme une expression infixée (avec des parenthèses) en notation postfixée (polonaise inversée). L'expression suivante :

3*(((12–3)/3) –1)

devra être traduite en :

3 12 3 – 3 / 1 – *

Les opérateurs valides sont : +, –, *, /. L'algorithme lira une suite de caractères, et rangera le résultat de la conversion dans une file qui s'affichera.

Solution

Cet algorithme utilise une pile (`pile_opérateurs`) pour gérer les opérateurs, et une file (`file_expression`) pour conserver l'expression postfixée. Les valeurs numériques lues sont directement rangées dans la file, alors que les opérateurs sont traités afin d'apparaître dans la file après leurs opérandes. Ils sont d'abord empilés (mis de côté), puis dépilés pour être rangés dans la file, après que les deux opérandes sont enfilés. Cela se produit quand la parenthèse fermante est rencontrée. La file contient les listes des valeurs et des opérateurs séparés par un espace. Quand la fin de ligne est atteinte, tous les opérateurs qui restent encore dans la pile sont dépilés et rangés dans la file.

```
Programme conversion_expression
Déclarations
  Variable Globale pile_opérateurs en Tableau[20] de Caractères
  Variable Globale file_expression en Tableau[20] de Caractères
  Variable Globale nbopérateurs, début_file, fin_file en Entier
  Variable car en Caractère
Début
  car ← ' '
  Écrire("Entrez une expression avec des parenthèses :")
  // initialisation de la pile et de la file
  initialiser_pile_opérateurs()
  initialiser_file_expression()
  // --- construction de la file --
  // on boucle TANT QUE la fin de ligne n'est pas atteinte
  Tant que (NON fin_de_ligne()) Faire
    Lire(car)
    Si (car = ')') Alors
       enfiler_expression(' ')
       enfiler_expression(dépiler_opérateurs())
    Sinon Si ((car='+') OU (car='-') OU (car='*') OU (car='/')) Alors
      enfiler_expression(' ')
      empiler_opérateurs(car)
    Sinon Si ((car>='0') ET (car<='9')) Alors
      enfiler_expression(car)
    FinSi
  FinTantQue
  Tant que ( NON pile_opérateurs_vide()) Faire
     enfiler_expression(' ')
     enfiler_expression(dépiler_opérateurs())
  FinTantQue
  // --- affichage de la file --
  Tant que ( NON file_expression_vide()) Faire
    Écrire(défiler_expression())
  FinTantQue
Fin
```

Voici le programme Java qui effectue ce traitement :

« Java »

```
// conv_expression.java
import java.io.*;
import java.util.*;
// === Classe pour la Pile des operateurs ===
class CPile_operateurs {
 static final int TAILLE=100;
 private char[] pile_operateurs ;
 private int nboperateurs        ;
 // constructeur
 CPile_operateurs(){nboperateurs=0; pile_operateurs=new char[TAILLE];}
 // autres méthodes
 public void initialiser_pile_operateurs() {nboperateurs=0;}
 public void empiler_operateurs(char c)
          {pile_operateurs[nboperateurs++]=c;}
 public char depiler_operateurs()
          {return pile_operateurs[--nboperateurs];}
 public boolean pile_operateurs_vide()
          {if (nboperateurs == 0) return true; else return false ; }
}
// === Classe pour la File des expressions ===
class CFile_expression {
 static final int TAILLE=100;
 private char[] file_expression;
 private int debut_file, fin_file ;
 // constructeur
 CFile_expression(){debut_file=0;fin_file=0;
                   file_expression=new char[TAILLE];}
 // autres méthodes
 public void initialiser_file_expression() {debut_file=0;fin_file=0;}
 public void enfiler_expression(char c) {file_expression[fin_file++]=c;}
 public char defiler_expression() {return file_expression[debut_file++];}
 public boolean file_expression_vide()
          {if (debut_file==fin_file) return true; else return false;}
 public void affichage_expression_postfixee()
 { System.out.printf("Expression polonaise inversée : ") ;
   for (int i=debut_file ;i<fin_file ;i++)
      System.out.printf("%c",file_expression[i]) ;
   System.out.printf("\n") ;
 }
}
// ----------------------
public class conv_expression {
 static CPile_operateurs pile_op ;
 static CFile_expression file_exp;
 public static void main(String[] args) {
 pile_op = new CPile_operateurs()  ;
 file_exp = new CFile_expression() ;
 System.out.printf("Entrez une expression arithmétique\n");
 System.out.printf("avec des parenthèses : ");
 conversion_expression_en_postfixe()       ;
 file_exp.affichage_expression_postfixee() ;
 }
 // ----------------------
 static void conversion_expression_en_postfixe()
 { // initialisation de la pile et de la file
   pile_op.initialiser_pile_operateurs() ;
   file_exp.initialiser_file_expression() ;
   // --- construction de la file --
   Scanner Entree = new Scanner(System.in);
   Entree.useLocale(Locale.FRENCH)         ;
   String phrase=Entree.nextLine();
   Entree.close();
   int i=0;
```

Exercices

```
      while (i<phrase.length())
      { char car=phrase.charAt(i++);
        if (car == ')')
        { file_exp.enfiler_expression(' ') ;
          file_exp.enfiler_expression(pile_op.depiler_operateurs()) ;
        }
        else if ((car == '+')||(car == '-')||(car == '*')||(car == '/'))
        { file_exp.enfiler_expression(' ') ;
          pile_op.empiler_operateurs(car)  ;
        }
        else if ((car >= '0') && (car<='9'))
          file_exp.enfiler_expression(car) ;
      }
      while ( ! pile_op.pile_operateurs_vide())
      { file_exp.enfiler_expression(' ') ;
        file_exp.enfiler_expression(pile_op.depiler_operateurs()) ;
      }
    }
  }
```

Voici un exemple d'exécution de ce programme :

```
$ java conv_expression
Entrez une expression arithmétique
avec des parenthèses : 3*(((12-3)/3)-1)
Expression polonaise inversée : 3 12 3 - 3 / 1 - *
```

EXERCICE 5 CALCUL D'UNE EXPRESSION INFIXÉE

Énoncé

Modifiez le programme précédent pour ajouter le calcul de l'expression postfixée contenue dans la file, à partir des instructions du programme calculateur2. Le programme saisira l'expression infixée, fera la conversion en postfixé, puis effectuera le calcul.

Solution

Le programme calculateur3 contient deux procédures principales qui effectuent le traitement. La procédure conversion_expression_en_postfixé() implémente le traitement du programme conv_expression étudié à l'exercice 4. Le contenu de cette procédure est strictement identique au programme précédent, à l'exclusion de la boucle d'affichage qui est omise. Nous ne la détaillons pas de nouveau. La deuxième procédure calcul_expression_postfixée() implémente le calcul de l'expression postfixée. Elle contient les instructions présentées dans le programme calculateur2 légèrement modifiées. Les données initiales ne sont plus lues à partir de la saisie, mais à partir de la file construite par la première procédure. Nous détaillons les instructions de cette procédure qui sont modifiées par rapport au programme calculateur2. Les autres syntaxes qui restent inchangées sont remplacées par des pointillés.

```
Procédure calcul_expression_postfixée()
Déclaration
  Variable car en Caractère
  Variable res, chiffre, n1, n2 en Entier
Début
  nbnombres ← 0
  car ← ' '
  res ← 0
  chiffre ← 0
  // initialisation de la pile
  initialiser_pile_nombres()
  // on boucle TANT QUE la fin de la file n'est pas atteinte
  Tant que ( NON file_expression_vide()) Faire
```

```
      res ← 0
      car ← defiler_expression()
      Si (car = '+') Alors
        ...
      Sinon Si ((car>='0') ET (car<='9')) Alors
       Tant que ((car>='0') ET (car<='9')) Faire
         ...
         res ← ((res*10)+chiffre)
         car ← defiler_expression()
       FinTantQue
       empiler_nombres(res)
      FinSi
    FinTantQue
    Écrire("Résultat : ",dépiler_nombres())
  Fin
```

La file joue parfaitement son rôle, elle conserve l'expression postfixée et la restitue au module de traitement `calcul_expression_postfixée()` dans l'ordre de lecture de gauche à droite.

Le programme Java `calculateur3.java` implémente l'algorithme précédent. La définition des classes `CPile_operateurs` et `CFile_expression` ainsi que la procédure `conversion_expression_en_postfixe()` sont identiques à celles du programme `conv_expression.java`. Leur contenu est remplacé par des pointillés.

« Java »

```
// calculateur3.java
import java.io.*;
import java.util.*;
// === Classe pour la pile des nombres ===
class CPile_nombres {
   static final int TAILLE=100;
   private int[] pile_nombres ;
   private int nbnombres      ;
   // constructeur
   CPile_nombres(){nbnombres=0;pile_nombres=new int[TAILLE];}
   // autres méthodes
   public void initialiser_pile_nombres() {nbnombres=0;}
   public void empiler_nombres(int res) {pile_nombres[nbnombres++]=res;}
   public int depiler_nombres() {return pile_nombres[--nbnombres];}
   public boolean pile_nombres_vide()
          {if (nbnombres == 0) return true; else return false ; }
}
// === Classe pour la Pile des operateurs ===
class CPile_operateurs { ... }
// === Classe pour la File des expressions ===
class CFile_expression { ... }
// ---------------------
public class calculateur3 {
 static CPile_nombres pile_nb    ;
 static CPile_operateurs pile_op ;
 static CFile_expression file_exp;
 public static void main(String[] args) {
 pile_nb=new CPile_nombres()       ;
 pile_op = new CPile_operateurs()  ;
 file_exp = new CFile_expression() ;
 System.out.printf("Entrez une expression arithmétique\n");
 System.out.printf("avec des parenthèses : ");
 conversion_expression_en_postfixe()       ;
 file_exp.affichage_expression_postfixee() ;
 calcul_expression_postfixee()             ;
 }
 // ---------------------
 static void conversion_expression_en_postfixe() { ... }
 // ---------------------
```

```
static void calcul_expression_postfixee()
{ // initialisation de la pile
  pile_nb.initialiser_pile_nombres() ;
  // on boucle TANT QUE la fin de la file n'est pas atteinte
  while ( ! file_exp.file_expression_vide())
  { int res=0, n1=0, n2=0 ;
    char car=file_exp.defiler_expression() ;
    if (car == '+')
       pile_nb.empiler_nombres(pile_nb.depiler_nombres()+
                               pile_nb.depiler_nombres()) ;
    else if (car == '-')
    { n1= pile_nb.depiler_nombres() ;
      n2= pile_nb.depiler_nombres() ;
      pile_nb.empiler_nombres(n2-n1);
    }
    else if (car == '*')
       pile_nb.empiler_nombres(pile_nb.depiler_nombres()*
                               pile_nb.depiler_nombres()) ;
    else if (car == '/')
    { n1= pile_nb.depiler_nombres() ;
      n2= pile_nb.depiler_nombres() ;
      pile_nb.empiler_nombres(n2/n1);
    }
    else if ((car >= '0') && (car<='9'))
    { while ((car >= '0') && (car<='9'))
     { // On récupère la valeur numérique
       int chiffre = ((int)car)-48;
       // On calcule le nouveau nombre
       res=((res*10)+chiffre);
       car=file_exp.defiler_expression() ;
     }
      pile_nb.empiler_nombres(res) ;
    }
  }
  System.out.printf("Résultat = %d \n",pile_nb.depiler_nombres());
 }
}
```

Voici une exécution de ce programme :

```
$ java calculateur3
Entrez une expression arithmétique
avec des parenthèses : 3*(((12-3)/3)-1)
Expression polonaise inversée : 3 12 3 - 3 / 1 - *
Résultat = 6
```

Les arbres binaires

EXERCICE 6 TRAITEMENT D'UNE EXPRESSION ARITHMÉTIQUE POSTFIXÉE PAR ARBRE BINAIRE

Énoncé

Les exercices 1, 4 et 5 montrent comment gérer une expression arithmétique avec les piles et les files. Le premier exercice interprète une expression postfixée, l'exercice 4 convertit cette expression en une autre notation, et le dernier exercice calcule le résultat de l'expression. Cet exercice propose d'effectuer l'ensemble de ces traitements avec un arbre binaire d'expression.

Énoncé

Écrivez un algorithme qui saisit une expression au format postfixé (les opérateurs acceptés sont +, –, *, /), et qui affiche la conversion au format infixé (avec les parenthèses) et préfixé (inverse de postfixé). Il affichera la structure de l'arbre par niveaux, et évaluera l'expression. Cet algorithme utilisera un arbre binaire pour effectuer ce traitement. Voici un exemple d'expression reconnue :

3 12 3 + 3 / 1 – *

Solution

La structure du nœud change par rapport à celle qui est employée pour les arbres binaires d'expression, présentés à la section 3.3. La présentation des arbres binaires était volontairement simplifiée et ne portait que sur des expressions qui ne contenaient que des caractères (A, B, C, D, E, F, +, –, *, /). Cet exercice traite des données numériques entières et des caractères pour les opérateurs. La nouvelle structure d'un nœud contient un champ `opérateur` pour le signe, et un champ `valeur` pour le nombre entier. Par convention, un nœud contenant un entier aura son champ opérateur positionné à '0', et la valeur numérique d'un nœud correspondant à un signe sera mise à 0. Voici la nouvelle structure :

```
Type noeud  en Enregistrement
                  champ opérateur     en Caractère
                  champ valeur        en Entier
                  champ gauche,droit  en Pointeur de noeud
                Fin d'Enregistrement
```

Voici les nouvelles instructions pour créer l'arbre binaire. Une boucle principale TANT QUE lit l'expression saisie caractère par caractère. Si le caractère lu est de type numérique, on rentre dans une seconde boucle TANT QUE qui construit le nombre. L'entier est ensuite rangé dans le champ valeur du nouveau nœud. Si le caractère lu est un opérateur, on affecte le champ opérateur du nouveau nœud. Le mécanisme d'empilement et de dépilement est identique à celui présenté à la section 3.3 de ce chapitre.

```
car ← ' '
Écrire("Entrez une expression postfixée : ")
// initialisation de la pile
initialiser_pile()
// --- construction de l'arbre --
// on boucle TANT QUE la fin de ligne n'est pas atteinte
Tant que (NON fin_de_ligne()) Faire
  res ← 0
  Lire(car)
  Si (NON fin_de_ligne()) Alors
    // création d'un nouveau noeud
    nouveau_noeud ← allouer(noeud)
    (*nouveau_noeud).gauche  ← AUCUNE_ADRESSE
    (*nouveau_noeud).droit   ← AUCUNE_ADRESSE
    Si ( (car>='0')ET(car<='9')) Alors
      Tant que ((car>='0') ET (car<='9')) Alors
        // On récupère la valeur numérique
        chiffre  ← code_ascii(car)-48
        // On calcule le nouveau nombre
        res ← ((res*10)+chiffre)
        Lire(car)
      FinTantQue
      (*nouveau_noeud).opérateur  ← '0'
      (*nouveau_noeud).valeur     ← res
      empiler(nouveau_noeud)
    Sinon Si ((car='+')OU(car='-')OU(car='*')OU(car='/')) Alors
      (*nouveau_noeud).opérateur  ← car
      (*nouveau_noeud).valeur     ← 0
      (*nouveau_noeud).droit   ← dépiler()
      (*nouveau_noeud).gauche  ← dépiler()
```

```
      empiler(nouveau_noeud)
    FinSi
  FinSi
FinTantQue
racine_arbre ← dépiler()
```

La fonction récursive `évaluer()` calcule le résultat de l'expression codée par l'arbre binaire. Si le champ opérateur du nœud traité contient '0', il s'agit d'une valeur numérique. Elle est simplement retournée. Sinon, on évalue le sous-arbre gauche et le sous-arbre droit, et on effectue l'opération indiquée par le champ opérateur sur les deux valeurs retournées.

```
Fonction évaluer(pt_noeud)
Déclarations
  Paramètre pt_noeud en Pointeur de noeud
  Variables valeur1, valeur2 en Entier
Début
  Si ( (*pt_noeud).opérateur = '0') Alors
    retourner ((*pt_noeud).valeur)
  Sinon
    valeur1 ← évaluer((*pt_noeud).gauche)
    valeur2 ← évaluer((*pt_noeud).droit)
    Si ((*pt_noeud).opérateur = '+') Alors
      retourner (valeur1+valeur2)
    Sinon Si ((*pt_noeud).opérateur = '-') Alors
      retourner (valeur1-valeur2)
    Sinon Si ((*pt_noeud).opérateur = '*') Alors
      retourner (valeur1*valeur2)
    Sinon Si ((*pt_noeud).opérateur = '/') Alors
      retourner (valeur1/valeur2)
  FinSi
Fin
```

Voici le programme Java `arbre_expression2.java` qui effectue ce traitement :

« Java »

```
// arbre_expression2.java
import java.io.*;
import java.util.*;
// === class noeud ===
class CNoeud {
  private CNoeud pt_gauche,pt_droit ;
  private char operateur           ;
  private int valeur               ;
  // --- constructeur ---
  public CNoeud(char c, int val) {valeur=val;operateur=c;
              pt_gauche=null;pt_droit=null; }
  // autres méthodes
  public void change_gauche(CNoeud pt) {this.pt_gauche = pt;}
  public void change_droit(CNoeud pt) {this.pt_droit = pt;}
  public void change_operateur(char _operateur)
            {this.operateur = _operateur;}
  public void change_valeur(int _valeur) {this.valeur = _valeur;}
  public char get_operateur() {return this.operateur;}
  public int get_valeur() {return this.valeur;}
  public CNoeud gauche() {return this.pt_gauche;}
  public CNoeud droit() {return this.pt_droit;}
  // ---- Affichage de la valeur du noeud ----
  public void Traiter(char separateur)
  { if (this.operateur == '0')
      System.out.printf("%d%c",this.valeur,separateur) ;
    else
      System.out.printf("%c%c",this.operateur,separateur) ;
  }
}
// === Classe pour l'arbre ===
class CArbre {
```

```
private CNoeud racine ;
// constructeur
public CArbre() {racine=null;}
// autres méthodes
public CNoeud val_racine(){return racine;};
public void change_racine(CNoeud noeud_courant){racine=noeud_courant;};
// ----Parcours Préfixé ----
public void ParcoursPrefixe(CNoeud noeud_courant,char separateur)
{ if ( noeud_courant != null)
  { noeud_courant.Traiter(separateur)      ;
    this.ParcoursPrefixe(noeud_courant.gauche(),separateur) ;
    this.ParcoursPrefixe(noeud_courant.droit(),separateur)  ;
  }
}
// ----Parcours Infixé ----
public void ParcoursInfixe(CNoeud noeud_courant,char separateur)
{ if ( noeud_courant != null)
  { System.out.printf("(") ;
    this.ParcoursInfixe(noeud_courant.gauche(),separateur) ;
    noeud_courant.Traiter(separateur)      ;
    this.ParcoursInfixe(noeud_courant.droit(),separateur)  ;
    System.out.printf(")") ;
  }
}
// ----Parcours Postfixé ----
public void ParcoursPostfixe(CNoeud noeud_courant,char separateur)
{ if ( noeud_courant != null)
  { this.ParcoursPostfixe(noeud_courant.gauche(),separateur) ;
    this.ParcoursPostfixe(noeud_courant.droit(),separateur)  ;
    noeud_courant.Traiter(separateur)        ;
  }
}
// ----Parcours par Niveaux en mode itératif  ----
public void ParcoursParNiveaux(CNoeud noeud_courant,char separateur)
{ CFile File = new CFile() ;
  File.initialiser_file() ;
  File.enfiler(noeud_courant) ;
  while ( ! File.file_vide())
  { noeud_courant=File.defiler() ;
    noeud_courant.Traiter(separateur)       ;
    if (noeud_courant.gauche() != null)
       File.enfiler(noeud_courant.gauche()) ;
    if (noeud_courant.droit() != null)
       File.enfiler(noeud_courant.droit())  ;
  }
}
// ----Evaluation de l'arbre----
public int evaluer(CNoeud noeud_courant)
{ int resultat=0;
  if (noeud_courant.get_operateur() == '0')
     resultat=noeud_courant.get_valeur() ;
  else
  { int valeur1=this.evaluer(noeud_courant.gauche()) ;
    int valeur2=this.evaluer(noeud_courant.droit()) ;
    if (noeud_courant.get_operateur() == '+')
       resultat=valeur1+valeur2 ;
    else if (noeud_courant.get_operateur() == '-')
       resultat=valeur1-valeur2 ;
    else if (noeud_courant.get_operateur() == '*')
       resultat=valeur1*valeur2 ;
    else if (noeud_courant.get_operateur() == '/')
       resultat=valeur1/valeur2 ;
  }
  return resultat;
}
```

```
}
// === Classe pour la Pile ===
class CPile {
  static final int TAILLE=100 ;
  private CNoeud[] pile ;
  private int nbelements ;
  // constructeur
  public CPile() {nbelements=0;pile=new CNoeud[TAILLE];}
  // autres méthodes
  public void initialiser_pile() {nbelements=0;}
  public void empiler(CNoeud noeud_courant)
            {pile[nbelements++]=noeud_courant;}
  public CNoeud depiler() {return pile[--nbelements];}
  public boolean pile_vide() {if (nbelements==0) return true;
                              else return false;}
}
// === Classe pour la File ===
class CFile {
  static final int TAILLE=100 ;
  private CNoeud[] file;
  private int debut_file, fin_file ;
  // constructeur
  public CFile(){debut_file=0;fin_file=0;file=new CNoeud[TAILLE];}
  // autres méthodes
  public void initialiser_file() {debut_file=0; fin_file=0;}
  public void enfiler(CNoeud noeud_courant)
                  {file[fin_file++]=noeud_courant;}
  public CNoeud defiler() {return file[debut_file++];}
  public boolean file_vide() {if (debut_file==fin_file) return true;
                              else return false;}
}
// ====programme principal====
public class arbre_expression2{
 public static void main(String[] args) {
  CArbre Arbre = new CArbre() ;
  CPile Pile = new CPile() ;
  // initialisation de la pile et de la file
  Pile.initialiser_pile() ;
  // --- construction de l'arbre --
  System.out.printf("Entrez une expression postfixée : ");
  Scanner Entree = new Scanner(System.in);
  String phrase=Entree.nextLine();
  Entree.close();
  int i=0;
  while (i<phrase.length())
  { char car=phrase.charAt(i++);
    int res=0 ;
    if ( (car >='0')&&(car<='9'))
    { while ((car >= '0') && (car<='9'))
      { int chiffre = ((int)car)-48; // On récupère la valeur numérique
        res=((res*10)+chiffre);      // On calcule le nouveau nombre
        car=phrase.charAt(i++);
      }
      // création d'un nouveau noeud
      CNoeud nouveau_noeud = new CNoeud('0',res) ;
      Pile.empiler(nouveau_noeud) ;
    }
    else if ((car == '+')||(car == '-')||(car == '*')||(car == '/'))
    { // création d'un nouveau noeud
      CNoeud nouveau_noeud = new CNoeud(car,0) ;
      nouveau_noeud.change_droit(Pile.depiler())  ;
      nouveau_noeud.change_gauche(Pile.depiler()) ;
      Pile.empiler(nouveau_noeud) ;
    }
  }
```

```
    // Affectation de la racine de l'arbre
    Arbre.change_racine(Pile.depiler());
    System.out.printf("Parcours Préfixé  : ",' ') ;
    Arbre.ParcoursPrefixe(Arbre.val_racine(),' ') ;
    System.out.printf("\n") ;
    System.out.printf("Parcours Infixé   : ") ;
    Arbre.ParcoursInfixe(Arbre.val_racine(),(char)0) ;
    System.out.printf("\n") ;
    System.out.printf("Parcours Postfixé : ") ;
    Arbre.ParcoursPostfixe(Arbre.val_racine(),' ') ;
    System.out.printf("\n") ;
    System.out.printf("Parcours par niveaux : ") ;
    Arbre.ParcoursParNiveaux(Arbre.val_racine(),' ') ;
    System.out.printf("\n") ;
    // calcul de l'expression
    System.out.printf("Calcul de l'expression : ") ;
    System.out.printf("%d\n",Arbre.evaluer(Arbre.val_racine())) ;
  }
}
```

Voici un exemple d'exécution du programme `arbre_expression2` :

```
$ java arbre_expression2
Entrez une expression postfixée : 3  12  3  +  3  /  1  -  *
Parcours Préfixé  : * 3 - / + 12 3 3 1
Parcours Infixé   : ((3)*((((12)+(3))/(3))-(1)))
Parcours Postfixé : 3 12 3 + 3 / 1 - *
Parcours par niveaux : * 3 - / 1 + 3 12 3
Calcul de l'expression : 12
```

EXERCICE 7 CONSTRUCTION D'UN ARBRE DE RECHERCHE

Énoncé

Écrivez un algorithme qui construit l'arbre de recherche d'une suite de valeurs numériques entières. La saisie des valeurs sera terminée par –1. Chaque valeur lue sera insérée à la bonne place dans l'arbre. Une première phase localisera sa position par une descente gauche/droite dans l'arbre en comparant sa valeur avec celle du nœud rencontré, puis dans un deuxième temps, le nouveau nœud sera ajouté comme fils droit ou gauche du nœud qui n'a plus de descendance (à gauche ou à droite selon la valeur). Une fois l'arbre construit, l'algorithme demandera une valeur à rechercher et affichera un message pour indiquer si elle est trouvée. Il affichera également la liste des valeurs triées.

Solution

Un nœud de l'arbre est un enregistrement qui contient un champ numérique pour la valeur entière, et deux champs pointeurs.

```
Type NoeudArbre en Enregistrement
                  champ valeur        en Entier
                  champs gauche,droit en Pointeur de NoeudArbre
                Fin d'Enregistrement
```

Le programme `arbre_recherche` fait appel aux procédures `insertion_noeud()` pour insérer le nouveau nœud dans l'arbre, `recherche_arbre()` pour localiser la valeur recherchée, et `ParcoursInfixé()` pour afficher les données triées. La variable `racine` est la racine de l'arbre.

```
Programme Arbre_recherche
Déclarations
  Variables nouveau_noeud, noeud_recherche en Pointeur de NoeudArbre
  Variable Globale racine en NoeudArbre
  Variable nb en Entier
```

```
Début
  Écrire("Entrez une suite de valeurs entières terminée par -1 : ")
  // --- construction de l'arbre de recherche ---
  racine ← AUCUNE_ADRESSE
  nb ← 0
  Tant que (nb <> -1) Faire
    Lire(nb)
    Si (nb <> -1) Alors
      // création d'un nouveau noeud
      nouveau_noeud ← allouer(NoeudArbre)
      (*nouveau_noeud).gauche ← AUCUNE_ADRESSE
      (*nouveau_noeud).droit  ← AUCUNE_ADRESSE
      (*nouveau_noeud).valeur ← nb
      // insertion dans l'arbre
      insertion_noeud(nouveau_noeud)
    FinSi
  FinTantQue
  // --- recherche d'une valeur dans l'arbre ---
  Écrire("Entrez une valeur à rechercher : ")
  Lire(nb)
  noeud_recherche ← recherche_arbre(racine,nb)
  Si (noeud_recherche <> AUCUNE_ADRESSE) Alors
    Écrire(nb," trouvé")
  Sinon
    Écrire(nb," non trouvé")
  FinSi
  // --- Affichage des données triées ---
  // --- par un parcours infixé       ---
  Écrire("Affichage des données triées:")
  ParcoursInfixé(racine)
Fin
```

La procédure insertion_noeud() insère le nouveau_noeud dans l'arbre. Si la racine n'est pas encore définie, le nouveau noeud devient la racine. Sinon, on parcourt l'arbre depuis la racine grâce à une boucle TANT QUE. Pour chaque nœud parcouru (noeud_courant), on compare son champ valeur avec celui du nouveau_noeud. Si la valeur du nouveau nœud est plus petite, on insère le nouveau nœud comme fils gauche du nœud courant (s'il n'en possède pas encore), ou on poursuit la descente en affectant à noeud_courant le pointeur gauche. Si la valeur du nouveau nœud est plus grande, on insère le nouveau nœud comme fils droit du nœud courant (s'il n'en possède pas encore), ou on poursuit la descente en affectant à noeud_courant le pointeur droit.

```
Procédure insertion_noeud(nouveau_noeud)
Déclaration
  Paramètre nouveau_noeud en Pointeur de NoeudArbre
  Variable  noeud_courant en Pointeur de NoeudArbre
Début
  Si (racine = AUCUNE_ADRESSE) Alors // c'est la racine de l'arbre
    racine  ← nouveau_noeud
  Sinon // on parcourt l'arbre pour trouver la position d'insertion
    noeud_courant ← racine
    Tant que (noeud_courant <> AUCUNE_ADRESSE) Faire
      Si ((*nouveau_noeud).valeur < (*noeud_courant).valeur) Alors
        Si ((*noeud_courant).gauche = AUCUNE_ADRESSE) Alors
          (*noeud_courant).gauche  ← nouveau_noeud
          noeud_courant ← AUCUNE_ADRESSE
        Sinon
          noeud_courant ← (*noeud_courant).gauche
        FinSi
      Sinon
        Si ((*noeud_courant).droit = AUCUNE_ADRESSE) Alors
          (*noeud_courant).droit = nouveau_noeud
          noeud_courant ← AUCUNE_ADRESSE
        Sinon
```

```
          noeud_courant  ← (*noeud_courant).droit
        FinSi
      FinSi
    FinTantQue
  FinSi
Fin
```

La fonction recherche_arbre() admet deux paramètres : le nœud de départ de la recherche et la valeur à rechercher. Elle retourne un pointeur sur le nœud trouvé. Une boucle TANT QUE parcourt l'arbre jusqu'à trouver la valeur recherchée ou bien jusqu'à atteindre la valeur AUCUNE_ADRESSE pour le nœud courant. À chaque itération, le nœud suivant est le fils gauche ou droit selon que la valeur recherchée est inférieure ou supérieure à celle du nœud courant.

```
Fonction recherche_arbre(noeud_courant,nombre)
Déclaration
  Paramètre noeud_courant en Pointeur de NoeudArbre
  Paramètre nombre en Entier
  Variable noeud_trouvé en Pointeur de NoeudArbre
Début
  noeud_trouvé ← AUCUNE_ADRESSE
  Tant que (noeud_courant <> AUCUNE_ADRESSE) Faire
    Si ((*noeud_courant).valeur = nombre) Alors
      noeud_trouvé ← noeud_courant
      noeud_courant ← AUCUNE_ADRESSE
    Sinon Si (nombre < (*noeud_courant).valeur) Alors
      noeud_courant  ← (*noeud_courant).gauche
    Sinon
      noeud_courant  ← (*noeud_courant).droit
    FinSi
  FinTantQue
  retourner noeud_trouvé
Fin
```

La procédure ParcoursInfixé() n'est pas détaillée, car elle est identique à celle présentée à la section 3.4. Voici le programme arbre_recherche.java qui implémente cet algorithme. Il affiche des informations pour suivre la construction de l'arbre. Une méthode ParcoursInfixeInverse() montre comment obtenir un tri inversé.

« Java »

```
// arbre_recherche.java
import java.io.*;
import java.util.*;
// === class noeud ===
class CNoeud {
  private CNoeud pt_gauche,pt_droit ;
  private int val_donnee           ;
  // constructeur
  CNoeud(int nb) {val_donnee=nb;pt_gauche=null;pt_droit=null; }
  // autres méthodes
  public void change_gauche(CNoeud pt) {this.pt_gauche = pt;}
  public void change_droit(CNoeud pt) {this.pt_droit = pt;}
  public void change_valeur(int _valeur) {this.val_donnee = _valeur;}
  public CNoeud gauche() {return this.pt_gauche;}
  public CNoeud droit() {return this.pt_droit;}
  public int valeur() {return this.val_donnee;}
}
// === class arbre ===
class CArbre {
  private CNoeud racine ;
  // constructeur
  public CArbre() {racine=null;}
  // autres méthodes
  public CNoeud val_racine(){return racine;};
  // ----méthode insertion_noeud ----
```

```
  public void insertion_noeud(int nombre)
  { // création d'un nouveau noeud
    CNoeud nouveau_noeud = new CNoeud(nombre) ;
    if (racine == null) // le nouveau noeud est la acine de l'arbre
    {racine = nouveau_noeud ;
     System.out.printf("-%4d : racine -\n",racine.valeur()) ;
    }
    else // on parcourt l'arbre pour trouver la position d'insertion
    {CNoeud noeud_courant=racine ;
     while (noeud_courant != null)
     {if (nouveau_noeud.valeur() < noeud_courant .valeur())
      {if (noeud_courant.gauche() == null)
       {System.out.printf("-%4d : fils gauche ",nouveau_noeud.valeur());
        System.out.printf("de %4d -\n", noeud_courant.valeur());
        noeud_courant.change_gauche(nouveau_noeud) ;
        noeud_courant=null ;
       }
       else noeud_courant = noeud_courant.gauche() ;
      }
      else
      {if (noeud_courant.droit() == null)
       {System.out.printf("-%4d : fils droit  ",nouveau_noeud.valeur());
        System.out.printf("de %4d -\n", noeud_courant.valeur());
        noeud_courant.change_droit(nouveau_noeud) ;
        noeud_courant=null ;
       }
       else noeud_courant = noeud_courant.droit() ;
      }
     }
    }
  }
  // ----méthode recherche_arbre ----
  public CNoeud recherche_arbre(int nombre)
  { CNoeud noeud_trouve=null, noeud_courant=racine ;
    while (noeud_courant != null)
    { if (noeud_courant.valeur() == nombre)
      { noeud_trouve= noeud_courant ;
        noeud_courant = null ;
      }
      else if (nombre < noeud_courant.valeur())
         noeud_courant = noeud_courant.gauche() ;
      else
         noeud_courant = noeud_courant.droit() ;
    }
    return noeud_trouve ;
  }
  // ----Parcours Infixé ----
  public void ParcoursInfixe(CNoeud noeud_courant)
  { if ( noeud_courant != null)
    { ParcoursInfixe(noeud_courant.gauche()) ;
       System.out.printf("%4d ",noeud_courant.valeur())  ;
       ParcoursInfixe(noeud_courant.droit())  ;
    }
  }
  // ----Parcours Infixé Inversé ----
  public void ParcoursInfixeInverse(CNoeud noeud_courant)
  { if ( noeud_courant != null)
    { ParcoursInfixeInverse(noeud_courant.droit()) ;
       System.out.printf("%4d ",noeud_courant.valeur())  ;
       ParcoursInfixeInverse(noeud_courant.gauche());
    }
  }
}
// ====programme principal====
public class arbre_recherche {
```

```
public static void main(String[] args) {
 CArbre Arbre = new CArbre();
 System.out.printf("Entrez une suite de valeurs entières ");
 System.out.printf("terminée par -1 :\n");
 // --- construction de l'arbre de recherche ---
 Scanner Entree = new Scanner(System.in);
 int nb=0 ;
 while (nb != -1)
 { nb = Entree.nextInt() ;
  if (nb != -1) Arbre.insertion_noeud(nb); }
 // --- recherche d'une valeur dans l'arbre ---
 System.out.printf("Entrez une valeur à rechercher : ");
 nb = Entree.nextInt() ;
 Entree.close();
 CNoeud noeud_recherche=Arbre.recherche_arbre(nb) ;
 if (noeud_recherche != null) System.out.printf("%d trouvé\n",nb) ;
 else System.out.printf("%d non trouvé\n",nb) ;
 // --- Affichage des données triées ---
 // --- par un parcours infixé       ---
 System.out.printf("Affichage des données triées:\n") ;
 Arbre.ParcoursInfixe(Arbre.val_racine()) ;
 System.out.printf("\n") ;
 System.out.printf("Affichage du tri inversé:\n") ;
 Arbre.ParcoursInfixeInverse(Arbre.val_racine()) ;
 System.out.printf("\n") ;
}
}
```

Voici l'exécution de ce programme sur la suite de valeurs entières construisant l'arbre de recherche de la figure 5.9 :

```
$ java arbre_recherche
Entrez une suite de valeurs entières terminée par -1 :
26 41 33 50 65 20 22 18 -1
 - 26 : racine ---
 - 41 : fils droit  de    26 -
 - 33 : fils gauche de    41 -
 - 50 : fils droit  de    41 -
 - 65 : fils droit  de    50 -
 - 20 : fils gauche de    26 -
 - 22 : fils droit  de    20 -
 - 18 : fils gauche de    20 -
Entrez une valeur à rechercher : 20
20 trouvé
Affichage des données triées:
  18   20   22   26   33   41   50   65
Affichage du tri inversé:
  65   50   41   33   26   22   20   18
```

Chapitre 6

Les tris

Les algorithmes de tri servent principalement à ordonner les données, mais ils participent aussi à la conception d'autres algorithmes, comme les recherches, en organisant préalablement les données. Ils ne sont pas tous équivalents, et certains sont spécifiques aux données numériques, ce qui les rend inopérants dans d'autres contextes. La gestion de la mémoire diffère également selon les algorithmes. Certains effectuent un *tri sur place*, c'est-à-dire dans le même espace mémoire, alors que d'autres utilisent un espace supplémentaire pour y copier les données triées.

1 Tris élémentaires

Les algorithmes de tri qui sont présentés sont regroupés en deux catégories : les *tris élémentaires* et les *tris avancés*. Les *tris élémentaires* se basent sur des méthodes simples, que l'on retrouve parfois dans la vie courante, comme la classification d'une pile de chèques par le déplacement de chaque chèque à sa position finale. Les *tris avancés* s'appuient sur des méthodes plus sophistiquées, qui nécessitent une organisation particulière des données ou une programmation spécifique, comme l'appel de fonctions récursives.

1.1 LE TRI PAR SÉLECTION

C'est l'un des tris les plus simples à mettre en œuvre. Il s'inspire d'une méthode empirique qui consiste à rechercher la plus petite valeur et à l'inverser avec la première position, puis à rechercher la deuxième plus petite valeur et à l'inverser avec la deuxième position, et ainsi de suite. L'inversion de deux valeurs est souvent employée dans les algorithmes de tri. La figure 6.1 présente l'inversion de deux cases d'un tableau. Le contenu de la première case est d'abord sauvegardé dans une variable (`k`). Le contenu de la deuxième case est ensuite copié dans la première. La valeur sauvegardée est ensuite copiée dans la deuxième case.

Figure 6.1

Inversion de deux cases d'un tableau.

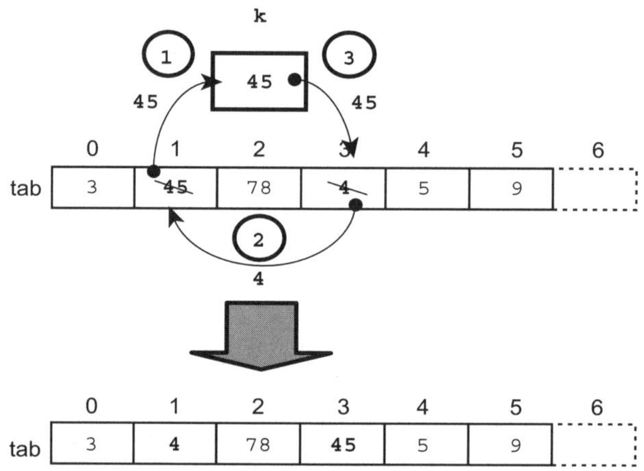

Le *tri par sélection* est basé sur deux boucles POUR imbriquées. La première boucle parcourt la liste des valeurs du début à la fin. La deuxième boucle recherche la plus petite valeur de la position courante (compteur de la première boucle), à la fin du tableau, puis l'inverse avec la position courante. La partie gauche de la liste est triée au fur et à mesure de l'avancement de la première boucle. La figure 6.2 présente les étapes du tri, lorsque la boucle principale pointe sur la troisième case du tableau `tab`.

Figure 6.2

Tri par sélection.

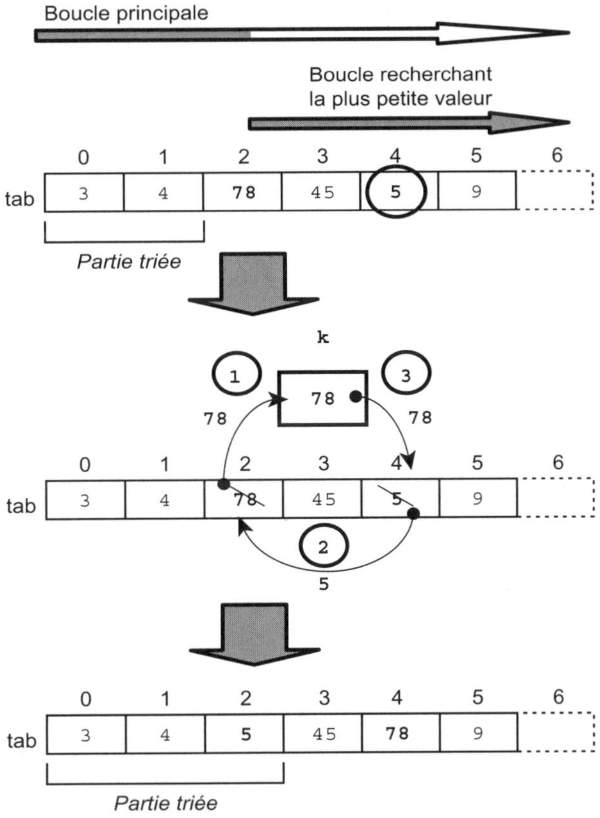

La complexité de cet algorithme est en $O(N^2/2)$. En fait, elle est exactement en $O((N^2–N)/2)$, car pour chaque valeur i du compteur de la première boucle (qui varie de 1 à N), on effectue N–i comparaisons. Le nombre total de comparaisons est (N–1)+(N–2)+…+2+1, soit N(N–1)/2. Ce tri minimise le déplacement des données. Chaque valeur minimale sélectionnée est placée directement à sa position finale, ce qui en fait un algorithme de choix dans le traitement de données volumineuses, et donc coûteuses en termes de déplacements. Le nombre d'échanges est en O(N).

La procédure `tri_sélection()` suivante trie un tableau `tab` de valeurs entières, dont le nombre d'éléments est indiqué par `nb`.

```
Procédure tri_sélection(tab,nb)
Déclarations
  Paramètre tab  en Tableau[20] d'Entiers
  Paramètre nb              en Entier
  Variables i, j, k, min    en Entier
Début
  Pour i variant de 0 à nb-1 Faire
    min ← i
    // localisation du minimum
    Pour j variant de i+1 à nb-1 Faire
      Si (tab[j]<tab[min]) Alors
        min ← j
      FinSi
    FinPour
    // inversion
    k ← tab[i]          // étape 1
    tab[i] ← tab[min]   // étape 2
    tab[min] ← k        // étape 3
  FinPour
Fin
```

Voici le programme Java `tri_selection.java` qui implémente cet algorithme :

« Java »

```
// tri_selection.java
import java.io.*;
import java.util.*;
class CTabvaleurs {
  static final int TAILLE=50;
  private int[] tab_valeurs ;
  private int nbval        ;
  // constructeur
  CTabvaleurs() {tab_valeurs=new int[TAILLE];nbval=0;}
  // autres méthodes
  public void affichage()
  { for (int i=0 ;i<nbval ;i++)
        System.out.printf("%5d", tab_valeurs[i]) ;
    System.out.printf("\n") ;
  }
  public void chargement()
  { int val=0;
    System.out.printf("Entrez une liste de valeurs entières ") ;
    System.out.printf("terminées par -1:\n") ;
    Scanner Entree = new Scanner(System.in);
    while (val != -1)
    { val=Entree.nextInt() ;
      if (val != -1) tab_valeurs[nbval++]=val ; }
    Entree.close();
  }
  // --- méthode tri_selection() ---
  public void tri_selection()
  { for (int i=0 ;i<nbval ;i++)
    { int min=i ;
      // localisation du minimum
      for (int j=i+1 ;j<nbval ;j++)
      { if (tab_valeurs[j]<tab_valeurs[min]) min=j ; }
      // inversion
      int k=tab_valeurs[i]                ; // étape 1
      tab_valeurs[i]=tab_valeurs[min] ; // étape 2
      tab_valeurs[min]=k                ; // étape 3
    }
  }
}
// === Programme principal ===
public class tri_selection {
 public static void main(String[] args) {
  CTabvaleurs Liste = new CTabvaleurs() ;
  Liste.chargement()  ;
  Liste.tri_selection();
  Liste.affichage()   ;
 }
}
```

Voici un exemple d'exécution :

```
$ java tri_selection
Entrez une liste de valeurs entières terminées par -1:
12 45 78 4 5 9 3 41 -1
   3    4    5    9   12   41   45   78
```

1.2 Le tri par insertion

Le *tri par insertion* s'inspire d'un processus naturel utilisé dans le tri des cartes qu'un joueur possède dans sa main. Pour organiser son jeu, le joueur prend chaque carte et l'insère à sa place en décalant les autres. Ce type de tri peut être effectué sur place, ou bien utiliser un deuxième espace mémoire qui reçoit les données triées. Le tri par insertion n'est pas le plus performant pour un grand ensemble de données, mais il devient intéressant quand il faut insérer une seule donnée dans un ensemble déjà trié.

Le tri par insertion utilise le processus élémentaire d'insertion d'un élément dans la liste des valeurs. Ce processus de base, qui a déjà été étudié au chapitre 3, est présenté à la figure 6.3. Il décale vers la droite les données situées à droite de la position d'insertion en partant de la fin, pour libérer la case d'insertion. La dernière case est copiée dans la case suivante, puis c'est au tour de l'avant-dernière case, et de proche en proche, on remonte jusqu'à la case à libérer. Une fois cette case libre, on y copie la donnée à insérer.

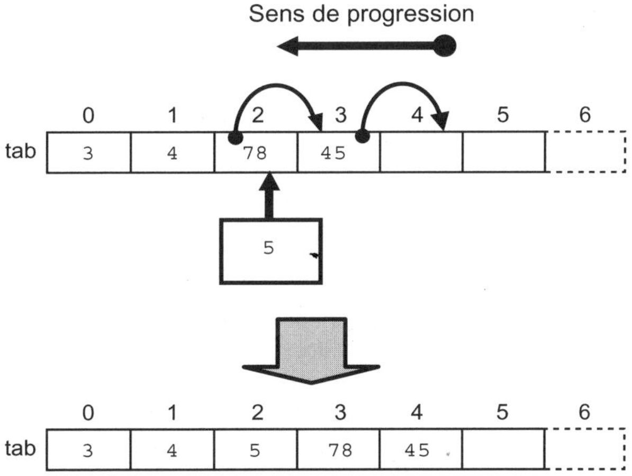

Figure 6.3

Insertion d'un élément par décalage des cases d'un tableau.

Dans le cas du tri sur place (dans un seul tableau de données), une première boucle POUR parcourt chaque élément du tableau, et l'insère à sa place dans la partie gauche du tableau. Pour effectuer cette insertion, on conserve la valeur indiquée par le compteur de la boucle principale (étape 1), puis on effectue une boucle de décalage des cases précédentes d'une case vers la droite, tant que la valeur à insérer est plus petite que la valeur précédente (étape 2). Quand cette boucle interne s'arrête, la valeur d'insertion a trouvé sa position. Il suffit de la copier dans la case libérée (étape 3). La figure 6.4 présente ce traitement.

Figure 6.4

Tri par insertion.

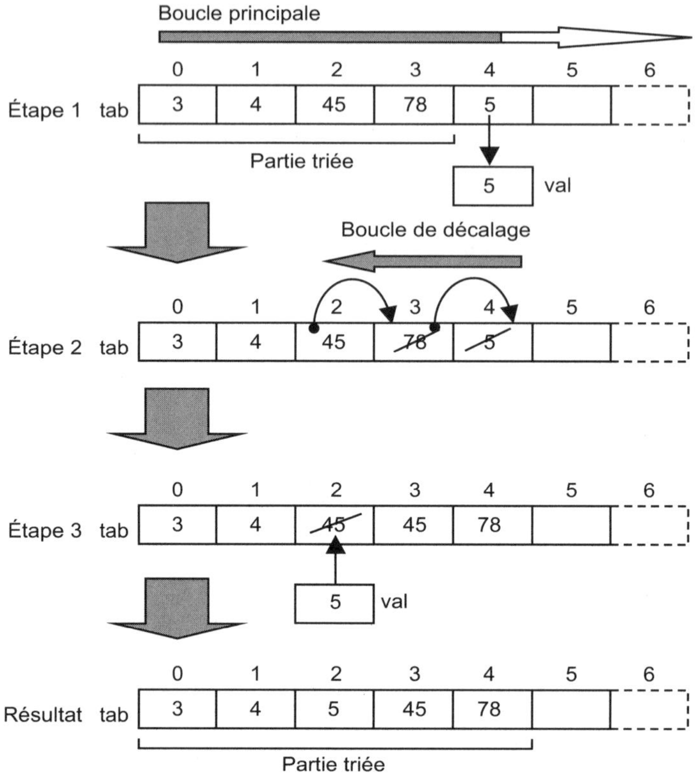

La complexité de cet algorithme est en $O(N^2/4)$ pour les comparaisons, et en $O(N^2/2)$ pour les échanges. Il effectue un peu moins de comparaisons que le précédent mais plus d'échanges, ce qui peut être pénalisant avec des données volumineuses. La performance de cet algorithme s'améliore nettement avec des données globalement triées. Il tend alors vers une complexité linaire.

La procédure `tri_insertion()` suivante trie le tableau `tab` qui contient `nb` valeurs entières :

```
Procédure tri_insertion(tab,nb)
Déclarations
  Paramètre tab  en Tableau[20] d'Entiers
  Paramètre nb               en Entier
  Variables i, j, val        en Entier
Début
  // boucle de traitement
  Pour i variant de 0 à nb-1 Faire
     val ← tab[i]
     // boucle de déplacement des éléments de gauche plus petits
     j ← i
     Tant que ( (j>0) ET (val<tab[j-1]) ) Faire
       tab[j] ← tab[j-1]
       j ← j-1
     FinTantQue
     // insertion de la valeur à sa place
     tab[j] ← val
  FinPour
Fin
```

Voici la méthode Java `tri_insertion()`. Elle peut remplacer la méthode `tri_selection()` de la classe `CTabvaleurs` du programme Java précédent.

« Java »

```
public void tri_insertion()
{ // boucle de traitement
  for (int i=0;i<nbval;i++)
  { int val=tab_valeurs[i] ;
     // boucle de déplacement des éléments de gauche plus petits
     int j=i;
     while ( (j>0) && (val<tab_valeurs[j-1]) )
     { tab_valeurs[j]=tab_valeurs[j-1] ; j--; }
     // insertion de la valeur à sa place
     tab_valeurs[j]=val ;
  }
}
```

1.3 LE TRI À BULLES

Le *tri à bulles* propose une approche assez déroutante. On peut même se demander comment la méthode proposée aboutit au tri des données. Ce tri fait partie des grands classiques des cours d'algorithmique, à l'instar du tri par insertion. Il est construit à partir de deux boucles imbriquées qui évoluent en sens inverse l'une de l'autre, et d'un processus d'inversion des éléments successifs qui ne sont pas ordonnés.

La figure 6.5 présente le tri à bulles. La première boucle régresse de la fin du tableau vers le début (la figure présente la deuxième itération de cette boucle). La deuxième boucle interne progresse du début du tableau jusqu'à la case pointée par le premier compteur (celui de la boucle principale). À l'intérieur de cette deuxième boucle, qui ne gère que la partie gauche du tableau, on compare les éléments situés dans les deux cases successives, et on les inverse s'ils ne sont pas dans l'ordre. Ainsi, sur la figure 6.5, la première valeur (9) est plus grande que la deuxième (5), donc on les inverse. Ensuite, on compare la deuxième valeur (qui est 9 à la suite de la première inversion) avec la troisième (12). Elles sont dans l'ordre, donc on ne les inverse pas. On effectue le même traitement avec le troisième élément (12) et le quatrième (45), qui sont déjà ordonnés. Le quatrième élément (45) est inversé avec le cinquième (4). Le cinquième élément (45 à la suite de l'inversion précédente) est inversé avec le sixième (3). Le sixième élément (45 à la suite de l'inversion précédente) est inversé avec le septième (41). La boucle interne s'arrête enfin, car la partie gauche du tableau (du début jusqu'à la case indiquée par l'indice de la première boucle) a été totalement parcourue. La boucle interne a pour effet de faire remonter vers la fin du tableau les éléments de poids fort. La figure montre que la valeur 45 remonte jusqu'à la fin du tableau et vient se « coller » à la partie droite déjà triée. Quand la boucle interne est terminée, la boucle principale effectue une nouvelle itération en régressant d'une case, ce qui fait passer le dernier élément (la valeur 45) dans la partie droite du tableau, qui ne contient que les données à leur place finale. La boucle interne est à nouveau déroulée sur la partie gauche du tableau, moins une case, et le processus recommence.

Le nom de cet algorithme provient de l'analogie avec les bulles d'une boisson gazeuse qui remontent de proche en proche à la surface.

Figure 6.5

Tri à bulles.

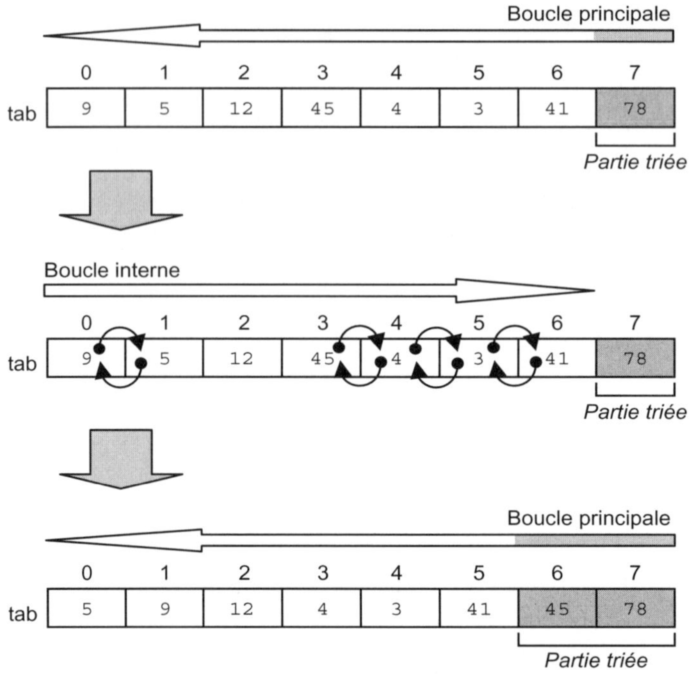

La complexité de cet algorithme est en O($N^2/2$) pour les comparaisons et les échanges. La procédure `tri_à_bulles()` suivante trie un tableau `tab` qui contient `nb` valeurs entières.

```
Procédure tri_à_bulles(tab,nb)
Déclarations
  Paramètre tab  en Tableau[20] d'Entiers
  Paramètre nb                 en Entier
  Variables i, j, val          en Entier
Début
  // boucle principale
  Pour i variant de nb-1 à 1 par pas de -1 Faire
     Pour j variant de 1 à i Faire // boucle d'inversion
        Si (tab[j-1]>tab[j]) Alors
          val      ← tab[j]
          tab[j]   ← tab[j-1]
          tab[j-1] ← val
        FinSi
     FinPour
  FinPour
Fin
```

Voici la méthode Java `tri_a_bulles()` à insérer dans la classe `CTabvaleurs` en remplacement de `tri_selection()` :

« Java »

```
public void tri_a_bulles()
{ // boucle principale
  for (int i=nbval-1 ;i>0;i--)
  { // boucle d'inversion
    for (int j=1 ; j<=i ;j++ )
    { if (tab_valeurs[j-1]>tab_valeurs[j])
       { int val=tab_valeurs[j]          ;
         tab_valeurs[j]=tab_valeurs[j-1] ;
         tab_valeurs[j-1]=val            ; }
    }
  }
}
```

1.4 Le tri par comptage

Le *tri par comptage* ne fonctionne que sur des entiers compris entre 0 et N, N étant connu à l'avance, contrairement aux tris précédents qui s'appliquent à tous les types de données. Il est basé sur le comptage du nombre d'occurrences des valeurs à trier.

La figure 6.6 présente son fonctionnement. Une première boucle initialise un tableau `compteurs` à 0. Une deuxième boucle compte les occurrences de chaque donnée à trier et range le résultat dans le tableau `compteurs` à l'indice indiqué par l'entier à trier (étape 1). Si l'entier 12 est rencontré deux fois, la valeur 2 est rangée à la case d'indice 12 du tableau `compteurs`. À la fin de cette boucle, le tableau `compteurs` contient le nombre d'occurrences pour chacun des entiers. Une troisième boucle le transforme pour qu'il indique, pour chaque entier, l'ordre de rangement dans le tableau trié (étape 2). Pour cela, chaque case du tableau `compteurs` est augmentée du contenu de la case précédente. Une quatrième boucle range les entiers dans un tableau temporaire selon l'ordre indiqué par `compteurs` (étape 3). Ainsi, l'entier 4 contenu dans la case 1 du tableau `tab` est en troisième position (position indiquée par la case 4 de `compteurs`). Il doit être rangé dans la case 2 du tableau `temp`, pour tenir compte de la numérotation des indices commençant à 0. Pour gérer les occurrences multiples, à chaque fois qu'un entier est rangé dans le tableau trié, le contenu de la case qui lui correspond dans `compteurs` est diminué de 1. Ainsi, la case 4 de `compteurs` contenait la valeur 3 ; après le rangement de la première occurrence de la valeur 4 dans `temp`, elle passe à 2. Quand l'entier 4 est de nouveau rencontré, il est rangé en deuxième position (valeur de la case 4 de `compteurs`), soit dans la case 1 de `temp`. Ainsi, tous les entiers contenus dans `tab` sont rangés dans l'ordre dans `temp`, grâce au tableau `compteurs`. La dernière boucle recopie `temp` dans `tab`.

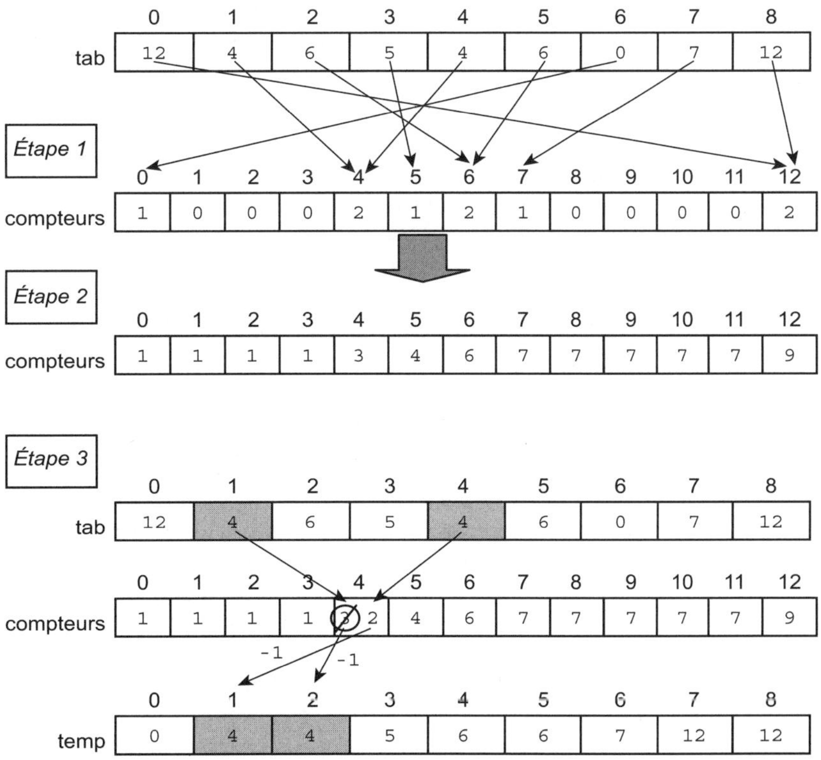

Figure 6.6

Tri par comptage.

La complexité de cet algorithme est en O(N+M), où N est le nombre d'entiers à trier, et M le plus grand de ces entiers. L'écriture de la méthode `tri_par_comptage()` est proposée à l'exercice n° 3.

2 Tris avancés

Les tris avancés sont parfois dérivés de processus élémentaires, comme le tri shell, ou bien ils proposent un accès différent aux données, comme les tris indirects.

2.1 LE TRI SHELL

Le *tri shell* est une variante du tri par insertion, présentée par Donald L. Shell en 1959. Cet algorithme trie séparément des suites de valeurs, issues de la liste initiale des données, constituées des éléments distants les uns des autres d'un facteur *h*. On dit que la suite contient les $h^{ièmes}$ éléments. La valeur *h* diminue à chaque passage de la boucle de traitement, pour produire une nouvelle suite de données. D. L. Shell propose, de manière empirique, une série d'incréments *h* qui évoluent selon la règle suivante :

$$h_{n+1} = 3h_n + 1 \quad \text{et} \quad h_1 = 1$$

La série des valeurs de *h* est ordonnée en sens inverse de manière à commencer par l'inversion de données éloignées, et finir par le traitement de données adjacentes. C'est la principale qualité de ce tri. Alors que le tri par insertion place lentement, par « petits pas », chaque valeur triée en déplaçant toutes les autres unes à unes, le tri shell travaille plus rapidement, par « grands pas », en déplaçant des valeurs éloignées pour terminer par des données voisines.

Ainsi, au premier passage de la boucle, les données situées aux positions 1, 1+h, 1+h+h, … sont triées. Quand la valeur *h* est importante, les données sont éloignées, et le tableau est trié « grossièrement ». Au deuxième passage, la valeur *h* est plus petite ; on trie des données plus proches. Au dernier passage, *h* vaut 1 ; on trie des données adjacentes. À chaque passage, on dit que le tableau est *h-trié*. L'intérêt de cet algorithme est que chaque passage ordonne par « petites touches » le tableau, ce qui diminue le nombre d'échanges pour le passage suivant.

L'efficacité de cet algorithme dépend largement de la série de facteurs qui est choisie. Certaines séries donneront de moins bons résultats que d'autres. C'est le cas de la suite 64, 32, 16, 8, 4, 2, 1 qui ne traite que des données aux positions paires, sauf au dernier passage où les données aux emplacements impairs sont triées grâce au facteur 1. D'une manière générale, il faut éviter une suite de facteurs multiples entre eux, ce qui est le cas de la suite précédente.

La figure 6.7 montre le fonctionnement de cet algorithme sur les entiers 12, 4, 11, 9, 2, 6, 5, 10, 7, 13, 18, 14, 1, 0, 3. La série des incréments `h` utilisée est 13, 4 et 1. Seules les étapes, où `h` est égal à 13 et à 4, sont présentées. La boucle utilisant le compteur `i` parcourt les cases situées de la valeur `h` jusqu'à la fin du tableau. Pour chaque case pointée par `i`, on regarde si son contenu peut être remonté vers le début du tableau (principe du tri par insertion), aux positions i–h, puis i–(2×h), etc. Pour cela, on utilise un deuxième compteur `j`, initialisé à `i`, qui remonte le tableau de `h` cases à la fois. Si la valeur contenue dans la case `i` est inférieure à celle de la case `j`, on inverse les cases. Quand `h` est égal à 13, `i` prend successivement les valeurs 13 et 14. Quand i=13, on compare le contenu de la case 13 avec celui de la case j=0 (13–13). Comme la valeur 0 (contenue dans la case 13) est plus petite que 12 (contenue dans la case 0), on les inverse. On fait de même pour i=14 et j=1 (14–13). Le processus pour h=4 est identique. La boucle de compteur `i` progresse de la case 4 jusqu'à la fin du tableau. Il y a remontée d'une donnée quand `i` prend les valeurs 6, 12, 13 et 14. Pour les autres valeurs, aucune insertion n'est effectuée. Quand i=14, on voit que la donnée 4 (contenue dans la case 14) remonte successivement vers les cases 10 (14–4), 6 (10–4), et 2 (6–4) pour trouver sa position.

Figure 6.7

Tri Shell.

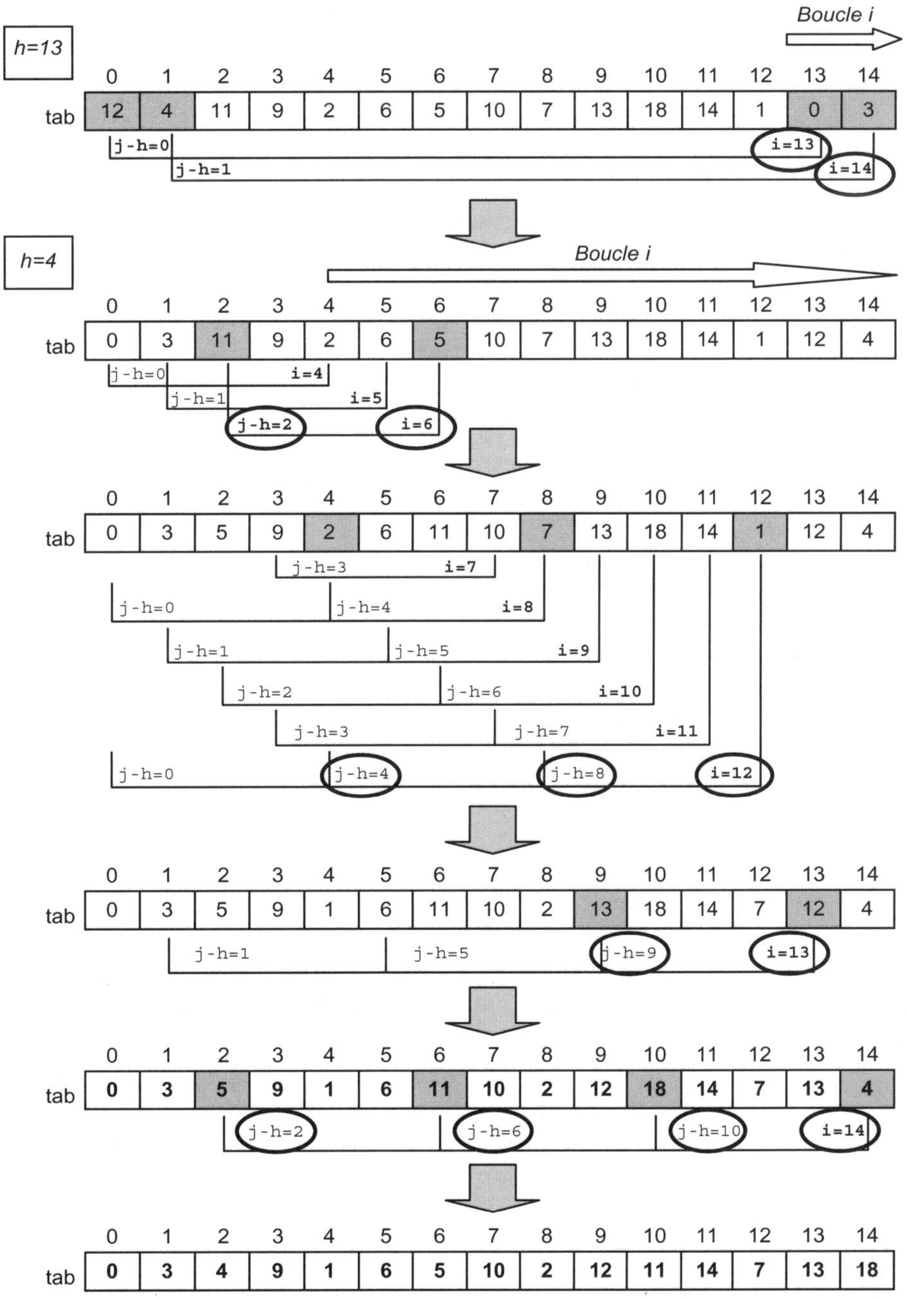

La complexité de cet algorithme est en $O(N^{3/2})$ pour les comparaisons. On ne connaît pas exactement la complexité en temps de calcul, car elle dépend largement de la série de valeurs *h*. On l'évalue entre O(NlogN) et $O(N^{1,25})$. La procédure `tri_shell()` suivante trie un tableau `tab` qui contient `nb` valeurs entières. L'opérateur `DIV` retourne le quotient de la division entière.

```
Procédure tri_shell(tab,nb)
Déclarations
  Paramètre tab  en Tableau[20] d'Entiers
  Paramètre nb              en Entier
  Variables h, i, j, val    en Entier
Début
  // calcul de la valeur initiale de h
  h ← 1
  Tant que (h <= nb) Faire
    h  ← (3*h)+1
  FinTantQue
  // boucle de traitement
  Tant que (h>1) Faire
    h ← h DIV 3  // on prend la valeur suivante de h
    // boucle de traitement
    Pour i variant de h à nb-1 Faire
      val ← tab[i]
      // boucle de déplacement des éléments de gauche plus petits
      j ← i
      Tant que ( (j>=h) ET (val<tab[j-h]) ) Faire
        tab[j] ← tab[j-h]
        j ← j-h
      FinTantQue
      // insertion de la valeur à sa place
      tab[j] ← val
    FinPour
  FinTantQue
Fin
```

Voici la méthode Java `tri_shell()` à insérer dans la classe `CTabvaleurs` en remplacement de `tri_selection()` :

« Java »

```
public void tri_shell()
{ // calcul de la valeur initiale de h
  int h=1 ;
  while(h <= nbval)  h = (3*h)+ 1;
  // boucle de traitement
  while (h>1)
  { h=h/3 ; // on prend la valeur suivante de h
    // boucle de traitement
    for (int i=h;i<nbval;i++)
    { int val=tab_valeurs[i] ;
      // boucle de déplacement des éléments de gauche plus petits
      int j=i;
      while ( (j>=h) && (val<tab_valeurs[j-h]) )
      { tab_valeurs[j]=tab_valeurs[j-h] ; j-=h; }
      // insertion de la valeur à sa place
      tab_valeurs[j]=val ;
    }
  }
}
```

2.2 LE TRI INDIRECT

Dans les différents tris présentés, les données sont échangées pour atteindre leur position finale. Le nombre d'échanges varie selon l'algorithme. Pour des données volumineuses, ces échanges peuvent devenir pénalisants au point d'hypothéquer la performance de l'algorithme. L'algorithme le mieux adapté devient celui qui offre la meilleure performance en termes d'échanges. Il existe un autre moyen pour diminuer le coût des échanges : accéder aux données à travers un tableau d'index constitués de clés courtes, et trier ce tableau d'index. Ainsi, les données ne sont plus échangées ; seuls les index le sont. C'est le principe du *tri indirect*.

Le tri indirect par tableau des indices

La première méthode présentée peut s'appliquer à tous les langages de programmation. Le tableau des index est un tableau d'entiers appelé *tableau des indices* qui contient le numéro d'indice dans le tableau des données. L'accès aux données passe par le tableau des indices, qui délivre dans sa case N le numéro d'indice pour la $N^{ième}$ donnée dans le tableau des données. Cette méthode d'accès indirect est appelée par « *faux pointeurs* », car le tableau des indices n'indique pas réellement l'adresse de l'élément, mais le numéro de la case où il se trouve. La figure 6.8 montre l'état du tableau de données (`tab`) qui reste inchangé, et celui du tableau des indices (`indices`) une fois le tri effectué sur les indices. Il montre également comment l'accès aux données *via* le tableau des indices présente les données triées. Ainsi, le tableau `indices` indique que l'élément qui doit s'afficher en cinquième position (case 4 de `indices`) est celui qui est localisé dans la case 2 du tableau `tab`, soit la valeur 10.

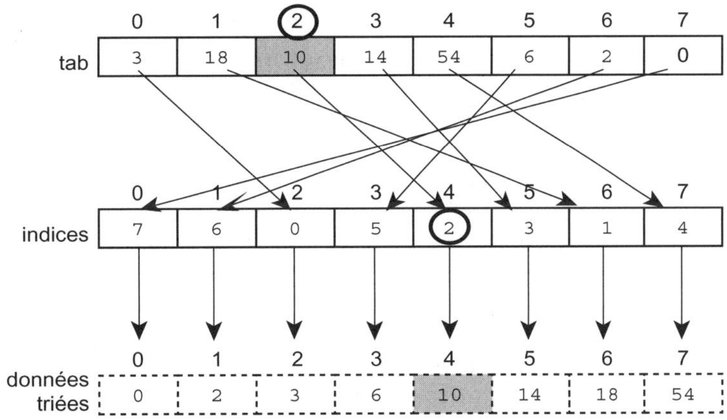

Figure 6.8

Tri indirect par tableau des indices.

Voici la procédure `tri_indirect_insertion()` qui effectue un tri par insertion sur le tableau `indices`, qui contient les indices des données du tableau `tab`. Une première boucle initialise le tableau des indices. Les comparaisons portent sur les valeurs, mais les échanges portent sur les indices.

```
Procédure tri_indirect_insertion(tab,indices,nb)
Déclarations
  Paramètres tab, indices en Tableau[20] d'Entiers
  Paramètre nb                          en Entier
  Variables i, j, val, indiceval        en Entier
Début
  // boucle d'initialisation des indices
  Pour i variant de 0 à nb-1 Faire
      indices[i] ← i
  FinPour
```

```
  // boucle de traitement
  Pour i variant de 0 à nb-1 Faire
     indiceval ← indices[i]
     val ← tab[indiceval]
     // boucle de déplacement des éléments de gauche plus petits
     j ← i
     Tant que ( (j>0) ET (val<tab[indices[j-1]]) ) Faire
        indices[j] ← indices[j-1]
        j ← j-1
     FinTantQue
     // insertion de la valeur à sa place
     indices[j] ← indiceval
  FinPour
Fin
```

Un programme Java complet est proposé plus loin dans cette section.

Avec cette méthode, l'accès aux données s'effectue *via* le tableau des indices, ce qui ne pose aucun problème particulier, mais on peut désirer réorganiser réellement le tableau des données pour le mettre dans l'ordre indiqué par le tableau des indices. La réorganisation, après le tri du tableau des indices, est moins coûteuse, car les données ne sont déplacées qu'une seule fois, tout au plus. Cependant, si la solution la plus simple consiste à utiliser un second tableau pour y copier les données directement dans les bonnes cases, ce n'est pas la meilleure dans le contexte de données volumineuses, qui justifie le tri indirect. Aussi, la meilleure solution est une réorganisation sur place, c'est-à-dire dans le même tableau, ce qui complique un peu la tâche.

En réalité, ce n'est pas très complexe. Il suffit de jouer à « saute-mouton » en déplaçant la série de valeurs commençant par la première case (voir figure 6.9). Le tableau `indices` montre que la donnée qui doit se trouver dans la case 0 est actuellement située dans la case 7. On sauvegarde le contenu de la case 0 (3) du tableau des données `tab`, puis on y place la valeur 0 contenue dans la case 7, ce qui libère la case 7. La case libérée peut accueillir sa valeur définitive. Le tableau `indices` indique que c'est la donnée actuellement située dans la case 4 qui doit se trouver dans la case 7. On déplace la valeur 54 (qui se trouve dans la case 4) vers la case 7, ce qui libère la case 4. Le tableau `indices` indique que la valeur à déplacer à la case 4 est la donnée actuellement située dans la case 2, soit la valeur 10. On copie la valeur 10 dans la case 4, ce qui libère la case 2. Le tableau `indices` précise que la donnée qui doit se trouver dans la case 2 est celle de la case 0, laquelle a été modifiée entre temps. C'est donc la donnée sauvegardée 3. On place la valeur 3 dans la case 2, et la série de déplacements est terminée puisqu'on est revenu à la valeur contenue précédemment dans la case 0. À chaque déplacement, on met à jour le tableau `indices` pour qu'il reflète l'état du tableau `tab`. Comme les valeurs déplacées sont dans l'ordre, les cases correspondantes du tableau `indices` doivent contenir le numéro d'indice. Ainsi, `indices[0]=0`, `indices[2]=2`, `indices[4]=4` et `indices[7]=7`. Cette série de déplacements est répétée pour toutes les cases dont le contenu dans le tableau `indices` est différent de leur numéro, ce qui est le cas de la case 1.

Figure 6.9

Réorganisation du tableau de données.

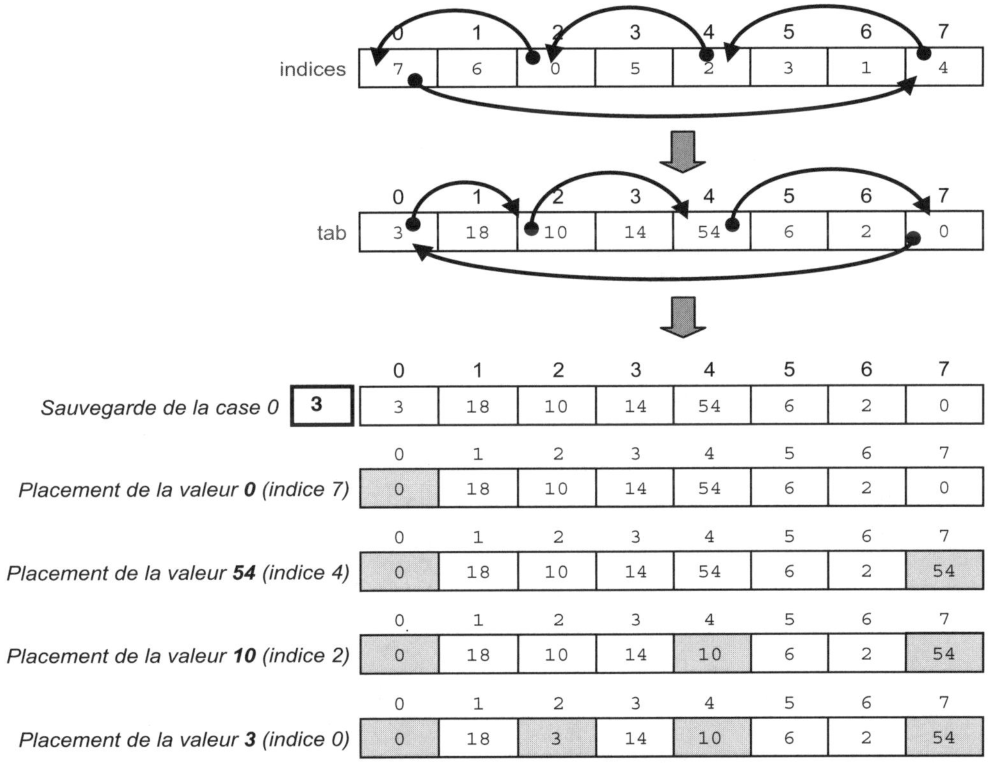

Voici la procédure qui effectue la réorganisation du tableau `tab`, selon l'ordre indiqué par `indices`.

```
Procédure réorganisation(tab,indices,nb)
Déclarations
  Paramètres tab, indices        en Tableau[20] d'Entiers
  Paramètre nb                                en Entier
  Variables i, indice_départ,indice_cible, val en Entier
Début
  Pour i variant de 0 à nb-1 Faire
    Si (indices[i] <> i) Alors // il faut réorganiser
      // on conserve la valeur contenue dans la case i
      val ← tab[i]
      // on déplace successivement les valeurs à leur place
      indice_cible ← i
      indice_départ ← indices[indice_cible]
      Tant que (indice_départ <> i) Faire
        tab[indice_cible] ← tab[indice_départ]
        indices[indice_cible] ← indice_cible
        indice_cible ← indice_départ
        indice_départ ← indices[indice_cible]
      FinTantQue
      tab[indice_cible] ← val
      indices[indice_cible] ← indice_cible
    FinSi
  FinPour
Fin
```

Voici le programme Java `tri_indirect_par_indices.java` qui implémente le tri sur les indices et la réorganisation du tableau des données, `tab_valeurs`. La méthode `affichage()` de la classe `CTabvaleurs` présente l'accès aux données via le tableau `tab_indices`.

« Java »

```
// tri_indirect_par_indices.java
import java.io.*;
import java.util.*;
class CTabvaleurs {
  static final int TAILLE=50;
  private int[] tab_valeurs, tab_indices ;
  private int nbval ;
  // constructeur
  CTabvaleurs() {tab_valeurs=new int[TAILLE];
                tab_indices=new int[TAILLE];nbval=0;}
  // autres méthodes
  public void affichage()
  { int i ;
    System.out.printf("   Tableau direct des valeurs  : ") ;
    for (i=0 ;i<nbval ;i++)
        System.out.printf("%4d", tab_valeurs[i]) ;
    System.out.printf("\n") ;
    System.out.printf("   Tableau des indices         : ") ;
    for (i=0 ;i<nbval ;i++)
        System.out.printf("%4d", tab_indices[i]) ;
    System.out.printf("\n") ;
    System.out.printf("   Tableau indirect des valeurs: ") ;
    for (i=0 ;i<nbval ;i++)
        System.out.printf("%4d", tab_valeurs[tab_indices[i]]) ;
    System.out.printf("\n") ;
  }
  public void chargement()
  { int val=0;
    System.out.printf("Entrez une liste de valeurs entières ") ;
    System.out.printf("terminées par -1 : \n") ;
    Scanner Entree = new Scanner(System.in);
    while (val != -1)
    { val=Entree.nextInt() ;
      if (val != -1) tab_valeurs[nbval++]=val ; }
    Entree.close();
  }
  // --- méthode tri_indirect_insertion() ---
  public void tri_indirect_insertion()
  { // boucle d'initialisation des tab_indices
    for (int i=0;i<nbval;i++) tab_indices[i]=i ;
    // boucle de traitement
    for (int i=0;i<nbval;i++)
    { int indiceval=tab_indices[i] ;
       int val=tab_valeurs[indiceval]   ;
       // boucle de déplacement des éléments de gauche plus petits
       int j=i;
       while ( (j>0) && (val<tab_valeurs[tab_indices[j-1]]) )
       { tab_indices[j]=tab_indices[j-1] ; j--; }
       // insertion de la valeur à sa place
       tab_indices[j]=indiceval ;
    }
  }
  // --- procédure de réorganisation des données ---
  public void reorganisation()
  { for (int i=0 ;i<nbval ;i++)
    { if (tab_indices[i] != i) // il faut réorganiser
      { // on conserve la valeur contenue dans la case i
        int val=tab_valeurs[i] ;
        // on déplace successivement les valeurs à leur place
        int indice_cible=i ;
        int indice_depart=tab_indices[indice_cible] ;
        while (indice_depart != i)
        { tab_valeurs[indice_cible]=tab_valeurs[indice_depart] ;
          tab_indices[indice_cible]=indice_cible ;
          indice_cible=indice_depart ;
```

```
                indice_depart=tab_indices[indice_cible] ;
              }
              tab_valeurs[indice_cible]=val ;
              tab_indices[indice_cible]=indice_cible ;
            }
          }
        }
      }
      // === Programme principal ===
      public class tri_indirect_par_indices {
       public static void main(String[] args) {
        CTabvaleurs Liste = new CTabvaleurs() ;
        Liste.chargement()            ;
        Liste.tri_indirect_insertion();
        System.out.printf("=== Résultat du tri sur les indices ===\n");
        Liste.affichage()             ;
        Liste.reorganisation()        ;
        System.out.printf("=== Résultat de la réorganisation ===\n") ;
        Liste.affichage()             ;
       }
      }
```

Voici un exemple d'exécution de ce programme :

```
$ java tri_indirect_par_indices
Entrez une liste de valeurs entières terminées par -1:
3 18 10 14 54 6 2 0 -1
=== Résultat du tri sur les indices ===
  Tableau direct des valeurs  :   3   18   10   14   54    6    2    0
  Tableau des indices         :   7    6    0    5    2    3    1    4
  Tableau indirect des valeurs:   0    2    3    6   10   14   18   54
=== Résultat de la réorganisation ===
  Tableau direct des valeurs  :   0    2    3    6   10   14   18   54
  Tableau des indices         :   0    1    2    3    4    5    6    7
  Tableau indirect des valeurs:   0    2    3    6   10   14   18   54
```

Le tri indirect par tableau de pointeurs

Le *tri indirect par tableau de pointeurs* suit le même principe que le traitement précédent. Le tableau des indices est remplacé par un tableau de pointeurs plus approprié à ce type de traitement. Il s'agit là de « vrais pointeurs ». En Java, un tableau d'entiers ou d'objets contient l'adresse des données et non les données elles-mêmes. Écrire un programme qui implémente ce type de tri revient à trier directement le tableau des données.

2.3 Le tri rapide ou *quicksort*

Le *tri rapide*, aussi appelé *quicksort*, est probablement l'algorithme de tri le plus employé de tous. Il possède trois qualités fondamentales : il est performant dans de nombreux cas, il effectue un tri sur place, donc sans allouer d'espace mémoire supplémentaire, et il est facile à écrire. L'algorithme de base a été découvert par C.A.R. Hoare en 1960. Il a depuis reçu quelques petites modifications qui améliorent encore ses performances.

Ce tri fonctionne sur le modèle « *diviser pour résoudre* ». Il partitionne l'ensemble des données en deux sous-ensembles, qui sont eux-mêmes triés indépendamment. C'est donc un algorithme récursif. La procédure de partitionnement est la clé de voûte de cet algorithme. Elle utilise l'un des éléments de la liste comme valeur *pivot*. Elle bascule ensuite les éléments qui lui sont supérieurs et qui sont situés à sa gauche dans la partition de droite, et les éléments qui lui sont inférieurs et qui sont situés à sa droite dans la partition de gauche. Ainsi, à la fin du partitionnement, la valeur pivot est à sa place définitive. La partition de gauche ne contient que des valeurs plus petites que le pivot, et celle de droite, que des valeurs plus grandes. Le choix de la valeur pivot est donc crucial. Si à chaque partitionnement, cette valeur partage les données en deux sous-ensembles de même taille, alors on effectue log(N) partitionnements, et pour chaque partition, on parcourt tous les éléments (pour l'inversion). On effectue N×log(N) traitements en moyenne pour trier N données. Si par contre le pivot est systématiquement la plus grande valeur du sous-ensemble (ou la plus petite), alors la complexité devient quadratique, c'est-à-dire en $O(N^2)$. Pour éviter le pire des cas, il suffit de choisir la valeur pivot arbitrairement ou de manière aléatoire. L'algorithme a alors toutes les chances de s'approcher de sa valeur moyenne et d'être en O(NlogN). Dans le traitement présenté, le pivot choisi est la dernière valeur du sous-ensemble.

La figure 6.10 présente le fonctionnement de l'algorithme. La valeur pivot est d'abord choisie. C'est la valeur 41 (dernière valeur) dans le premier partitionnement. On parcourt ensuite le tableau depuis la gauche jusqu'à rencontrer une valeur supérieure au pivot (45). On parcourt le tableau depuis la droite jusqu'à trouver une valeur plus petite que le pivot (3). Les deux éléments ainsi trouvés (45 et 3) ne sont pas dans la bonne partie du tableau, donc on les inverse. On poursuit le traitement jusqu'à ce que le compteur de la boucle qui progresse rencontre celui de la boucle qui régresse. Les valeurs 78 et 9 sont inversées. Enfin, quand les deux boucles sont terminées, on place la valeur pivot à sa position définitive (inversion de 41 et 78). On appelle récursivement la procédure de tri sur la partition de gauche et sur la partition de droite. La condition récursive terminale est atteinte quand il n'y a plus qu'une seule valeur dans la partition. Le tableau est alors trié.

Voici les procédures `tri_rapide()` et `partition()` :

```
Procédure tri_rapide(tab,gauche,droite)
Déclarations
  Paramètre  tab        en Tableau[20] d'Entiers
  Paramètres gauche, droite            en Entier
  Variable   pivot                     en Entier
Début
  Si (gauche < droite) Alors
    pivot ← partition(tab,gauche,droite)
    tri_rapide(tab,gauche,pivot-1)
    tri_rapide(tab,pivot+1,droite)
  FinSi
Fin
Procédure partition(tab,gauche,droite)
Déclarations
  Paramètre  tab        en Tableau[20] d'Entiers
  Paramètres gauche, droite            en Entier
  Variables clef,i,j,temp              en Entier
Début
  clef ← tab[droite]
  i ← gauche-1
  j ← droite
  Tant que (i<=j) Faire
    i ← i+1
    Tant que (tab[i]<clef) Faire
      i ← i+1
    Fin
    j ← j-1
    Tant que (tab[j]>clef) Faire
      j ← j-1
    FinTantQue
    Si (i<j) Alors   // échange des cases
      temp ← tab[i]
      tab[i] ← tab[j]
      tab[j] ← temp
    FinSi
  FinTantQue
```

```
  // échange final avec le pivot
  temp ← tab[i]
  tab[i] ← tab[droite]
  tab[droite] ← temp
  retourner i
Fin
```

Figure 6.10

Fonctionnement du tri rapide.

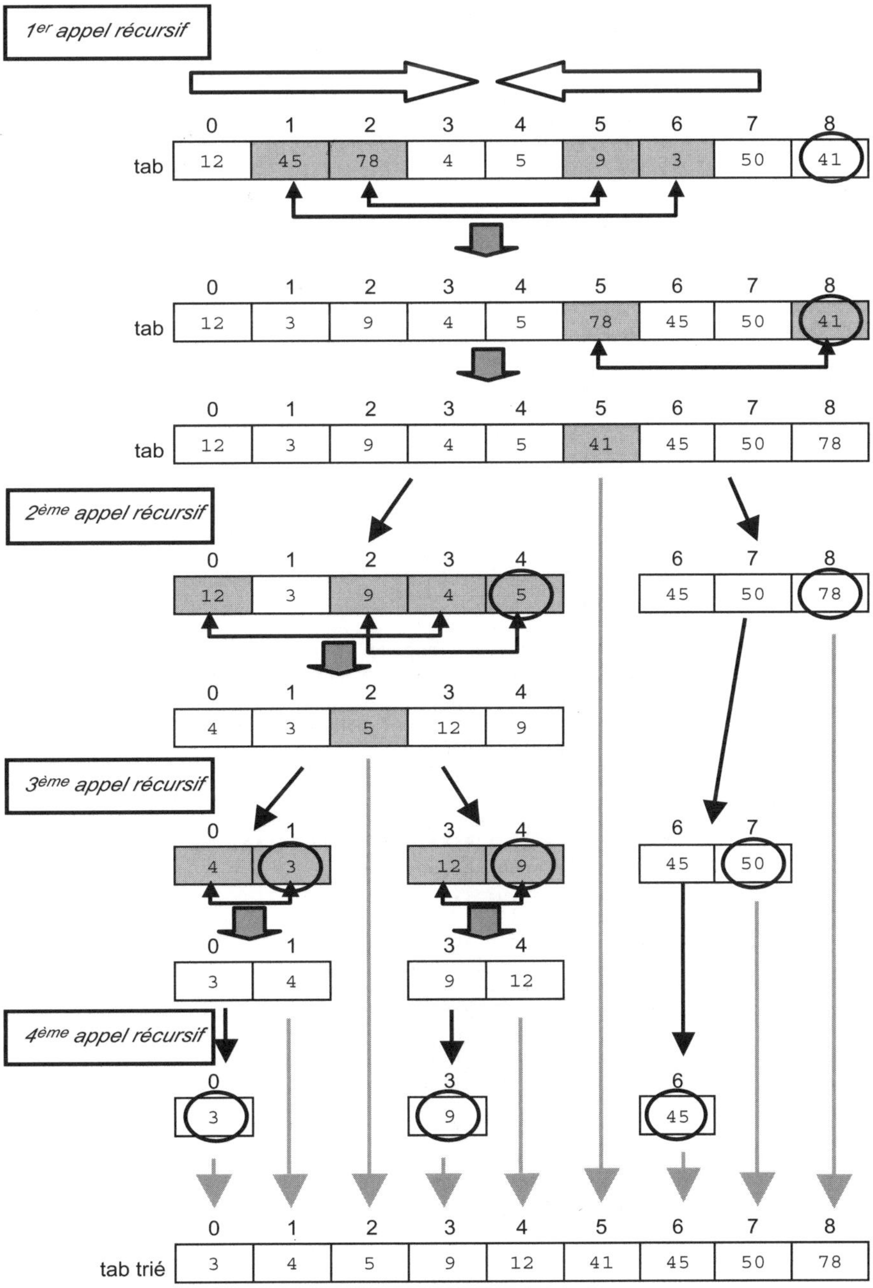

Voici le programme `tri_rapide.java` qui implémente cet algorithme :

« Java »

```
// tri_rapide.java
import java.io.*;
import java.util.*;
class CTabvaleurs {
  static final int TAILLE=50;
  private int[] tab_valeurs;
  private int nbval       ;
  private int val_gauche   ;
  private int val_droite   ;
  // constructeur
  CTabvaleurs() {tab_valeurs=new int[TAILLE];nbval=0;
               val_gauche=-1;val_droite=-1;}
  // autres méthodes
  public int gauche(){if (val_gauche==-1) val_gauche=0;
                    return val_gauche;};
  public int droite(){if (val_droite==-1) val_droite=nbval-1;
                    return val_droite;};
  public void affichage(int debut, int fin)
  { for (int i=debut ;i<=fin ;i++)
        System.out.printf("%5d", tab_valeurs[i]) ;
    System.out.printf("\n") ;
  }
  public void chargement()
  { int val=0;
    System.out.printf("Entrez une liste de valeurs entières ") ;
    System.out.printf("terminées par -1 : \n") ;
    Scanner Entree = new Scanner(System.in);
    while (val != -1)
    {val=Entree.nextInt(); if (val!=-1) tab_valeurs[nbval++]=val;}
    Entree.close();
  }
  // --- méthode tri_rapide() ---
  public void tri_rapide(int _gauche, int _droite)
  { if (_gauche < _droite)
    { int pivot=partition(_gauche,_droite) ;
      tri_rapide(_gauche,pivot-1) ;
      tri_rapide(pivot+1,_droite) ; }
  }
  // --- méthode partition() ---
  public int partition(int _gauche, int _droite)
  { int clef=tab_valeurs[_droite];
    int i=_gauche-1;
    int j=_droite;
    while (i<=j)
    { while (((++i)<_droite)&&(tab_valeurs[i]<clef));
      while (((--j)>(_gauche-1))&&(tab_valeurs[j]>clef));
      if (i<j) // échange des cases
      { int temp=tab_valeurs[i] ;
        tab_valeurs[i]=tab_valeurs[j] ;
        tab_valeurs[j]=temp ; }
    }
    // échange final avec le pivot
    int temp=tab_valeurs[i] ;
    tab_valeurs[i]=tab_valeurs[_droite] ;
    tab_valeurs[_droite]=temp ;
    return i;
  }
}
// === Programme principal ===
public class tri_rapide {
 public static void main(String[] args) {
  CTabvaleurs Liste = new CTabvaleurs() ;
  Liste.chargement()  ;
```

```
    Liste.tri_rapide(Liste.gauche(),Liste.droite()) ;
    Liste.affichage(Liste.gauche(),Liste.droite())  ;
  }
}
```

L'une des améliorations proposées pour cet algorithme est de choisir la valeur pivot de manière aléatoire, ce qui est une façon assez sûre pour éliminer le pire des cas et obtenir une performance optimale de cet algorithme. Un algorithme qui se base sur une valeur aléatoire pour tendre vers un comportement « idéal » est appelé *algorithme probabiliste*. Le pivot peut donc être choisi au hasard parmi les valeurs à trier. Mais il existe une meilleure technique appelée *partitionnement par la médiane des trois*, qui consiste à prendre au hasard trois valeurs parmi les valeurs à trier, à les ordonner, puis à prendre la valeur médiane comme pivot. Ce type d'optimisation se justifie dès que le nombre de données est important.

Résumé

Les algorithmes de tri font partie des grands classiques en algorithmique. On peut les regrouper en deux catégories : les tris élémentaires, dont la complexité est généralement en $O(N^2)$, et les tris avancés, plus efficaces mais plus difficile à programmer, et dont la complexité se rapproche souvent de O(NlogN). Certains ont une complexité proche de celle des tris élémentaires, mais ils minimisent le coût des échanges de données, comme le tri indirect. Enfin, les tris participent parfois à la conception d'autres algorithmes, comme les algorithmes de recherche étudiés au chapitre 7.

Problèmes et exercices

Les trois exercices portent sur le tri par insertion, le tri à bulles et le tri par comptage.

EXERCICE 1 GÉNÉRATEUR D'ANAGRAMMES, TRI PAR INSERTION

Énoncé

Écrivez un algorithme qui génère une anagramme d'un mot saisi par l'utilisateur. Cette anagramme est construite à partir des lettres du mot, qui sont présentées par ordre alphabétique. La saisie du mot « facile » doit afficher « acefil ». L'algorithme à utiliser est un tri par insertion. Le mot est géré comme un tableau de caractères. Une boucle de lecture lit un caractère à la fois et le range dans un tableau, tant que la fin de ligne n'est pas atteinte. Vous disposez de la fonction `fin_de_ligne()`, qui retourne FAUX s'il reste des caractères à lire, et VRAI si tous les caractères ont été lus. Le tri n'utilisera qu'un seul tableau, c'est un *tri sur place*.

Solution

La première boucle range chaque caractère lu dans le tableau `anagramme`. La deuxième boucle effectue un tri par insertion en déplaçant chaque caractère à sa place.

```
Écrire("Entrez un mot :")
taille_anagramme ← 0
Tant que (NON fin_de_ligne() ) Faire
  Lire(anagramme[taille_anagramme])
  taille_anagramme ← taille_anagramme+1
FinTantque
// boucle de traitement
Pour i variant de 0 à taille_anagramme-1 Faire
   car ← anagramme[i]
   // boucle de déplacement des éléments de gauche plus petits
   j ← i
   Tant que ( (j>0) ET (car<anagramme[j-1]) ) Faire
      anagramme[j] ← anagramme[j-1]
      j ← j-1
   FinTantQue
   // insertion du caractère à sa place
   anagramme[j] ← car
FinPour
```

Voici le programme source Java `anagramme.java` qui implémente cet algorithme :

« Java »

```
// anagramme.java
// tri par insertion avec un seul tableau
import java.io.*;
import java.util.*;
class CAnagramme {
  static final int TAILLE=50;
  private char[] anagramme ;
  private int taille     ;
  // constructeur
  public CAnagramme() {anagramme=new char[TAILLE];taille=0;}
  // autres méthodes
  public void affichage()  // affichage du résultat
  { System.out.printf("anagramme : ");
    for (int i=0 ; i<taille; i++)
        System.out.printf("%c",anagramme[i]);
```

```
    System.out.printf("\n");
  }
  public void lecture()i  // saisie du mot
  { System.out.printf("Entrez un mot : ") ;
    Scanner Entree=new Scanner(System.in);
    String phrase=Entree.nextLine();
    taille=phrase.length();
    for (int i=0;i<taille;i++) anagramme[i]=phrase.charAt(i);
  }
  // --- méthode tri_insertion() ---
  public void tri_insertion()
  { for (int i=0;i<taille;i++)
    { char car=anagramme[i] ;
      // boucle de déplacement des éléments de gauche plus petits
      int j=i;
      while ( (j>0) && (car<anagramme[j-1]) )
      { anagramme[j]=anagramme[j-1] ; j--; }
      // insertion du caractère à sa place
      anagramme[j]=car ;
    }
  }
}
// === Programme principal ===
public class anagramme {
 public static void main(String[] args) {
  CAnagramme Texte_Anagramme = new CAnagramme();
  Texte_Anagramme.lecture()  ;
  Texte_Anagramme.tri_insertion();
  Texte_Anagramme.affichage()   ;
 }
}
```

Voici un premier exemple d'exécution :

```
$ java anagramme
Entrez un mot : facile
anagramme : acefil
```

L'exécution suivante montre l'incidence du tri entre majuscules et minuscules. L'ordre n'est plus alphabétique, mais ASCII. Les majuscules apparaissent avant les minuscules. Il est important, dans le tri de caractères, de ne comparer que des lettres de même casse. Ce qui implique que les données doivent être converties en majuscules ou en minuscules pour aboutir à un tri alphabétique. Les espaces sont triés et apparaissent au début, car ils sont ordonnés avant les lettres dans la table ASCII.

```
$ java anagramme
Entrez un mot :Une Phrase De Test
anagramme :    DPTUaeeeehnrsst
```

EXERCICE 2 GÉNÉRATEUR D'ANAGRAMMES, TRI À BULLES

Énoncé

Modifiez le programme anagramme présenté à l'exercice précédent pour utiliser un tri à bulles.

Solution

Le programme suivant utilise une boucle principale qui régresse de la fin du tableau de caractères jusqu'au début. La boucle interne parcourt la partie gauche du tableau (jusqu'au compteur de la première boucle) et inverse deux à deux les cases adjacentes quand cela est nécessaire.

```
// boucle principale qui régresse à partir de la fin
  Pour i variant de taille_anagramme-1 à 1 par pas de -1 Faire
```

```
    Pour j variant de 1 à i Faire // boucle d'inversion
      Si (anagramme[j-1]>anagramme[j]) Alors // inversion
        car ← anagramme[j]
        anagramme[j] ← anagramme[j-1]
        anagramme[j-1] ← car
      FinSi
    FinPour
  FinPour
```

Voici le programme Java anagramme2.java :

« Java »

```
// anagramme2.java
// tri à bulles
import java.io.*;
import java.util.*;
class CAnagramme {
  static final int TAILLE=50;
  private char[] anagramme ;
  private int taille     ;
  // constructeur
  public CAnagramme() {anagramme=new char[TAILLE];taille=0;}
  // autres méthodes
  public void affichage() // affichage du résultat
  { System.out.printf("anagramme : ");
    for (int i=0 ; i<taille; i++)
        System.out.printf("%c",anagramme[i]);
    System.out.printf("\n");
  }
  public void lecture() // saisie du mot
  { System.out.printf("Entrez un mot : ") ;
    Scanner Entree=new Scanner(System.in);
    String phrase=Entree.nextLine();
    taille=phrase.length();
    for (int i=0;i<taille;i++) anagramme[i]=phrase.charAt(i);
    System.out.printf("- %s -\n",phrase);
  }
  // --- méthode tri_a_bulles() ---
  public void tri_a_bulles()
  { // boucle principale qui régresse à partir de la fin
    for (int i=taille-1 ;i>0;i--)
    {  // boucle d'inversion
       for ( int j=1 ; j<=i ;j++ )
       { if (anagramme[j-1]>anagramme[j])
          { char car=anagramme[j]       ;
            anagramme[j]=anagramme[j-1] ;
            anagramme[j-1]=car          ; }
       }
       System.out.printf("- %s -\n",new String(anagramme));
    }
  }
}
// === Programme principal ===
public class anagramme2 {
 public static void main(String[] args) {
  CAnagramme Texte_Anagramme = new CAnagramme();
  Texte_Anagramme.lecture()  ;
  Texte_Anagramme.tri_a_bulles();
  Texte_Anagramme.affichage()   ;
 }
}
```

Voici un exemple d'exécution de ce programme :

```
$ java anagramme2
Entrez un mot :facile
- facile -
```

```
- acfiel -
- acfeil -
- acefil -
- acefil -
- acefil -
anagramme : acefil
```

EXERCICE 3 TRI PAR COMPTAGE D'UNE LISTE D'ENTIERS

Énoncé

Écrivez la procédure `tri_par_comptage(tab,nb)` qui effectue le tri des `nb` valeurs entières contenues dans le tableau `tab`. La liste sera limitée à 20 valeurs comprises entre 1 et 40.

Solution

Le tableau `compteurs` contient le nombre d'occurrences de chaque entier contenu dans le tableau. Une première boucle l'initialise à 0, une deuxième met à jour le nombre d'occurrences, et une troisième ajuste ce tableau pour qu'il indique la position de chaque valeur dans la liste ordonnée. Chaque case du tableau `compteurs` est augmentée du contenu de la case précédente. La quatrième boucle range les entiers dans le tableau `temp` suivant l'ordre déterminé par `compteurs`. Après chaque rangement, la valeur de la case de `compteurs` qui correspond à l'entier ordonné est décrémentée pour gérer les occurrences multiples. Une dernière boucle recopie `temp` dans `tab`.

```
Procédure tri_par_comptage(tab,nb)
Déclarations
  Paramètre tab        en Tableau[20] d'Entiers
  Paramètre nb                        en Entier
  Variables temp       en Tableau[20] d'Entiers
  Variables compteurs  en Tableau[40] d'Entiers
  Variables i, j, k, décalage         en Entier
Début
  // boucle d'initialisation des compteurs
  Pour i variant de 0 à 39 Faire
    compteurs[i] ← 0
  FinPour
  // boucle de calcul des occurrences
  Pour i variant de 0 à nb-1 Faire
     k ← tab[i]
     compteurs[k] ← compteurs[k]+1
  FinPour
  // boucle d'ajustement des compteurs
  décalage ← 0
  Pour i variant de 0 à 39 Faire
     décalage ← décalage + compteurs[i]
     compteurs[i] ← décalage
  FinPour
  // boucle de rangement des données triées dans temp
  Pour i variant de 0 à nb-1 Faire
     k ← tab[i]
     compteurs[k] ← compteurs[k]-1
     j ← compteurs[k]
     temp[j] ← tab[i]
  FinPour
  // boucle de copie de temp dans tab
  Pour i variant de 0 à nb-1 Faire
    tab[i] ← temp[i]
  FinPour
Fin
```

Voici le programme Java `tri_par_comptage.java` qui implémente cet algorithme :

« Java »

```
// tri_par_comptage.java
import java.io.*;
import java.util.*;
class CTabvaleurs {
  static final int TAILLE=1000;
  static final int TAILLE_VAL=1000;
  private int[] tab_valeurs ;
  private int nbval         ;
  // constructeur
  CTabvaleurs() {tab_valeurs=new int[TAILLE];nbval=0;}
  // autres méthodes
  public void affichage()
  { for (int i=0 ;i<nbval ;i++)
        System.out.printf("%5d", tab_valeurs[i]) ;
    System.out.printf("\n") ;
  }
  public void chargement()
  { int val=0;
    System.out.printf("Entrez une liste de valeurs entières ") ;
    System.out.printf("terminées par -1 : \n") ;
    Scanner Entree = new Scanner(System.in);
    while (val != -1)
    { val=Entree.nextInt() ;
      if (val != -1) tab_valeurs[nbval++]=val ; }
    Entree.close();
  }
  // --- méthode tri_par_comptage() ---
  public void tri_par_comptage()
  { int[] temp      = new int[TAILLE]    ;
    int[] compteurs = new int[TAILLE_VAL];
    int i;
    // boucle d'initialisation des compteurs
    for (i=0 ;i<TAILLE_VAL;i++) compteurs[i]=0 ;
    // boucle de calcul des occurrences
    for (i=0 ;i<nbval;i++) compteurs[tab_valeurs[i]]++ ;
    // boucle d'ajustement des compteurs
    int decalage=0 ;
    for (i=0;i<TAILLE_VAL;i++)
    { decalage+=compteurs[i] ; compteurs[i]=decalage ; }
    // boucle de rangement des données triées dans temp
    for (i=0 ;i<nbval;i++)
    { int j=--compteurs[tab_valeurs[i]];temp[j]=tab_valeurs[i]; }
    // boucle de copie de temp dans tab_valeurs
    for (i=0 ;i<nbval;i++) tab_valeurs[i]=temp[i] ;
  }
}
// === Programme principal ===
public class tri_par_comptage {
 public static void main(String[] args) {
  CTabvaleurs Liste = new CTabvaleurs() ;
  Liste.chargement()  ;
  Liste.tri_par_comptage();
  Liste.affichage()   ;
 }
}
```

Voici un exemple d'exécution de ce programme :

```
$ java tri_par_comptage
Entrez une liste de valeurs entières terminées par -1:
12 4 6 5 4 6 0 7 12 -1
    0    4    4    5    6    6    7   12   12
```

Chapitre 7

Les recherches

La recherche est une opération fondamentale dans un programme qui gère un ensemble de données. Elle participe souvent à l'élaboration des autres traitements, par exemple en localisant la donnée à afficher ou à modifier. La recherche traite deux informations distinctes, la *clef* et la *donnée*. La *clef* est l'information utilisée dans la recherche pour localiser la *donnée*. C'est par exemple le nom de l'employé qui permet de trouver l'ensemble des informations qui le concernent. La *clef* est alors un élément (le champ nom) de la *donnée* (l'employé).

1 La recherche séquentielle

La recherche séquentielle est une méthode élémentaire qui consiste à comparer la clef recherchée à toutes les autres clefs. Sa complexité algorithmique est en O(N). Rechercher une valeur entière dans une liste d'entiers se résume à parcourir chaque élément de la liste, et à vérifier s'il s'agit de l'élément recherché. Dans cet exemple, la clef et la donnée sont confondues. La boucle utilisée dans une recherche séquentielle est une boucle TANT QUE avec un double critère d'arrêt : on s'arrête quand on a trouvé la donnée ou quand on atteint la fin de la liste. Voici la fonction recherchant une valeur dans une liste de valeurs entières contenues dans un tableau. Les paramètres sont le tableau des données (`tab`), le nombre d'éléments dans le tableau (`nb`) et la valeur recherchée (`valrech`). Cette fonction retourne le numéro de la case du tableau dans laquelle se trouve la donnée, ou –1 (représenté par la constante `NON_TROUVÉ`) si elle n'est pas trouvée.

```
Fonction recherche_séquentielle(tab,nb,valrech)
Déclarations
  Paramètre  tab  en Tableau[20] d'Entiers
  Paramètres nb, valrech        en Entier
  Variables i                   en Entier
  Variable trouvé               en Booléen
  Constante NON_TROUVÉ = -1
Début
  i ← 0
  trouvé ← FAUX
  // boucle de recherche
  Tant que ( ( NON trouvé) ET (i<nb)) Faire
    Si (tab[i] = valrech) Alors
        trouvé ← VRAI
    Sinon
      i ← i+1
    FinSi
  FinTantQue
  Si (trouvé = VRAI) Alors
     retourner i
  Sinon
     retourner NON_TROUVÉ
  FinSi
Fin
```

Voici le programme Java `recherche_sequentielle.java` qui implémente cette recherche :

« Java »

```
// recherche_séquentielle.java
import java.io.*;
import java.util.*;
class CTabvaleurs {
  static final int TAILLE=50;
  static final int NON_TROUVE=-1;
  private int[] tab_valeurs ;
  private int nbval         ;
  // constructeur
  public CTabvaleurs() {tab_valeurs=new int[TAILLE];nbval=0;}
  // autres méthodes
  public void affichage(int numero, int valrech)
  {if (numero==NON_TROUVE)
     System.out.printf("%d non trouvé !\n",valrech) ;
   else
   { System.out.printf("%d non trouvé ",valrech);
     System.out.printf("en position %d\n",numero+1); }
  }
  public void chargement()
  { int val=0;
    System.out.printf("Entrez une liste de valeurs entières ") ;
```

```
    System.out.printf("terminées par -1 : \n") ;
    Scanner Entree = new Scanner(System.in);
    while (val != -1)
    { val=Entree.nextInt() ;
      if (val != -1) tab_valeurs[nbval++]=val ; }
  }
  // --- méthode recherche_sequentielle() ---
  public int recherche_sequentielle(int valrech)
  { int i=0;boolean trouve=false ;
    // boucle de recherche
    while ( ( ! trouve) && (i<nbval))
    { if (tab_valeurs[i++] == valrech) trouve=true ; }
    if (trouve) {i--;return i;}
    else return NON_TROUVE ;
  }
}
// === Programme principal ===
public class recherche_sequentielle {
 public static void main(String[] args) {
  CTabvaleurs Liste = new CTabvaleurs() ;
  Liste.chargement()  ;
  System.out.printf("Entrez une valeur à rechercher : ");
  Scanner Entree = new Scanner(System.in);
  int val_recherche=Entree.nextInt();
  int numcase=Liste.recherche_sequentielle(val_recherche);
  Liste.affichage(numcase,val_recherche);
  Entree.close();
 }
}
```

Voici un exemple d'exécution de ce programme :

```
$ java recherche_sequentielle
Entrez une liste de valeurs entières terminées par -1:
12 5 6 9 4 11 25 4 -1
Entrez une valeur à rechercher : 4
4 non trouvé en position 5
```

On peut noter que ce programme ne trouve que la première occurrence de la valeur recherchée. La recherche de plusieurs valeurs est proposée à l'exercice 1.

Il est possible d'améliorer les performances de cet algorithme en positionnant les données les plus fréquemment recherchées au début de la liste. Cela suppose de disposer d'informations sur la fréquence de recherche des différents éléments, ou de réorganiser les données au fur et à mesure des recherches successives, en mettant systématiquement la donnée recherchée en début de liste. Le temps de traitement supplémentaire généré par la réorganisation de la liste est largement compensé par la réduction du temps d'accès aux données. Cette modification n'a pas lieu d'être si la fréquence de recherche est uniforme sur l'ensemble des données.

2 La recherche dichotomique

Dès que le nombre de données devient important, la recherche séquentielle n'est plus envisageable. Sa complexité en O(N) pénalise les autres traitements qui l'utilisent. Il faut diminuer le temps de traitement par l'emploi d'algorithmes plus performants, comme la *recherche dichotomique*. Cet algorithme est basé sur le principe de « *diviser pour résoudre* ». On divise l'ensemble de recherche en deux sous-ensembles égaux. On détermine ensuite dans quel sous-ensemble doit se trouver la clef de recherche, puis on poursuit la recherche dans ce sous-ensemble. Le préalable à cette méthode de recherche est de disposer d'un ensemble *trié* de données, car la détermination du sous-ensemble dans lequel se poursuit la recherche se fait par comparaison entre la valeur recherchée et les valeurs de début et de fin du sous-ensemble. La recherche dichotomique est récursive dans son approche. La division par deux de l'ensemble des données de recherche à chaque appel indique que sa complexité est en O(logN). Comme toute fonction récursive, il existe aussi une version itérative qui est proposée à l'exercice 2.

La version récursive présentée travaille sur le tableau d'entiers utilisé comme exemple dans la recherche séquentielle. Chaque appel de la fonction indique les bornes de l'intervalle de recherche (`début`, `fin`) dans le tableau de données (`tab`). Le paramètre `valrech` correspond à l'entier recherché. L'opérateur `DIV` renvoie le quotient de la division entière.

```
Fonction recherche_dichotomique(tab,début,fin,valrech)
Déclarations
  Paramètre  tab    en Tableau[20] d'Entiers
  Paramètres début, fin, valrech  en Entier
  Variables milieu, résultat      en Entier
  Constante NON_TROUVÉ = -1
Début
  milieu ← (début+fin) DIV 2
  Si (valrech=tab[milieu]) Alors
      résultat ← milieu
  Sinon Si (début>=fin) Alors
      résultat ← NON_TROUVÉ
  Sinon Si (valrech<tab[milieu]) Alors
      résultat ← recherche_dichotomique(tab,début,milieu-1,valrech)
  Sinon
      résultat ← recherche_dichotomique(tab,milieu+1,fin,valrech)
  FinSi
  retourner résultat
Fin
```

La syntaxe du premier appel de cette fonction dans le programme principal est :

```
numcase ← recherche_dichotomique(tab_valeurs,0,nbval-1,val_recherche)
```

`numcase` est le numéro de la case où est localisée la donnée (cette variable reçoit –1 si la donnée n'est pas trouvée). `nbval` est le nombre de données contenues dans le tableau `tab_valeurs`, et `val_recherche` la valeur entière recherchée.

Voici le programme `recherche_dichotomique_recursive.java` qui implémente cette recherche. La classe `CTabvaleurs` contient les méthodes supplémentaires : `recherche_dichotomique()`, `debut()`, `fin()`, et `tri_insertion()`. Les méthodes `affichage()` et `chargement()` sont similaires au programme précédent. Leurs instructions sont remplacées par des pointillés.

« Java »

```
// recherche_dichotomique_recursive.java
import java.io.*;
import java.util.*;
class CTabvaleurs {
  static final int TAILLE=50;
  static final int NON_TROUVE=-1;
  private int[] tab_valeurs ;
  private int nbval         ;
  // constructeur
  public CTabvaleurs() {tab_valeurs=new int[TAILLE];nbval=0;}
  // autres méthodes
  protected int debut(){return 0;};
  protected int fin(){return nbval-1;};
  public void affichage()
  { for (int i=0 ;i<nbval ;i++)
        System.out.printf("%5d", tab_valeurs[i]) ;
    System.out.printf("\n") ;
```

```
    }
    public void affichage(int numero, int valrech)
    { ... }
    public void chargement()
    { ... }
    // --- méthode tri_insertion() ---
    public void tri_insertion()
    { for (int i=0;i<nbval;i++)
      { int val=tab_valeurs[i] ;
         // boucle de déplacement des éléments de gauche plus petits
         int j=i;
         while ( (j>0) && (val<tab_valeurs[j-1]) )
         { tab_valeurs[j]=tab_valeurs[j-1] ; j--; }
         // insertion de la valeur à sa place
         tab_valeurs[j]=val ;
      }
    }
    // --- méthode recherche_dichotomique() ---
    public int recherche_dichotomique(int debut,int fin,int valrech)
    { int milieu=(debut+fin)/2 ; int resultat ;
      if (valrech==tab_valeurs[milieu]) resultat=milieu ;
      else if (debut>=fin) resultat=NON_TROUVE ;
      else if (valrech<tab_valeurs[milieu])
          resultat=recherche_dichotomique(debut,milieu-1,valrech) ;
      else
          resultat=recherche_dichotomique(milieu+1,fin,valrech) ;
      return resultat ;
    }
  }
  // === Programme principal ===
  public class recherche_dichotomique_recursive {
   public static void main(String[] args) {
    CTabvaleurs Liste = new CTabvaleurs() ;
    Liste.chargement()  ;
    // appel de la procédure de tri
    Liste.tri_insertion() ;
    // affichage du résultat du tri
    Liste.affichage() ;
    System.out.printf("Entrez une valeur à rechercher : ");
    Scanner Entree = new Scanner(System.in);
    int val_recherche=Entree.nextInt();
    // appel de la procédure de recherche
    int numcase=Liste.recherche_dichotomique(Liste.debut(),
                                  Liste.fin(),val_recherche);
    Liste.affichage(numcase,val_recherche) ;
    Entree.close();
   }
  }
```

L'appel à la méthode de recherche est précédée par le tri des données. Par la suite, l'ajout de nouvelles données doit maintenir l'ordre de l'ensemble. Le processus élémentaire d'insertion d'une donnée, qui est utilisé dans le tri par insertion, est donc à privilégier pour maintenir la cohérence de l'ensemble et s'assurer du bon fonctionnement de la recherche dichotomique.

Cette contrainte d'ordonnancement permanent de la liste implique que le tri dichotomique n'est pas adapté aux processus qui ajoutent fréquemment de nouvelles données, car le coût de l'insertion devient non négligeable. En effet, si une donnée est insérée en début de liste, il faut déplacer les N éléments. L'insertion à une position aléatoire engendre N/2 déplacements en moyenne. La recherche dichotomique doit être réservée aux processus qui peuvent trier la liste des données à l'avance (par exemple, avec un tri shell ou un tri rapide), et qui effectuent un nombre important de requêtes pour accéder aux données, mais peu d'insertions.

3 La recherche par interpolation

La *recherche par interpolation* est une amélioration de la recherche dichotomique. Elle fonctionne selon le même principe de « *diviser pour résoudre* » et de recherches successives sur des intervalles de plus en plus petits. Chaque intervalle n'est plus divisé de manière automatique en son milieu, mais à une position qui dépend de la clef de recherche et des bornes de l'intervalle. C'est là sa principale amélioration. Avec cet algorithme, on essaie d'avoir une meilleure estimation de la position de l'élément recherché dans l'intervalle, en évaluant de manière plus fine la position de la borne de départ du nouvel intervalle. Pour cela, on calcule le décalage de la nouvelle borne inférieure par rapport à l'ancienne, grâce à la formule arithmétique suivante, ce qui rend cet algorithme spécifique aux clefs numériques :

```
décalage ← (val-tab[déb].clef)*((fin-déb)/(tab[fin].clef-tab[déb].clef))
borne ← déb+décalage
```

`borne` est l'indice de la borne inférieure du nouvel intervalle, `val` est la valeur de la clef recherchée, `déb` et `fin` sont les bornes actuelles de l'intervalle et donc des indices du tableau, `tab[déb].clef` et `tab[fin].clef` sont les valeurs des clefs des bornes inférieures et supérieures de l'intervalle, et `tab` est le tableau qui contient les données. Chaque donnée contient un champ constitué de sa clef. Si `tab` contient une liste d'entiers comme dans les exemples précédents, alors la donnée et la clef sont confondues. La formule se réécrit :

```
décalage ← (val-tab[déb])*((fin-déb)/(tab[fin]-tab[déb]))
```

Ce calcul d'estimation donne d'excellents résultats sur une liste de données, dont les clefs sont réparties uniformément sur l'intervalle. La première et la dernière clef sont trouvées en une seule itération. Si les clefs sont totalement uniformes, comme dans la suite de valeurs provenant du calcul $(3\times i)+1$ où i est l'indice de la case du tableau qui contient la valeur, alors la recherche d'une valeur ne nécessite qu'une seule itération. Cette performance diminue avec une suite aléatoire de données. La complexité de cet algorithme est en O(Log Log N).

La performance de cet algorithme dépend largement de la répartition des clefs sur l'intervalle et de sa taille. Elle est très proche de celle de la recherche dichotomique sur de petits intervalles, mais nettement meilleure sur de grands intervalles. L'écriture de la fonction `recherche_interpolation()` est proposée à l'exercice 3. Le corrigé montre la différence de performance, sur une série d'entiers non uniformes, entre cette méthode de recherche et la recherche dichotomique.

4 Tables de hachage ou adressage dispersé

4.1 Principe

La recherche par *table de hachage*, également appelée par *adressage dispersé*, propose un accès direct aux données. La clef de recherche subit une transformation arithmétique grâce à une *fonction de hachage* pour fournir un indice appelé *code de hachage*. Ce dernier donne accès à la donnée située dans la *table de hachage*. Si le type de la clef est variable (entier, chaîne de caractères, etc.), le code de hachage est toujours un entier. Il indique le numéro de la case dans la table de hachage où est localisée la donnée. La description de la *fonction de hachage* présente des méthodes pour traduire une clef de type chaîne de caractères en un entier.

L'intérêt de cette méthode d'organisation des données est de proposer une recherche en temps constant. En effet, le calcul du code de hachage et l'accès à un élément de la table sont deux traitements qui s'exécutent eux-mêmes en temps constant. De plus, la gestion de la mémoire est optimisée, car il est possible de définir une taille fixe pour la table de hachage. C'est donc un bon compromis entre le temps d'exécution et la gestion de la mémoire, ce qui constitue les deux points essentiels de toute méthode de recherche.

Si la fonction de hachage fournit un code unique pour chaque clef, on dit que la table est à *adressage direct*. Ce cas idéal est rarement rencontré en pratique, et deux clefs distinctes peuvent produire le même code de hachage. On dit alors que les clefs entrent en *collision*, car elles indiquent la même entrée dans la table. La résolution des collisions est un point important de cette méthode. Elle produit deux organisations différentes : les *tables de hachage chaînées* et les *tables de hachage à adressage ouvert*.

4.2 LA FONCTION DE HACHAGE

La fonction de hachage est la clé de voûte de cet algorithme. Elle doit minimiser le nombre de collisions et tendre vers un adressage direct. De plus, elle doit répartir les données de manière uniforme et aléatoire dans la table de hachage.

Clefs entières

Le choix d'une fonction de hachage est délicat, car il dépend de la nature de la clef. Si la clef est numérique, une solution simple et efficace consiste à prendre le résultat de l'opération modulo (reste de la division entière) sur la taille de la table. Soit M le nombre d'entrées dans la table de hachage et c la clef entière à transformer, le résultat de la fonction de hachage $h(c)$ est alors :

$$h(c) = c \text{ modulo } M$$

La valeur entière retournée par cette fonction sert d'indice pour indiquer l'entrée dans la table où se trouve la donnée. Il faut être attentif au choix de la valeur M, et donc à la taille de la table de hachage. Si M est une puissance de 2, par exemple 2^p, le résultat du modulo correspond au traitement des p bits de poids faible. Seule une partie de la clef est traitée, ce qui réduit d'autant le nombre de combinaisons différentes de clefs. La fonction de hachage risque de produire de nombreux codes identiques, ce qui engendre un nombre important de collisions. Une solution préconisée est de choisir un nombre premier pour M.

De plus, il faut choisir la valeur de M en fonction du *facteur de charge* désiré pour la table. Le facteur de charge (α) est le rapport entre le nombre de données à coder (N) et le nombre d'entrées dans la table (M).

$$\alpha = N/M$$

Dans le cas d'une table de hachage chaînée, la table dispose d'un nombre d'entrées inférieur au nombre de données. Il y a donc plusieurs données par entrée de la table. Le facteur de charge est supérieur à 1, il indique le nombre moyen de données pour chaque entrée de la table, si la répartition est uniforme. Si le traitement porte sur 10 000 données, la valeur de M=109 (nombre premier) produit un facteur de charge égal à 10 000/109=91,74, soit 92 données en moyenne par entrée de la table ! Une valeur de M=2 593 (nombre premier) porte le facteur de charge à 10 000/2 593=3,85, ce qui devient beaucoup plus raisonnable. Cette dernière valeur indique que la table contiendra en moyenne 4 données par entrée. Avec cette valeur de M, la clef 7 851 donne le code de hachage 7 851 modulo 2 593=72. La donnée dont la clef est 7 851 sera rangée à la case numéro 72 de la table de hachage. C'est aussi le cas pour les clefs 72, 2 665 et 5 258 qui donnent le même code de hachage. Le facteur de charge est un critère important pour choisir la méthode de hachage, car un nombre trop important de collisions réduit la performance de l'algorithme en augmentant les traitements qui résolvent les collisions.

Clefs de type chaînes de caractères

Les clefs numériques sont relativement faciles à gérer, car on peut aisément les ramener à des clefs entières et appliquer la solution proposée précédemment. Cela se complique dès que la clef est de type chaîne de caractères, ce qui est le cas le plus courant. Comment produire un code de hachage entier quand la clef est par exemple un nom, une adresse ou toute autre information de ce type ? La majorité des solutions proposées appliquent un ensemble de traitements binaires sur chaque caractère de la chaîne, pour construire petit à petit une valeur entière limitée à 32 bits (taille d'un entier), sur laquelle on applique le calcul du modulo précédent. La méthode décrite ci-après est attribuée à P.J. Weinberger. Elle est connue pour donner de très bons résultats sur les chaînes.

Avec cette méthode, le code de hachage est produit par groupe de 4 bits. Sa valeur initiale est 0. On additionne le code ASCII de chaque caractère (en partant du premier caractère) au code déjà calculé après lui avoir fait subir un décalage de 4 bits vers la gauche, ce qui revient à le multiplier par 16 (2^4). Ce processus est répété tant que le code ne dépasse pas les 28 bits, soit la valeur 268 435 456 (2^{28}), car alors on dépasserait les 32 bits lors du traitement du prochain caractère, ce qui provoquerait un dépassement de capacité, et donc une valeur erronée. Quand on atteint cette limite, on récupère la valeur numérique qui correspond aux 4 bits de gauche, suivis des 28 bits de droite positionnés à 0, ce qui revient à multiplier par 2^{28} le quotient issu de la division du code par 2^{28}. Le résultat de cette dernière opération est conservé dans une variable temporaire (`tmp`). Les deux derniers traitements appliqués au code en construction sont plus complexes et n'ont pas d'opération arithmétique équivalente. On effectue une opération de type OUexclusif appliquée à chaque bit de la valeur de code avec les 4 bits de gauche de `tmp`, puis de nouveau un OUexclusif entre le code et tous les bits de `tmp`. On applique ensuite le modulo M au code ainsi construit. Voici la fonction `code_hachage()` qui implémente ce traitement. La variable `res` contient la valeur du code en construction. Les opérations OUexclusif sont remplacées par une addition et une soustraction, dont le résultat est assez proche. La valeur `M` correspond à la taille de la table.

```
Fonction code_hachage(clef)
Déclaration
  Paramètre clef                en chaîne
  Variables i, res, taille, tmp en Entier
  Constantes M=109
Début
  taille ← longueur(clef)
  res ← 0
  Pour i variant de 0 à taille-1 Faire
    res ← (res*16)+clef[i]
    Si (res > 268435456) Alors      // 268435456 = 2 puissance 28
      tmp ← (res DIV 268435456)*268435456
      res ← res+(tmp DIV 16777216) // 16777216  = 2 puissance 24
      res ← res-tmp
    FinSi
  FinPour
  retourner (res MOD M)
Fin
```

Un programme Java complet intégrant la fonction de hachage, mais également les autres traitements décrits par la suite, est proposé en fin de section.

La fonction de hachage décrite produit une répartition uniforme des clefs sur la table, mais elle n'évite pas complètement les collisions. Ce phénomène est résolu par l'utilisation des *tables de hachage chaînées* ou des *tables de hachage à adressage ouvert.*

4.3 Table de hachage chaînée

La fonction de hachage fournit l'indice dans la table où ranger la donnée, mais elle ne donne aucune solution pour résoudre le problème des collisions, c'est-à-dire quand deux clefs donnent le même indice et que les données doivent être rangées dans la même case de la table. Avec la *table de hachage chaînée*, chaque case ne contient pas directement la donnée, mais un pointeur sur une liste chaînée. Ainsi, si deux clefs produisent le même code, les données sont rangées dans la liste chaînée pointée par la case dont l'indice est précisé par le code de hachage. On parle de *chaînage externe*, car les données sont à l'extérieur de la table. Cette organisation est présentée à la figure 7.1.

Figure 7.1

Table de hachage chaînée.

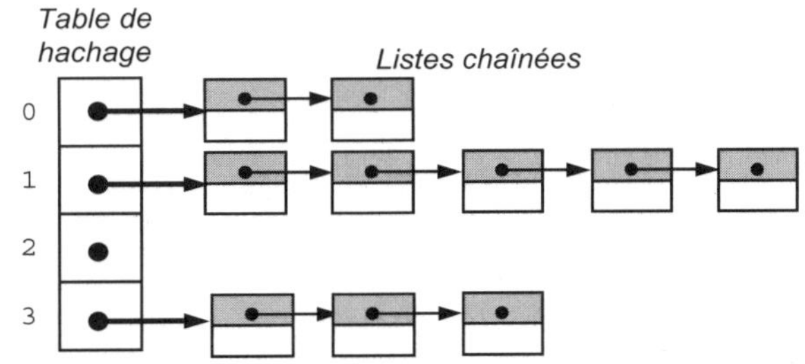

La taille de la table est toujours plus petite que le nombre de données à gérer. Le nombre moyen d'éléments dans une liste est fourni par le facteur de charge. Cette organisation permet de réduire considérablement la taille de la table, qui peut être assez petite. Cependant, il faut faire attention à ne pas avoir un trop grand nombre d'éléments par liste, car la performance liée à l'accès direct aux données serait alors amoindrie par le temps nécessaire au parcours de la liste chaînée. Il n'existe pas de règle établie en la matière pour définir au mieux la taille de la table, mais une valeur de M égale à un dixième du nombre de données paraît raisonnable.

La qualité principale du chaînage externe est qu'il fonctionne même si la taille de la table est mal évaluée. Si elle est trop petite, le traitement s'en trouve juste ralenti. Si par contre on dispose de beaucoup de mémoire, il faut que M soit assez grand pour éviter au maximum les collisions et augmenter les performances de l'algorithme.

Les fonctions et les procédures suivantes montrent comment insérer et rechercher les données dans la table. Chaque donnée est un enregistrement ou objet qui modélise une personne, et qui contient deux champs, un `nom` et un `prénom`, et deux champs pointeurs. Voici le type `personne_t` :

```
Type personne_t  en Enregistrement
                     champ succ  en Pointeur de personne_t
                     champ nom      en Chaîne
                     champ prénom   en Chaîne
                     champ pred  en Pointeur de personne_t
                 Fin d'Enregistrement
```

La table de hachage est un tableau de pointeurs d'enregistrements de type `personne_t` :

```
Variable table_hachage en tableau[M] de Pointeurs de personne_t
```

La première procédure initialise la table de hachage :

```
Procédure initialisation_table()
Déclarations
  Variable i en Entier
  Constante M=109
Début
  Pour i variant de 0 à M-1 Faire
    table_hachage[i] ← AUCUNE_ADRESSE
  FinPour
Fin
```

La procédure suivante insère un élément dans la table :

```
Procédure insertion_élément(nouvel_élément)
Déclarations
  Paramètre nouvel_élément          en Pointeur de personne_t
  Variables pt_début, prem_élément en Pointeur de personne_t
  Variable  code en Entier
Début
  code ← code_hachage((*nouvel_élément).nom)
  pt_début ← table_hachage[code]
  Si (pt_début = AUCUNE_ADRESSE) Alors // la liste de la case est vide
    table_hachage[code] ← nouvel_élément
  Sinon // on insère l'élément en début de liste
    prem_élément ← table_hachage[code]
    table_hachage[code] ← nouvel_élément
    (*nouvel_élément).succ ← prem_élément
    (*prem_élément).pred ← nouvel_élément
  FinSi
Fin
```

L'élément est systématiquement inséré en début de liste. On peut affiner le traitement pour conserver la liste ordonnée, mais le surcoût occasionné n'est pas justifié quand le facteur de charge reste raisonnable et que la taille moyenne des listes est faible, ce qui est le but recherché. La fonction suivante recherche la personne dont le nom (la clef dans cet exemple) est passé en argument. Elle retourne l'adresse de l'enregistrement trouvé, ou `AUCUNE_ADRESSE` en cas d'échec.

```
Fonction recherche_élément(clef)
Déclaration
  Paramètre clef   en chaîne
  Variable code    en Entier
  Variable terminé en Booléen
  Variable élément en Pointeur de personne_t
Début
  terminé ← FAUX
  code ← code_hachage(clef)
  élément ← table_hachage[code]
  Tant que ( NON terminé) Faire
    Si (élément = AUCUNE_ADRESSE) Alors
      terminé ← VRAI
    Sinon Si ((*élément).nom=clef) Alors
      terminé ← VRAI
    Sinon
      élément ← (*élément).succ
    FinSi
  FinTantQue
  retourner élément
Fin
```

Le programme Java `hachage.java` effectue le traitement complet d'une liste de noms saisie au clavier. Il propose également les méthodes d'affichage de la table, et de suppression d'un élément. La valeur M est représentée par la constante `TAILLE_TABLE`.

« Java »

```
// hachage.java
// table de hachage chaînée
import java.io.*;
import java.util.*;
class CPersonne {
  private CPersonne succ,pred ;
  private String nom, prenom ;
  // constructeur
  public CPersonne(String _nom, String _prenom)
        {nom=new String(_nom);prenom=new String(_prenom);
         succ=null;pred=null;}
  // autres méthodes
  public void change_successeur(CPersonne pt) {this.succ = pt;}
  public void change_predecesseur(CPersonne pt) {this.pred = pt;}
  public String val_nom() {return this.nom;}
  public String val_prenom() {return this.prenom;}
  public CPersonne successeur() {return this.succ;}
  public CPersonne predecesseur() {return this.pred;}
}
class CTable {
  static final int TAILLE_TABLE=109;
  private CPersonne[] table_hachage ;
  // constructeur
  public CTable() {
     table_hachage=new CPersonne[TAILLE_TABLE];
     for (int i=0;i<TAILLE_TABLE;i++) table_hachage[i]=null; }
  // --- méthode d'affichage de la table de hachage ---
  public void affichage_table()
  { int code ;
    System.out.printf("=== TABLE ===\n") ;
    for (code=0 ; code<TAILLE_TABLE ; code++)
    { if (table_hachage[code] != null)
      { System.out.printf("--- code = %d ---\n",code) ;
        CPersonne element=table_hachage[code] ;
        while(element != null)
        { System.out.printf("  %s ",element.val_nom()) ;
          System.out.printf("%s\n",element.val_prenom()) ;
          element=element.successeur() ; }
      }
    }
  }
  // --- méthode d'insertion dans la table de hachage ---
  public void insertion_element(CPersonne nouvel_element)
  { int code=code_hachage(nouvel_element.val_nom()) ;
    System.out.printf("Insertion %s ",nouvel_element.val_nom());
    System.out.printf("%s ",nouvel_element.val_prenom());
    System.out.printf("-> code=%d\n",code) ;
    CPersonne pt_debut=table_hachage[code] ;
    if (pt_debut == null) // la liste de cette case est vide
      table_hachage[code]=nouvel_element ;
    else // on insère l'élément en début de liste
    { CPersonne prem_element=table_hachage[code]        ;
      table_hachage[code]=nouvel_element                ;
      nouvel_element.change_successeur(prem_element)    ;
      prem_element.change_predecesseur(nouvel_element) ;
    }
  }
  // --- méthode de hachage ---
  public int code_hachage(String clef)
  { int res=0;
    int taille=clef.length();
    for (int i=0 ;i <taille ; i++)
    {  // 268435456 = 2 puissance 28
       // 16777216  = 2 puissance 24
       res=(res<<4)+clef.charAt(i) ; // (res*16)+clef[i]
```

```
        int tmp=(res & 0xf0000000) ;
        if (tmp!=0) // si res > 268435456
        {                       // tmp=(res DIV 268435456)*268435456
          res=res^(tmp>>24) ;  // res= res+(tmp DIV 16777216)
          res=res^tmp ;        // res=(res-tmp)
        }
      }
      // résultat sur 32 bits non signés
      long resultat = res & 0xffffffffL;
      // on transforme le résultat du modulo en entier
      res = (int)(resultat%TAILLE_TABLE) ; // modulo TAILLE_TABLE
      return res ;
    }
    // --- méthode de recherche dans la table de hachage ---
    public CPersonne recherche_element(String clef)
    { int code=code_hachage(clef) ;
      System.out.printf("--- code = %d ---\n",code) ;
      CPersonne element=table_hachage[code] ;
      boolean termine=false ;
      while( ! termine)
      { if (element == null) termine=true ;
        else if ((element.val_nom()).equals(clef)) termine=true ;
        else element=element.successeur() ;
      }
      return element ;
    }
    // --- suppression d'un élément dans la table ---
    public void suppression_element(CPersonne element_a_supprimer)
    { CPersonne pt_succ=element_a_supprimer.successeur() ;
      CPersonne pt_pred=element_a_supprimer.predecesseur();
      if (pt_succ != null) // il a un successeur dans la liste
        pt_succ.change_predecesseur(pt_pred) ;
      if (pt_pred != null) // il a un prédecesseur dans la liste
        pt_pred.change_successeur(pt_succ);
      else // c'est le premier de la liste
      { int code=code_hachage(element_a_supprimer.val_nom()) ;
        table_hachage[code]=pt_succ ; }
    }
  }
  // === Programme principal ===
  public class hachage {
   public static void main(String[] args) {
    CTable TableHachage = new CTable() ;
    int nbpersonnes;
    String nom, prenom;
    System.out.printf("Nombre de personnes à saisir : ") ;
    Scanner Entree=new Scanner(System.in);
    nbpersonnes=Entree.nextInt() ;
    for (int i=0 ; i<nbpersonnes ; i++)
    { System.out.printf("Nom et Prénom : ") ;
      nom =Entree.next();
      prenom =Entree.next();
      CPersonne pers=new CPersonne(nom,prenom) ;
      TableHachage.insertion_element(pers) ;
    }
    TableHachage.affichage_table() ;
    System.out.printf("Nom de la personne à supprimer : ") ;
    nom=Entree.next() ;
    Entree.close();
    CPersonne pers=TableHachage.recherche_element(nom) ;
    if (pers == null)
      System.out.printf("%s non trouvé !\n",nom) ;
    else
    { System.out.printf("Suppression de %s ",pers.val_nom()) ;
      System.out.printf("%s\n",pers.val_prenom()) ;
```

```
      TableHachage.suppression_element(pers) ; }
   TableHachage.affichage_table() ;
   }
  }
```

Voici un exemple d'exécution de ce programme. Un affichage intermédiaire présente le code calculé à chaque insertion d'un nouvel élément dans la table. L'affichage de la table apparaît après l'insertion des personnes. Le nom de la personne à supprimer est ensuite demandé. Un dernier affichage de la table confirme la suppression.

```
$ java hachage
Nombre de personnes à saisir : 4
Nom et Prénom : dupont jacques
Insertion dupont jacques -> code=104
Nom et Prénom : martin paul
Insertion martin paul -> code=85
Nom et Prénom : kasma sophie
Insertion kasma sophie -> code=60
Nom et Prénom : leroy guillaume
Insertion leroy guillaume -> code=30
=== TABLE ===
--- code = 30 ---
  leroy guillaume
--- code = 60 ---
  kasma sophie
--- code = 85 ---
  martin paul
--- code = 104 ---
  dupont jacques
Nom de la personne à supprimer : martin
--- code = 85 ---
Suppression de martin paul
=== TABLE ===
--- code = 30 ---
  leroy guillaume
--- code = 60 ---
  kasma sophie
--- code = 104 ---
  dupont jacques
```

4.4 Table de hachage à adressage ouvert

La table de hachage à *adressage ouvert* propose une autre organisation, où les données sont rangées directement dans la table. La taille de la table doit être supérieure ou égale au nombre de données à gérer, ce qui implique que le facteur de charge est inférieur à 1. Cette organisation est parfaite pour les applications qui doivent disposer d'une table de taille fixe, car contrairement à la table chaînée, la taille de la mémoire allouée ne varie pas durant l'exécution.

Le problème des collisions est résolu en recherchant à partir de la position indiquée par le code de hachage la première position libre dans la table. Ainsi, quand la position de rangement est déjà occupée, on teste les positions suivantes jusqu'à en trouver une de libre, dans laquelle on insère la donnée. Ces tests successifs peuvent réduire fortement la performance de l'algorithme. Il faut donc essayer de les minimiser. Dans le cas d'une répartition uniforme, quand la table est à moitié pleine, le nombre de tests est de l'ordre de 2. Quand la table est occupée à 80 %, le nombre de tests passe à 5, puis à 10 et 20 pour des occupations respectives à 90 % et 95 %. Il faut donc éviter un remplissage trop important de la table sous peine de voir les performances se dégrader. Un moyen sûr d'éviter ce problème est de dimensionner la table assez largement pour ne jamais dépasser le seuil des 80 %.

Il existe deux méthodes pour rechercher la première position libre en cas de collision : le *test linéaire* et le *hachage double*.

Test linéaire

Le test linéaire est simple à mettre en œuvre. Quand la position indiquée par le code de hachage est occupée, on recherche la première position libre dans chacune des cases suivantes. Si on arrive au bout de la table, on poursuit la recherche à partir du début. Le traitement s'arrête quand on a parcouru M cases sans trouver d'emplacement libre. La table est alors pleine (ce qui ne devrait jamais se produire !). La suite des positions testées est fournie par la formule suivante, avec i variant de 0 à M–1 :

$$(h(c)+i) \text{ modulo } M$$

La figure 7.2 présente ce processus.

Figure 7.2

Test linéaire.

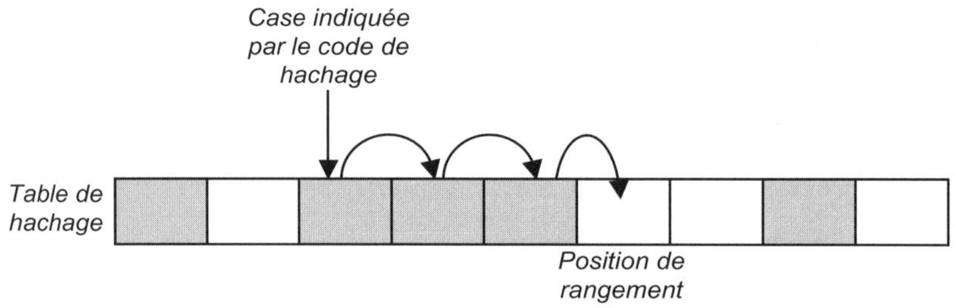

Cette méthode souffre d'un phénomène appelé *regroupement primaire*. Ce dernier produit de longues séries de cases occupées, ce qui allonge les tests qui tombent sur ce type de série. La performance n'est pas excellente, car la répartition n'est pas uniforme.

Hachage double

Le hachage double n'a pas le défaut de la méthode précédente. Avec ce procédé, en cas de collision, la première case de libre n'est pas recherchée séquentiellement mais selon un déplacement calculé avec une seconde fonction de hachage. La formule de calcul de la série des positions testées est la suivante, avec i variant de 0 à M–1 :

$$(h_1(c) + (i \times h_2(c))\ ) \text{ modulo } M$$

La première fonction de hachage (h_1) est la fonction principale présentée précédemment. La seconde fonction de hachage (h_2) doit être choisie avec soin afin de s'assurer que toutes les positions de la table seront examinées. En pratique, elle doit respecter les mêmes règles que la fonction principale et utiliser un modulo légèrement inférieur à M, comme M–1 ou M–2. Le choix de M devient important, car si on prend par exemple le nombre premier 109, alors 109–2=107 est aussi premier, ce qui permet d'avoir une répartition uniforme et aléatoire pour les deux fonctions de hachage. Il existe beaucoup d'autres pairs de nombres premiers qui ont une différence de 2, comme 2 593 et 2 591. La figure 7.3 présente le processus du hachage double. L'écriture du programme qui utilise la table de hachage à adressage ouvert est proposée à l'exercice 4.

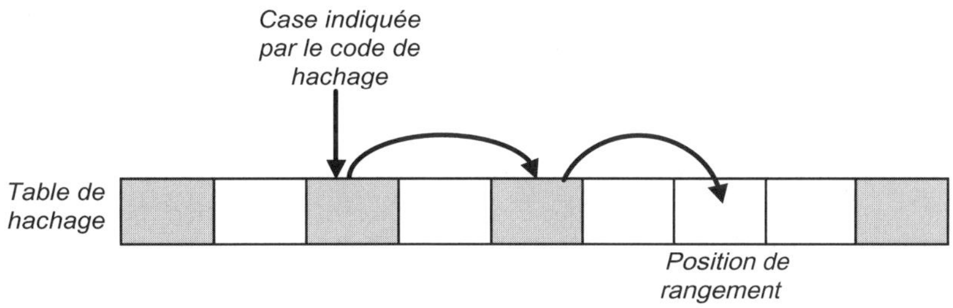

Figure 7.3

Double hachage.

5 Les arbres de recherche équilibrés

5.1 Principe

Le chapitre 5 a abordé les *arbres de recherche*, et montré comment utiliser les arbres binaires pour ordonner les données au fur et à mesure de la construction de l'arbre. La recherche d'une donnée dans un tel arbre parcourt chaque nœud en suivant le fils gauche ou le fils droit, selon que la donnée à trouver est plus petite ou plus grande que celle du nœud visité, jusqu'à atteindre le nœud recherché. La recherche proprement dite a été présentée au chapitre 5. Nous ne la détaillons pas de nouveau. Cependant, la rapidité de la recherche dépend de la construction de l'arbre. C'est cet aspect qui est traité dans cette section.

La complexité de l'algorithme de recherche dépend de *l'équilibre de l'arbre*. Si l'ensemble des données sont réparties de manière uniforme dans l'arbre, alors les feuilles ou nœuds terminaux sont tous au même niveau. On dit que *l'arbre est équilibré*. Dans ce cas idéal, la complexité de la recherche est en O(log N), car chaque descente d'un niveau dans l'arbre divise par 2 le nombre de données à comparer. Dans le cas extrême où toutes les données sont initialement ordonnées par ordre croissant, la construction de l'arbre de recherche va produire un arbre totalement déséquilibré. Chaque nouvelle valeur plus grande que la précédente s'insère comme fils droit de celle-ci. L'arbre final ne possède qu'une seule branche, qui ne contient que des fils droits. La recherche de la dernière valeur provoque le parcours de la totalité des nœuds. L'algorithme est alors en O(N), ce qui est beaucoup moins performant puisque la complexité est équivalente à celle d'une simple recherche séquentielle dans une liste de données. Dans ce cas, l'organisation des données en arbre binaire n'est plus justifiée.

L'équilibre de l'arbre est primordial pour la performance de l'algorithme de recherche. Cette section montre comment obtenir des *arbres équilibrés* par la méthode proposée par Adel'son-Vel'skii et Landis en 1962. Ces structures d'arbres équilibrés se nomment *arbres AVL* (des initiales de leurs inventeurs).

5.2 Fonctionnement d'un arbre AVL

Un *arbre AVL* est un arbre binaire de recherche possédant une information supplémentaire pour chaque nœud, son *facteur d'équilibre*. Le facteur d'équilibre d'un nœud est une valeur entière positive ou négative, qui représente l'équilibre du sous-arbre débutant à ce nœud. Il correspond à la hauteur du sous-arbre qui part du fils gauche, moins la hauteur du sous-arbre qui part du fils droit. Si la valeur est 0, le sous-arbre est équilibré. Cela signifie que la plus grande longueur de la branche gauche est égale à la plus grande longueur de la branche droite. Les nœuds terminaux des deux branches sont au même niveau. Si la valeur est positive, c'est que le sous-arbre *pèse à gauche*. Si elle est négative, il *pèse à droite*. Un arbre AVL est globalement équilibré quand l'ensemble de ses sous-arbres le sont. Il n'est pas toujours possible d'avoir un sous-arbre parfaitement équilibré, aussi une variation de +1 à –1 est admise.

L'équilibrage de l'arbre se fait durant sa construction. À chaque insertion d'un nouveau nœud, on recalcule les facteurs d'équilibre des nœuds parcourus. La figure 7.4 montre le facteur d'équilibre des nœuds de l'arbre de recherche créé à partir de la suite de valeurs 26, 41, 33, 50, 65, 20, 22, 18, sans qu'aucun rééquilibrage ne soit effectué.

Figure 7.4

Facteurs d'équilibre d'un arbre, sans rééquilibrage.

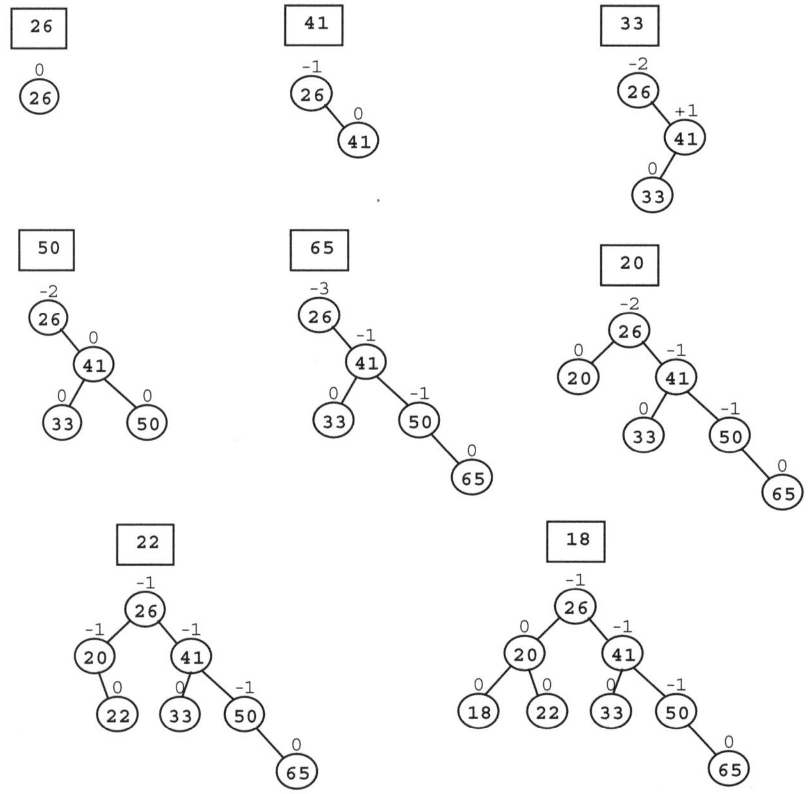

Cette figure montre que le facteur d'équilibre du nœud 26 passe à –2 à l'insertion de la valeur 33. Le passage d'un facteur d'équilibre à +2 ou à –2 doit provoquer le rééquilibrage du sous-arbre, dont la racine est le nœud déséquilibré. De cette façon, les facteurs d'équilibre restent compris entre +1 et –1, et l'arbre AVL reste globalement équilibré. Le rééquilibrage du sous-arbre s'obtient par une *rotation des nœuds* du sous-arbre déséquilibré.

5.3 Gestion du facteur d'équilibre

La première difficulté à résoudre est la modification du facteur d'équilibre à chaque insertion d'un nouveau nœud. On modifie le type `NoeudArbre` présenté au chapitre 5 pour ajouter le champ `facteur_équilibre`.

```
Type NoeudArbre en Enregistrement
                 champ  valeur             en Entier
                 champ  facteur_équilibre  en Entier
```

```
            champs gauche,droit        en Pointeurs de NoeudArbre
          Fin d'Enregistrement
```

Ce facteur doit être mis à jour lors de la remontée des appels récursifs de la fonction `insertion_noeud()`. Cette fonction (dont une version itérative est présentée à l'exercice 7 du chapitre 5) admet deux paramètres : le nœud racine du sous-arbre dans lequel il faut effectuer l'insertion et le nouveau nœud à insérer. Elle insère le nouveau nœud comme fils gauche ou fils droit du nœud visité (la racine du sous-arbre), selon que sa valeur est plus petite ou plus grande, si ce nœud ne possède pas de fils à cette position. Si le nœud visité possède déjà un fils à l'emplacement d'insertion désiré, il suffit de rappeler la fonction sur le fils droit ou gauche (selon l'insertion gauche/droite voulue) pour poursuivre la descente dans l'arbre, et essayer d'insérer le nouveau nœud au niveau inférieur.

Quand la position d'insertion est atteinte, il faut mettre le facteur d'équilibre du nouveau nœud à 0, et retourner la valeur +1 si le nœud est inséré à gauche, –1 s'il est inséré à droite. Au retour de l'appel récursif, il faut mettre à jour le facteur d'équilibre du nœud supérieur en ajoutant la valeur absolue du retour si c'est le fils gauche qui a été parcouru, ou en retirant la valeur absolue du retour si c'est le fils droit qui a été parcouru. Il faut ensuite retourner le facteur d'équilibre de ce nœud à l'appel récursif précédent, et ainsi de suite. Prenons l'exemple de l'insertion de la valeur 22 présentée à la figure 7.4. Ce nœud s'insère comme fils droit de la valeur 20. Avant l'insertion, le facteur d'équilibre de la racine (26) est –2, et celui de nœud 20 est 0. La valeur 22 est insérée comme fils droit de 20 avec une valeur d'équilibre à 0. On fait remonter la valeur –1 (insertion à droite) à l'appel récursif précédent, ce qui positionne le facteur d'équilibre du nœud 20 à –1 (0 moins valeur absolue de –1). Ce facteur d'équilibre est retourné à l'appel précédent, ce qui positionne le facteur de la racine (26) à –1 (–2 plus valeur absolue de –1, donc –2+1). L'écriture de la fonction `insertion_noeud()` est proposée à l'exercice 5.

La modification du facteur d'équilibre d'un nœud (au retour d'un appel récursif) peut provoquer un déséquilibre du sous-arbre dont il est la racine. Si c'est le cas, il faut rééquilibrer le sous-arbre par la rotation appropriée, avant de poursuivre la remontée.

5.4 Rotations des arbres AVL

Une rotation réarrange les nœuds du sous-arbre pour le rééquilibrer en conservant les propriétés de l'arbre de recherche. Le fils gauche doit être inférieur au père, qui doit être inférieur au fils droit. Il n'existe que quatre rotations, nommées *gauche-gauche*, *gauche-droite*, *droite-droite* et *droite-gauche* selon la position initiale du *fils* (droit ou gauche) et du *petit-fils* (droit ou gauche du fils). Ainsi, la rotation à mettre en œuvre pour rééquilibrer l'arbre à l'insertion de la valeur 33 (voir figure 7.4) pour le sous-arbre qui débute au nœud 26 est *droite-gauche*. À l'insertion de la valeur 33, le sous-arbre qui débute à la valeur 26 devient déséquilibré (–2), vers le fils *droit* et le petit-fils *gauche*.

Les rotations sont regroupées en deux catégories : les *rotations gauches* (gauche-gauche et gauche-droite) quand le facteur d'équilibre passe à +2, et les *rotations droites* (droite-droite et droite-gauche) quand le facteur d'équilibre passe à –2.

La rotation gauche-gauche

La rotation *gauche-gauche* est déterminée quand le facteur d'équilibre du nœud racine du sous-arbre est égal à +2 et que le facteur d'équilibre du *fils gauche* de ce nœud est égal à +1. Soit *s_arbre* le nœud racine du sous-arbre, et *fils_gauche* son fils gauche. Le *petit_fils* est le fils gauche de *fils_gauche*.

Pour réaliser cette rotation, on affecte le fils droit de *fils_gauche* au pointeur gauche de *s_arbre* (étape 1). On affecte l'adresse de *s_arbre* au pointeur droit de *fils_gauche* (étape 2). On affecte ensuite l'adresse de *fils_gauche* au pointeur qui désigne *s_arbre* (étape 3). Cette dernière manipulation suppose qu'il faut connaître le père de *s_arbre* pour pouvoir modifier son fils (gauche ou droit) qui pointe sur *s_arbre*. Il faut donc modifier la liste des paramètres de la fonction `insertion_noeud()` pour transmettre l'adresse du père en plus du nœud racine du sous-arbre et du nouveau nœud à insérer.

À la fin de la rotation, le facteur d'équilibre de *s_arbre* est mis à 0, ainsi que celui de *fils_gauche*. Les autres restent inchangés. La figure 7.5 présente cette rotation provoquée par l'insertion du nœud 18.

Figure 7.5

Rotation gauche-gauche.

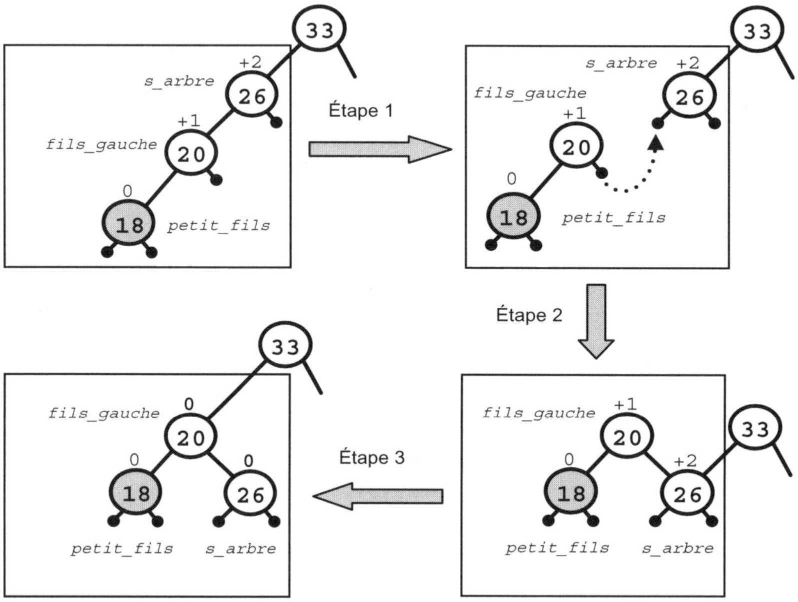

La rotation gauche-droite

La rotation *gauche-droite* est plus complexe. Elle est déterminée quand le facteur d'équilibre du nœud racine du sous-arbre est égal à +2 et que le facteur d'équilibre du *fils gauche* de ce nœud est égal à –1. Soit *s_arbre* le nœud racine du sous-arbre, et *fils_gauche* son fils gauche. Le *petit_fils* est le fils droit de *fils_gauche*.

Pour réaliser cette rotation, on affecte le fils gauche de *petit_fils* au pointeur droit de *fils_gauche* (étape 1). On affecte l'adresse de *fils_gauche* au pointeur gauche de *petit_fils* (étape 2). On affecte le fils droit de *petit_fils* au fils gauche de *s_arbre* (étape 3). On affecte l'adresse de *s_arbre* au fils droit de *petit_fils* (étape 4). On affecte ensuite l'adresse de *petit_fils* au pointeur qui désigne *s_arbre* (étape 5), soit le pointeur du père qui désigne *s_arbre*.

Le réajustement des facteurs d'équilibre dépend du facteur initial de *petit_fils*. S'il vaut +1, celui de *s_arbre* est positionné à –1, et celui de *fils_gauche* prend la valeur 0. S'il vaut 0, les facteurs de *s_arbre* et de *fils_gauche* prennent la valeur 0. S'il vaut –1, le facteur de *s_arbre* est mis à 0, et celui de *fils_gauche* prend la valeur +1. Enfin, le facteur de *petit_fils* est remis à 0, dans tous les cas. La figure 7.6 présente cette rotation provoquée par l'insertion du nœud 22.

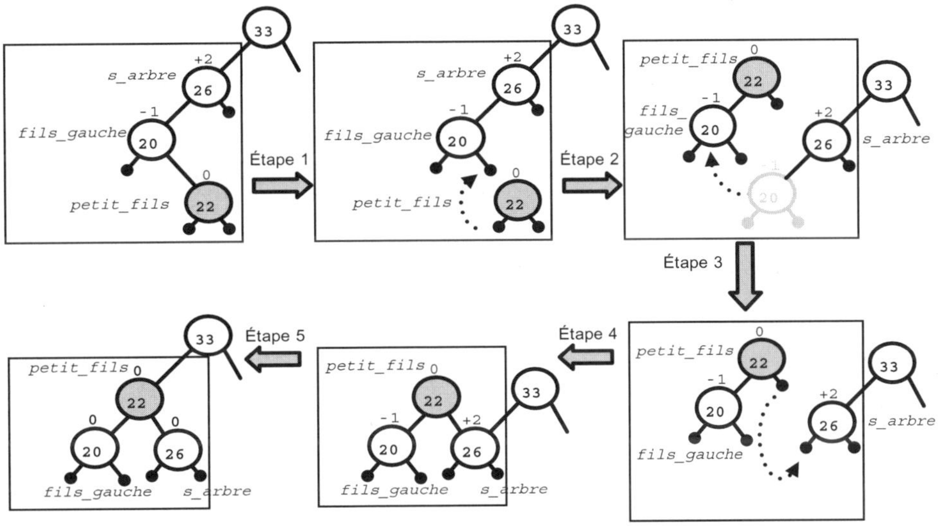

Figure 7.6

Rotation gauche-droite.

La rotation droite-droite

La rotation *droite-droite* est symétrique à la rotation *gauche-gauche*. Elle est déterminée quand le facteur d'équilibre du nœud racine du sous-arbre est égal à –2 et que le facteur d'équilibre du *fils droit* de ce nœud est égal à –1. Soit *s_arbre* le nœud racine du sous-arbre, et *fils_droit* son fils droit. Le *petit_fils* est le fils droit de *fils_droit*.

Pour réaliser cette rotation, on affecte le fils gauche de *fils_droit* au pointeur droit de *s_arbre* (étape 1). On affecte l'adresse de *s_arbre* au pointeur gauche de *fils_droit* (étape 2). On affecte ensuite l'adresse de *fils_droit* au pointeur qui désigne *s_arbre* (étape 3), soit le fils du père qui désigne *s_arbre*.

À la fin de la rotation, le facteur d'équilibre de *s_arbre* est mis à 0, ainsi que celui de *fils_droit*. Les autres restent inchangés. La figure 7.7 présente cette rotation provoquée par l'insertion du nœud 45.

Figure 7.7

Rotation droite-droite.

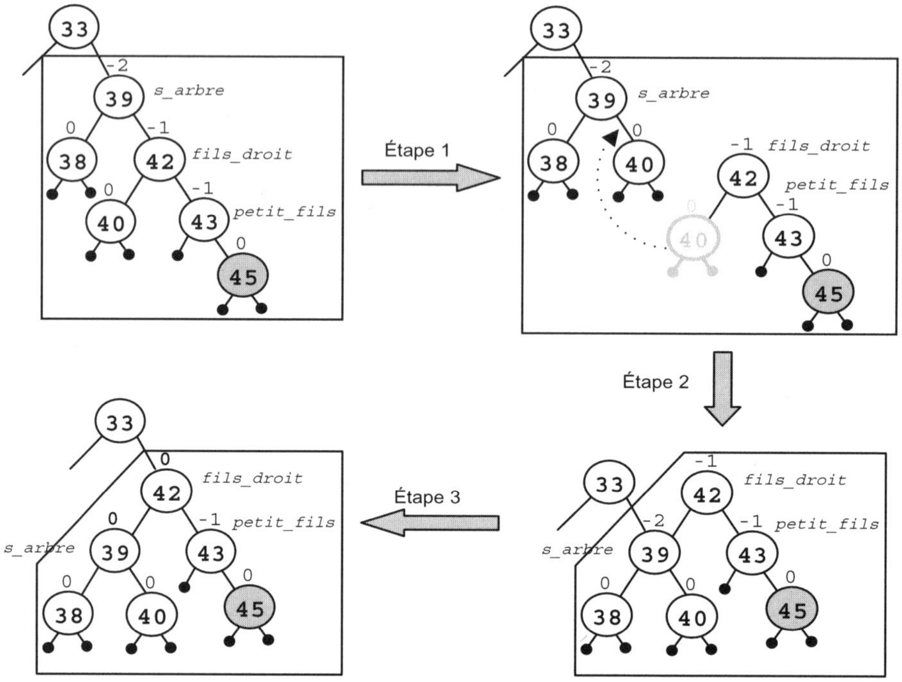

La rotation droite-gauche

La rotation *droite-gauche* est symétrique à la rotation *gauche-droite*. Elle est déterminée quand le facteur d'équilibre du nœud racine du sous-arbre est égal à –2 et que le facteur d'équilibre du *fils droit* de ce nœud est égal à +1. Soit *s_arbre* le nœud racine du sous-arbre, et *fils_droit* son fils droit. Le *petit_fils* est le fils gauche de *fils_droit*.

Pour réaliser cette rotation, on affecte le fils droit de *petit_fils* au pointeur gauche de *fils_droit* (étape 1). On affecte l'adresse de *fils_droit* au pointeur droit de *petit_fils* (étape 2). On affecte le fils gauche de *petit_fils* au fils droit de *s_arbre* (étape 3). On affecte l'adresse de *s_arbre* au fils gauche de *petit_fils* (étape 4). On affecte ensuite l'adresse de *petit_fils* au pointeur qui désigne *s_arbre* (étape 5), soit le pointeur du père qui désigne *s_arbre*.

Le réajustement des facteurs d'équilibre dépend du facteur initial de *petit_fils*. S'il vaut +1, celui de *s_arbre* est positionné à 0, et celui de *fils_droit* prend la valeur –1. S'il vaut 0, les facteurs de *s_arbre* et de *fils_droit* prennent la valeur 0. S'il vaut –1, le facteur de *s_arbre* est mis à +1, et celui de *fils_droit* prend la valeur 0. Enfin, le facteur de *petit_fils* est remis à 0, dans tous les cas. La figure 7.8 présente cette rotation provoquée par l'insertion du nœud 38.

Figure 7.8

Rotation droite-gauche.

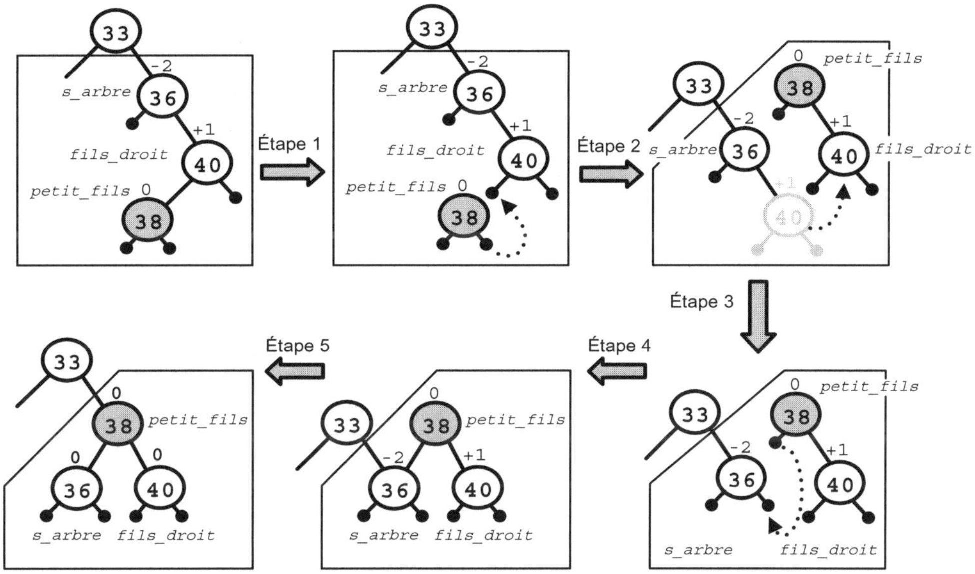

L'écriture des fonctions de rotation est proposée à l'exercice 5.

Résumé

Ce chapitre a présenté plusieurs algorithmes de recherche très divers. Cela va de la recherche séquentielle, qui propose une méthode simple de recherche, à des algorithmes plus sophistiqués, comme la recherche dichotomique ou par interpolation dont les performances sont nettement meilleures. Enfin, des algorithmes plus complexes, comme les tables de hachage et les arbres AVL, proposent une approche radicalement différente en organisant les données pour proposer une méthode d'accès rapide. La recherche par table de hachage est couramment utilisée avec les compilateurs, les systèmes d'exploitation ou les bases de données, car elle allie performance et gestion optimale de la mémoire.

Dans tous les cas, il faut utiliser la méthode qui semble la plus adaptée au contexte du programme. Ainsi, la recherche séquentielle, qui possède l'avantage de parcourir les données dans leur état brut sans avoir besoin de les trier ou de les réorganiser, peut être satisfaisante pour un faible nombre de données.

Problèmes et exercices

Les cinq exercices proposés portent respectivement sur les cinq algorithmes de recherche présentés dans ce chapitre.

EXERCICE 1 RECHERCHE DANS UNE LISTE DE PERSONNES

Énoncé

Écrivez une procédure de recherche séquentielle qui recherche dans une liste de personnes toutes celles qui portent le même nom. La donnée personne sera un enregistrement qui contient un champ nom et un champ prénom. La clef de recherche sera le nom. Le résultat de la recherche sera rangé dans un tableau de résultats qui contient les indices des cases du tableau de données, où se trouvent les données recherchées.

Solution

La liste des personnes est gérée par un tableau d'enregistrements, tab_personnes. Le nombre de personnes nbpersonnes aide à la gestion du tableau. La fonction recherche_liste() admet deux paramètres, nomrech qui est le nom des personnes recherchées, et résultats qui est le tableau des résultats. Ce tableau contient la liste des indices des cases de tab_personnes, où se trouvent les personnes recherchées. recherche_liste() retourne le nombre de personnes trouvées.

```
Fonction recherche_liste(nomrech, résultats)
Déclarations
  Paramètre  nomrech       en chaîne
  Paramètre  résultats     en Tableau[20] d'Entiers
  Variables i, nbtrouvé    en Entier
Début
  i ← 0
  nbtrouvé ← 0
  Tant que (i<nbpersonnes) Faire // boucle de recherche
    Si (tab_personnes[i].nom = nomrech) Alors
         résultats[nbtrouvé] ← i
         nbtrouvé ← nbtrouvé+1
    FinSi
    i ← i+1
  FinTantQue
  retourner nbtrouvé
Fin
```

Voici le programme Java recherche_liste_personnes.java qui implémente cet algorithme :

« Java »

```
// recherche_liste_personnes.java
import java.io.*;
import java.util.*;
class CPersonne {
  private String nom    ;
  private String prenom ;
  // constructeur
  public CPersonne() {
  Scanner Entree=new Scanner(System.in);
  System.out.printf("Nom Prénom : ") ;
  nom=Entree.next();
  prenom=Entree.next() ; }
  public String get_nom(){return nom;}
  public String get_prenom(){return prenom;}
}
```

```
class CResultat {
  protected int[] resultats     ;
  protected int nb_pers_trouvees;
  // constructeur
  public CResultat() {nb_pers_trouvees=0;resultats=null;}
}
class CTabPersonnes extends CResultat {
  private CPersonne[] tab_personnes;
  private int nbpersonnes          ;
  // constructeur
  public CTabPersonnes() {super();nbpersonnes=0;tab_personnes=null;}
  // --- méthode saisie_liste() ---
  public void saisie_liste()
  { System.out.printf("Nombre de personnes à saisir : ") ;
    Scanner Entree=new Scanner(System.in);
    nbpersonnes=Entree.nextInt() ;
    tab_personnes=new CPersonne[nbpersonnes];
    for (int i=0 ; i<nbpersonnes ; i++)
    { CPersonne pers = new CPersonne(); tab_personnes[i]=pers ; }
  }
  // --- méthode recherche_liste() ---
  public int recherche_liste(String nomrech)
  { int i=0, nbtrouve=0 ;
    resultats=new int[nbpersonnes];
    while (i<nbpersonnes)
    { if ((tab_personnes[i++].get_nom()).equals(nomrech))
           resultats[nbtrouve++]=i-1 ; }
    return nbtrouve ;
  }
  // --- méthode affichage_liste() ---
  public void affichage_liste(int nb_pers_trouvees)
  { if (nb_pers_trouvees==0)
       System.out.printf("Aucune personne trouvée\n") ;
    else
    { System.out.printf("Liste des personnes trouvés\n") ;
      for (int i=0 ; i< nb_pers_trouvees ; i++)
      { int j=resultats[i] ;
        System.out.printf("%d : ",j+1) ;
        System.out.printf("%s ",tab_personnes[j].get_nom());
        System.out.printf("%s\n",tab_personnes[j].get_prenom());}
    }
  }
}
// ========================================================
public class recherche_liste_personnes {
 public static void main(String[] args) {
  CTabPersonnes Liste  =new CTabPersonnes();
  // saisie de la liste de personnes
  Liste.saisie_liste();
  String nom_recherche ;
  System.out.printf("Nom à rechercher : ") ;
  Scanner Entree = new Scanner(System.in);
  nom_recherche=Entree.nextLine() ;
  // appel de la procédure de recherche
  int nb_pers_trouvees=Liste.recherche_liste(nom_recherche) ;
  // affichage du résultat
  Liste.affichage_liste(nb_pers_trouvees);
 }
}
```

Voici un exemple d'exécution :

```
$ java recherche_liste_personnes
Nombre de personnes à saisir : 4
Nom Prénom : dupont jacques
Nom Prénom : durand pierre
```

```
Nom Prénom : kasma sophie
Nom Prénom : dupont michel
Nom à rechercher : dupont
Liste des personnes trouvées
1 : dupont jacques
4 : dupont michel
```

EXERCICE 2 RECHERCHE DICHOTOMIQUE ITÉRATIVE

Énoncé

Écrivez une version itérative de la fonction `recherche_dichotomique()` étudiée à la section 2 de ce chapitre. Cette fonction utilisera une boucle qui simulera les appels récursifs. À chaque itération, on vérifiera si la donnée recherchée n'est pas située au milieu de l'intervalle traité, sinon on le divisera en deux parties et on modifiera les bornes de l'intervalle actuel pour la prochaine itération, pour qu'il désigne la partie gauche ou droite selon la valeur de la donnée de recherche.

Solution

La fonction itérative présentée utilise une boucle TANT QUE, qui tourne tant que `début` et `fin` (les bornes de l'intervalle) ne s'inversent pas. À chaque itération, on regarde si la case `milieu` contient la valeur recherchée. Dans ce cas, on retourne `milieu`. Sinon, on modifie l'intervalle de recherche pour la prochaine itération. `début` prend la valeur `milieu+1` si la valeur est dans le sous-ensemble droit (`fin` reste inchangé). `fin` prend la valeur `milieu-1` si la valeur est dans le sous-ensemble gauche (`début` reste alors inchangé).

```
Fonction recherche_dichotomique(tab,début,fin,valrech)
Déclarations
  Paramètre  tab    en Tableau[100] d'Entiers
  Paramètres début, fin, valrech   en Entier
  Variables milieu                 en Entier
  Constante NON_TROUVÉ = -1
Début
  Tant que (début<=fin) Faire
    milieu ← (début+fin) DIV 2
    Si (valrech=tab[milieu]) Alors
      retourner milieu
    Sinon Si (valrech<tab[milieu]) Alors
      fin ← milieu-1
    Sinon
      début ← milieu+1
    FinSi
  FinTantQue
  retourner NON_TROUVÉ
Fin
```

Voici le programme Java `recherche_dichotomique_iterative_trace.java`. Il utilise la méthode `tri_insertion()` étudiée au chapitre 6 et présentée avec la recherche dichotomique récursive. Les instructions de cette méthode sont remplacées par des pointillés.

« Java »

```
// recherche_dichotomique_iterative_trace.java
import java.io.*;
import java.util.*;
class CTabvaleurs {
  static final int TAILLE=50;
  // TRACE
  static int appel=0;
  // TRACE
  static final int NON_TROUVE=-1;
  private int[] tab_valeurs ;
  private int nbval        ;
```

```
  // constructeur
  public CTabvaleurs() {tab_valeurs=new int[TAILLE];nbval=0;}
  // autres méthodes
  protected int debut(){return 0;};
  protected int fin(){return nbval-1;};
  public void affichage()
  { for (int i=0 ;i<nbval ;i++)
        System.out.printf("%3d", tab_valeurs[i]) ;
    System.out.printf("\n") ;
  }
  public void affichage(int numero, int valrech)
  {if (numero==NON_TROUVE)
     System.out.printf("%d non trouvé !\n",valrech) ;
   else
     System.out.printf("%d trouvé en position %d\n",valrech,numero+1);
  }
  public void chargement()
  { int val=0;
    System.out.printf("Entrez une liste de valeurs entières ") ;
    System.out.printf("terminées par -1 : \n") ;
    Scanner Entree = new Scanner(System.in);
    while (val != -1)
    { val=Entree.nextInt() ;
      if (val != -1) tab_valeurs[nbval++]=val ; }
  }
  // --- méthode tri_insertion() ---
  public void tri_insertion() { ... }
  // --- méthode recherche_dichotomique() ---
  public int recherche_dichotomique(int debut,int fin,int valrech)
  { while (debut<=fin)
    { int milieu=(debut+fin)/2 ;
      // TRACE
      appel++;
      System.out.printf("%d: debut=%d  ",appel,debut);
      System.out.printf("fin=%d  milieu=%d\n",fin,milieu);
      // TRACE
      if (valrech==tab_valeurs[milieu]) return milieu ;
      else if (valrech<tab_valeurs[milieu]) fin=milieu-1 ;
      else debut=milieu+1 ;
    }
    return NON_TROUVE;
  }
}
// === Programme principal ===
public class recherche_dichotomique_iterative_trace {
 public static void main(String[] args) {
  CTabvaleurs Liste = new CTabvaleurs() ;
  Liste.chargement()  ;
  // appel de la procédure de tri
  Liste.tri_insertion() ;
  // affichage du résultat du tri
  System.out.printf("Données triées : \n") ;
  Liste.affichage() ;
  System.out.printf("Entrez une valeur à rechercher : ");
  Scanner Entree = new Scanner(System.in);
  int val_recherche=Entree.nextInt();
  // appel de la procédure de recherche
  int numcase=Liste.recherche_dichotomique(Liste.debut(),
                                    Liste.fin(),val_recherche);
  Liste.affichage(numcase,val_recherche)       ;
  Entree.close();
 }
}
```

Voici un exemple d'exécution de ce programme. Le numéro de l'itération ainsi que les bornes de l'intervalle de recherche sont affichés. La valeur 18 est localisée en 5 itérations, dans la case 5 du tableau, soit en 6e position dans la liste.

```
$ java recherche_dichotomique_iterative_trace
Entrez une liste de valeurs entières terminée par -1:
12 54 65 98 52 7 6 3 11 95 42 24 25 26 87 38 31 30 34 31 18 20 21 78 74 73 72 71 70 -1
Données triées :
3  6  7 11 12 18 20 21 24 25 26 30 31 31 34 38 42 52 54 65 70 71 72 73 74 78 87 95 98
Entrez une valeur à rechercher : 18
1: debut=0 fin=28 milieu=14
2: debut=0 fin=13 milieu=6
3: debut=0 fin=5 milieu=2
4: debut=3 fin=5 milieu=4
5: debut=5 fin=5 milieu=5
18 trouvé en position 6
```

EXERCICE 3 RECHERCHE PAR INTERPOLATION ITÉRATIVE

Énoncé Écrivez la fonction recherche_interpolation() qui implémente l'algorithme du même nom, en modifiant la fonction recherche_dichotomique() de l'exercice précédent.

Solution La fonction itérative recherche_interpolation() évalue la borne inférieure de l'intervalle de recherche par le calcul présenté à la section 3 de ce chapitre. La boucle de recherche s'arrête quand le calcul du décalage de la nouvelle borne par rapport à la limite inférieure de l'intervalle est négatif. Cela se produit quand la valeur recherchée n'est pas trouvée. La valeur de la borne supérieure n'est jamais modifiée.

```
Fonction recherche_interpolation(tab,début,fin,valrech)
Déclarations
  Paramètre  tab    en Tableau[100] d'Entiers
  Paramètres début, fin, valrech   en Entier
  Variables borne                  en Entier
  Variables x,y,décalage           en Réel
Début
  décalage ← 1
  Tant que (décalage>=0) Faire
    // formule d'estimation
    décalage ← (valrech-tab[début])*((fin-début)/(tab[fin]-tab[début]))
    borne ← début+décalage
    Si (valrech=tab[borne]) Alors
      retourner borne
    Sinon
      début ← borne+1
    FinSi
  FinTantQue
  retourner NON_TROUVÉ
Fin
```

Voici le programme Java recherche_par_interpolation_trace.java. Les méthodes identiques au programme recherche_dichotomique_iterative_trace.java sont remplacées par des pointillés.

« Java »

```
// recherche_par_interpolation_trace.java
import java.io.*;
import java.util.*;
class CTabvaleurs {
  static final int TAILLE=50;
  static final int NON_TROUVE=-1;
  private int[] tab_valeurs ;
```

```
  private int nbval         ;
  // constructeur
  public CTabvaleurs() {tab_valeurs=new int[TAILLE];nbval=0;}
  // autres méthodes
  protected int debut(){return 0;};
  protected int fin(){return nbval-1;};
  public void affichage() { ... }
  public void affichage(int numero, int valrech) { ... }
  public void chargement() { ... }
  public void tri_insertion() { ... }
  // --- méthode recherche_par_interpolation() ---
  public int recherche_interpolation(int debut,int fin,int valrech)
  {int appel=1;int decalage=1     ;
   while (decalage>=0)
   {double x=tab_valeurs[fin]-tab_valeurs[debut] ; double y;
    if ((tab_valeurs[fin]-tab_valeurs[debut])>0.0) y=(fin-debut)/x;
    else y=0.0;
    decalage=(int)((valrech-tab_valeurs[debut])*y);
    int borne=debut+decalage;
    // TRACE
    System.out.printf("%d: début=%d fin=%d ",appel++,debut,fin);
    System.out.printf("décalage=%d borne=%d\n",decalage,borne);
    // TRACE
    if ((borne>=0)&&(valrech==tab_valeurs[borne])) return borne ;
    else debut=borne+1 ;
   }
   return NON_TROUVE;
  }
}
// === Programme principal ===
public class recherche_par_interpolation_trace {
 public static void main(String[] args) {
  CTabvaleurs Liste = new CTabvaleurs() ;
  Liste.chargement()  ;
  // appel de la procédure de tri
  Liste.tri_insertion() ;
  // affichage du résultat du tri
  System.out.printf("Données triées : \n") ;
  Liste.affichage() ;
  System.out.printf("Entrez une valeur à rechercher : ");
  Scanner Entree = new Scanner(System.in);
  int val_recherche=Entree.nextInt();
  // appel de la procédure de recherche
  int numcase=Liste.recherche_interpolation(Liste.debut(),
                              Liste.fin(),val_recherche);
  Liste.affichage(numcase,val_recherche)       ;
  Entree.close();
 }
}
```

Voici une exécution de ce programme sur les mêmes données que l'exercice précédent. Alors que la fonction recherche_dichotomique() localise la valeur 18 en 5 itérations, la fonction recherche_interpolation() n'en a besoin que de 2. Cette amélioration des performances est encore plus nette avec un nombre plus important de données.

```
$ java recherche_par_interpolation_trace
Entrez une liste de valeurs entières terminée par -1:
12 54 65 98 52 7 6 3 11 95 42 24 25 26 87 38 31 30 34 31 18 20 21 78 74 73 72 71 70 -1
Données triées :
3 6 7 11 12 18 20 21 24 25 26 30 31 31 34 38 42 52 54 65 70 71 72 73 74 78 87 95 98
Entrez une valeur à rechercher : 18
1: début=0 fin=28  décalage=4  borne=4
2: début=5 fin=28  décalage=0  borne=5
18 trouvé en position 6
```

Exercice 4 Hachage à adressage ouvert

Énoncé

Modifiez les fonctions de traitement d'une table de hachage chaînée, initialisation_table(), insertion_élément() et recherche_élément(), présentées à la section 4 de ce chapitre pour effectuer le traitement sur une table de hachage à adressage ouvert. Modifiez également l'enregistrement personne_t qui décrit une personne (nom, prénom) pour l'adapter à la nouvelle table. Vous utiliserez le hachage double et écrirez la seconde fonction de hachage code_hachage2().

Solution

Le type personne_t n'a plus besoin des deux champs pointeurs, puisque les données sont directement rangées dans la table de hachage. Voici le nouveau type :

```
Type personne_t  en Enregistrement
                        champ nom      en Chaîne
                        champ prénom   en Chaîne
                    Fin d'Enregistrement
```

La seconde fonction de hachage est une simple copie de la première. Seule la valeur constante M change. Elle passe à 107, soit 109 – 2.

```
Fonction code_hachage2(clef)
Déclaration
  ...
  Constante M=107
Début
  ...
  retourner (res MOD M)
Fin
```

La table de hachage est un tableau d'enregistrements de type personne_t :

```
Variable table_hachage en tableau[M] de personne_t
```

La procédure initialisation_table() affecte les champs nom et prénom de chaque case de la table par une chaîne vide.

```
Procédure initialisation_table()
Déclarations
  Variable i en Entier
Début
  Pour i variant de 0 à M-1 Faire
    table_hachage[i].nom ← ""
    table_hachage[i].prénom ← ""
  FinPour
Fin
```

La procédure d'insertion calcule le numéro de la case d'insertion à partir des deux fonctions de hachage. Chaque case dont le numéro est calculé est testée. La boucle s'arrête quand une case libre est trouvée, ou quand toute la table a été parcourue.

```
Procédure insertion_élément(nouvel_élément)
Déclarations
  Paramètre nouvel_élément           en personne_t
  Variables code1, code2, numcase, i en Entier
  Variable terminé                   en Booléen
Constante M=109
Début
  i ← 0
  terminé ← FAUX
  code1 ← code_hachage1(nouvel_élément.nom)
  code2 ← code_hachage2(nouvel_élément.nom)
  Tant que ( (NON terminé) ET (i<M)) Faire
    numcase ← (code1+(i*code2)) MOD M
```

```
    Si (table_hachage[numcase].nom = "") Alors
      table_hachage[numcase] ← nouvel_élément
      terminé ← VRAI
    Sinon
      i ← i+1
    FinSi
  FinTantQue
  Si ( NON terminé) Alors
     Écrire("insertion impossible, table pleine !")
  FinSi
Fin
```

La fonction de recherche est semblable à la fonction d'insertion. Elle calcule le numéro de la case à partir des fonctions de hachage et parcourt la table jusqu'à trouver la donnée. Si la case testée est vide ou si toutes les cases ont été visitées, la fonction retourne NON_TROUVÉ qui correspond à la valeur –1.

```
Fonction recherche_élément(clef)
Déclaration
  Paramètre clef                    en chaîne
  Variables code1, code2, numcase, i en Entier
  Variable terminé                  en Booléen
  Variable élément                  en personne_t
  Constante NON_TROUVÉ = -1
  Constante M = 109
Début
  i ← 0
  terminé ← FAUX
  code1 ← code_hachage1(clef)
  code2 ← code_hachage2(clef)
  Tant que ( (NON terminé) ET (i<M)) Faire
    numcase ← (code1+(i*code2)) MOD M
    Si (table_hachage[numcase].nom = clef) Alors
      terminé ← VRAI
      retourner numcase
    Sinon
      i ← i+1
    FinSi
  FinTantQue
  Si (NON terminé) Alors
     retourner NON_TROUVÉ
  FinSi
Fin
```

Voici le programme Java hachage3.java. La valeur M est représentée par TAILLE_TABLE. Ce programme propose les méthodes de suppression d'un élément et d'affichage de la table. Il affiche les codes de hachage des éléments insérés. La méthode de hachage principale, qui a été présentée à la section 4 avec le programme hachage.java, est remplacée par des pointillés.

« Java »

```
// hachage3.java
// --------------------
// adressage ouvert
// avec double hachage
// --------------------
import java.io.*;
import java.util.*;
class CPersonne {
  private String nom, prenom ;
  // constructeur
  public CPersonne(String _nom, String _prenom)
       {nom=new String(_nom);prenom=new String(_prenom);}
  // autres méthodes
  public String val_nom() {return this.nom;}
```

```
  public String val_prenom() {return this.prenom;}
}
class CTable {
  static final int TAILLE_TABLE=109;
  static final int NON_TROUVE=-1;
  private CPersonne[] table_hachage ;
  // constructeur
  public CTable() { table_hachage=new CPersonne[TAILLE_TABLE];
     for (int i=0;i<TAILLE_TABLE;i++) table_hachage[i]=null; }
  // --- méthode d'affichage de la table de hachage ---
  public void affichage_table()
  { System.out.printf("=== TABLE ===\n") ;
    for (int code=0 ; code<TAILLE_TABLE ; code++)
    { if (table_hachage[code] != null)
      { System.out.printf("--- code = %d ---\n",code) ;
        CPersonne element=table_hachage[code] ;
        System.out.printf("  %s ",element.val_nom()) ;
        System.out.printf("%s\n",element.val_prenom()) ;
      }
    }
  }
  // --- méthode d'insertion dans la table de hachage ---
  public void insertion_element(CPersonne nouvel_element)
  { int code1=code_hachage1(nouvel_element.val_nom()) ;
    int code2=code_hachage2(nouvel_element.val_nom()) ;
    System.out.printf("%-15s ",nouvel_element.val_nom()) ;
    System.out.printf("%-15s ",nouvel_element.val_prenom()) ;
    System.out.printf("-> codes hachage=%3d %3d",code1,code2) ;
    int i=0; boolean termine=false ;
    while ( (! termine) && (i<TAILLE_TABLE))
    { int numcase=(code1+(i*code2))%TAILLE_TABLE ;
      if (table_hachage[numcase]==null)
      { table_hachage[numcase]=nouvel_element ; termine=true ;
        System.out.printf("   insertion=%3d\n",numcase) ;
      }
      else i++ ;
    }
    if ( !termine)
       System.out.printf("insertion impossible, table pleine !\n") ;
  }
  // --- méthode de hachage principale---
  public int code_hachage1(String clef) { ... }
  // --- méthode de hachage secondaire---
  public int code_hachage2(String clef)
  { int res=0,M2=TAILLE_TABLE-2 ;
    int taille=clef.length();
    for (int i=0 ;i <taille ; i++)
    {  // 268435456 = 2 puissance 28
       // 16777216  = 2 puissance 24
       res=(res<<4)+clef.charAt(i) ; // (res*16)+clef[i]
       int tmp=(res & 0xf0000000) ;
       if (tmp!=0) // si res > 268435456
       {                        // tmp=(res DIV 268435456)*268435456
          res=res^(tmp>>24) ;   // res= res+(tmp DIV 16777216)
          res=res^tmp ;         // res=(res-tmp)
       }
    }
    // résultat sur 32 bits non signés
    long resultat = res & 0xffffffffL;
    // on transforme le résultat du modulo en entier
    res = (int)(resultat%M2) ; // modulo M2
    return res ;
  }
  // --- méthode de recherche dans la table de hachage ---
  public int recherche_element(String clef)
```

```
{ CPersonne element; int retour=NON_TROUVE;
  int code1=code_hachage1(clef) ;
  int code2=code_hachage2(clef) ;
  boolean termine=false ; int i=0;
  while ( (! termine) && (i<TAILLE_TABLE))
  { int numcase=(code1+(i*code2))%TAILLE_TABLE ;
    if ((table_hachage[numcase].val_nom()).equals(clef))
    { termine=true ; retour = numcase ; }
    else i++ ;
  }
  return retour ;
}
// --- suppression d'un élément dans la table ---
public void suppression_element(String clef)
{ int numcase=recherche_element(clef) ;
  if (numcase == NON_TROUVE)
     System.out.printf("%s non trouvé !",clef) ;
  else
    table_hachage[numcase]=null ;
}
}
// === Programme principal ===
public class hachage3 {
 public static void main(String[] args) {
  CTable TableHachage = new CTable() ;
  int nbpersonnes;
  String nom, prenom;
  System.out.printf("Nombre de personnes à saisir : ") ;
  Scanner Entree=new Scanner(System.in);
  nbpersonnes=Entree.nextInt() ;
  for (int i=0 ; i<nbpersonnes ; i++)
  { System.out.printf("Nom et Prénom : ") ;
    nom =Entree.next();
    prenom =Entree.next();
    CPersonne pers=new CPersonne(nom,prenom) ;
    TableHachage.insertion_element(pers) ;
  }
  TableHachage.affichage_table() ;
  System.out.printf("Nom de la personne à supprimer : ") ;
  nom=Entree.next() ;
  Entree.close();
  TableHachage.suppression_element(nom) ;
  TableHachage.affichage_table() ;
 }
}
```

Voici un exemple d'exécution :

```
$ java hachage3
Nombre de personnes à saisir : 3
Nom et Prénom : dupont jacques
dupont        jacques       -> codes hachage=104 100  insertion=104
Nom et Prénom : martin paul
martin        paul          -> codes hachage= 85  98  insertion= 85
Nom et Prénom : kasma sophie
kasma         sophie        -> codes hachage= 60  58  insertion= 60
=== TABLE ===
 --- code = 60 ---
  kasma sophie
--- code = 85 ---
  martin paul
--- code = 104 ---
  dupont jacques
Nom de la personne à supprimer : dupont
=== TABLE ===
 --- code = 60 ---
```

Exercices

```
  kasma sophie
--- code = 85 ---
  martin paul
```

EXERCICE 5 CONSTRUCTION D'UN ARBRE AVL

Énoncé

Cet exercice propose de construire un arbre AVL (arbre de recherche équilibré). Écrivez la fonction `insertion_noeud()` qui insère un nouveau nœud dans un arbre binaire de recherche, où chaque nœud possède un facteur d'équilibre. Cette fonction récursive admet trois paramètres : le nœud débutant le sous-arbre d'insertion, le nouveau nœud à insérer et le père du nœud débutant le sous-arbre. Quand la position d'insertion est trouvée, le nouveau nœud est inséré et la fonction retourne –1 ou +1, selon que l'insertion a été effectuée à droite ou à gauche. Sinon, la fonction est appelée récursivement sur le sous-arbre gauche ou droit selon la position d'insertion. Au retour d'un appel récursif, le facteur d'équilibre du nœud dont le fils a été parcouru doit être mis à jour. Si le nouveau facteur d'équilibre du nœud courant passe à +2 ou à –2, la fonction `insertion_noeud()` appellera la fonction de rotation appropriée, que vous écrirez, pour rééquilibrer le sous-arbre.

Solution

La fonction `insertion_noeud()` retourne le facteur d'équilibre du nœud racine du sous-arbre utilisé pour l'appel. La valeur absolue (variable k) de ce facteur est additionnée ou soustraite au facteur du nœud traité. La fontion déclenche l'appel de la rotation adéquate quand le facteur d'équilibre du nœud traité passe à +2 ou à –2. Une variable globale booléenne `rotation` dont la valeur est FAUX avant le premier appel de la fonction `insertion_noeud()` est positionnée à VRAI quand une rotation est effectuée car, dans ce cas, les facteurs d'équilibre des nœuds supérieurs n'ont pas besoin d'être modifiés. Voici cette fonction :

```
Fonction insertion_noeud(s_arbre, nouveau_noeud, père)
Déclarations
Paramètres s_arbre, nouveau_noeud, père en Pointeur de NoeudArbre
  Variable retour, k en Entier
Début
  Si (s_arbre = AUCUNE_ADRESSE) Alors // c'est la racine de l'arbre
    racine  ← nouveau_noeud
  Sinon // parcours du sous-arbre pour trouver la position d'insertion
    Si ( (*nouveau_noeud).valeur < (*s_arbre).valeur) Alors
      // insertion à gauche
      Si ( (*s_arbre).gauche = AUCUNE_ADRESSE) Alors
       (*s_arbre).gauche  ← nouveau_noeud
       retour ← +1
      Sinon
       retour ← insertion_noeud((*s_arbre).gauche,nouveau_noeud,s_arbre)
      FinSi
      Si ( NON rotation) Alors
        k ← valeur_absolue(retour)
        (*s_arbre).facteur_équilibre ← (*s_arbre).facteur_équilibre+k
      FinSi
      retour ← (*s_arbre).facteur_équilibre
    Sinon // (*nouveau_noeud).valeur > (*s_arbre).valeur
      // insertion à droite
      Si ((*s_arbre).droit = AUCUNE_ADRESSE) Alors
      (*s_arbre).droit ← nouveau_noeud
       retour ← -1
      Sinon
```

```
        retour ← insertion_noeud((*s_arbre).droit,nouveau_noeud,s_arbre)
        FinSi
        Si ( NON rotation) Alors
          k ← valeur_absolue(retour)
          (*s_arbre).facteur_équilibre ← (*s_arbre).facteur_équilibre-k
        FinSi
        retour ← (*s_arbre).facteur_équilibre
      FinSi
      Si (retour>1) Alors
        retour ← rotation_gauche(s_arbre,père)
      Sinon Si (retour<-1) Alors
        retour ← rotation_droite(s_arbre,père)
      FinSi
    FinSi
    retourner retour
  Fin
```

Voici la fonction rotation_gauche() :

```
Fonction rotation_gauche(s_arbre, père)
Déclarations
  Paramètres s_arbre, père en Pointeur de NoeudArbre
  Variable fils_gauche, petit_fils en Pointeur de NoeudArbre
Début
  rotation ← VRAI
  fils_gauche ←  (*s_arbre).gauche
  Si ( (*fils_gauche).facteur_équilibre = +1) Alors
     // rotation gauche-gauche
     petit_fils ← (*fils_gauche).gauche
     (*s_arbre).gauche ← (*fils_gauche).droit
     (*fils_gauche).droit ← s_arbre
     Si (père <> AUCUNE_ADRESSE) Alors
       Si (((*père).gauche) = s_arbre) Alors
         (*père).gauche ← fils_gauche
       Sinon
         (*père).droit ← fils_gauche
       FinSi
     Sinon // on a changé la racine
       racine ← fils_gauche
     // on met à jour les facteurs d'équilibre
     (*fils_gauche).facteur_équilibre  ← 0
     (*s_arbre).facteur_équilibre      ← 0
     retourner ((*fils_gauche).facteur_équilibre)
  Sinon Si ((*fils_gauche).facteur_équilibre = -1) Alors
     // rotation gauche-droite
     petit_fils ← (*fils_gauche).droit
     (*fils_gauche).droit ← (*petit_fils).gauche
     (*petit_fils).gauche ← fils_gauche
     (*s_arbre).gauche  ← (*petit_fils).droit
     (*petit_fils).droit ← s_arbre
     Si (père <> AUCUNE_ADRESSE) Alors
       Si (((*père).gauche) = s_arbre) Alors
         (*père).gauche ← petit_fils
       Sinon
         (*père).droit ← petit_fils
       FinSi
     Sinon // on a changé la racine
       racine ← petit_fils
     // on met à jour les facteurs d'équilibre
     Si ((*petit_fils).facteur_équilibre = +1) Alors
        (*s_arbre).facteur_équilibre ← -1
        (*fils_gauche).facteur_équilibre ← 0
     Sinon Si ((*petit_fils).facteur_équilibre = 0) Alors
        (*s_arbre).facteur_équilibre ← 0
        (*fils_gauche).facteur_équilibre ← 0
     Sinon Si ((*petit_fils).facteur_équilibre = -1) Alors
```

Exercices

```
      (*s_arbre).facteur_équilibre ← 0
      (*fils_gauche).facteur_équilibre ← +1
    FinSi
    (*petit_fils).facteur_équilibre ← 0
    retourner ((*petit_fils).facteur_équilibre)
  FinSi
Fin
```

Voici la fonction `rotation_droite()` :

```
Fonction rotation_droite(s_arbre, père)
Déclarations
  Paramètres s_arbre, père en Pointeur de NoeudArbre
  Variable fils_droit, petit_fils en Pointeur de NoeudArbre
Début
  rotation ← VRAI
  fils_droit ← (*s_arbre).droit
  Si ((*fils_droit).facteur_équilibre = -1) Alors
     // rotation droite-droite
     petit_fils ← (*fils_droit).droit
     (*s_arbre).droit ← (*fils_droit).gauche
     (*fils_droit).gauche ← s_arbre
     Si (père <> AUCUNE_ADRESSE) Alors
       Si (((*père).gauche) = s_arbre) Alors
         (*père).gauche ← fils_droit
       Sinon
         (*père).droit ← fils_droit
       FinSi
     Sinon // on a changé la racine
       racine ← fils_droit
     FinSi
     // on met à jour les facteurs d'équilibre
     (*fils_droit).facteur_équilibre  ← 0
     (*s_arbre).facteur_équilibre     ← 0
     retourner ((*fils_droit).facteur_équilibre)
  Sinon Si ((*fils_droit).facteur_équilibre = +1) Alors
     // rotation droite-gauche
     petit_fils ← (*fils_droit).gauche
     (*fils_droit).gauche ← (*petit_fils).droit
     (*petit_fils).droit ← fils_droit
     (*s_arbre).droit  ← (*petit_fils).gauche
     (*petit_fils).gauche ← s_arbre
     Si (père <> AUCUNE_ADRESSE) Alors
       Si (((*père).gauche) = s_arbre) Alors
         (*père).gauche ← petit_fils
       Sinon
         (*père).droit ← petit_fils
       FinSi
     Sinon // on a changé la racine
       racine ← petit_fils
     FinSi
     // on met à jour les facteurs d'équilibre
     Si ((*petit_fils).facteur_équilibre = -1) Alors
        (*s_arbre).facteur_équilibre    ← +1
        (*fils_droit).facteur_équilibre ← 0
     Sinon Si ((*petit_fils).facteur_équilibre = 0) Alors
        (*s_arbre).facteur_équilibre    ← 0
        (*fils_droit).facteur_équilibre ← 0
     Sinon Si ((*petit_fils).facteur_équilibre = +1) Alors
        (*s_arbre).facteur_équilibre    ← 0
        (*fils_droit).facteur_équilibre  ← -1
     FinSi
     (*petit_fils).facteur_équilibre ← 0
     retourner ((*petit_fils).facteur_équilibre)
  FinSi
Fin
```

Voici le programme arbre_AVL2.java qui construit un arbre AVL. À chaque insertion, un parcours en largeur affiche l'état de l'arbre.

« Java »

```
// arbre_AVL2.java
import java.io.*;
import java.util.*;
// === class noeud ===
class CNoeudAVL {
   private CNoeudAVL pt_gauche,pt_droit ;
   private int val_donnee,val_facteur_eq  ;
   // constructeur
   public CNoeudAVL(int nb) {val_donnee=nb;val_facteur_eq=0;
                             pt_gauche=null;pt_droit=null;}
   // autres méthodes
   public void change_gauche(CNoeudAVL pt) {this.pt_gauche = pt;}
   public void change_droit(CNoeudAVL pt) {this.pt_droit = pt;}
   public void change_valeur(int _valeur) {this.val_donnee = _valeur;}
   public void change_facteur_equilibre(int _facteur_eq)
               {this.val_facteur_eq = _facteur_eq;}
   public CNoeudAVL gauche() {return this.pt_gauche;}
   public CNoeudAVL droit() {return this.pt_droit;}
   public int valeur() {return this.val_donnee;}
   public int facteur_equilibre() {return this.val_facteur_eq;}
}
// === class arbre ===
class CArbreAVL {
  static final int EQUILIBRE=0;
  static final int VERS_GAUCHE=+1;
  static final int VERS_DROITE=-1;
  private CNoeudAVL pt_racine ;
  boolean rotation;
  // constructeur
  public CArbreAVL() {pt_racine=null;rotation=false;}
  // autres méthodes
  public CNoeudAVL racine(){return pt_racine;}
  public void change_rotation(boolean _rotation)
              {this.rotation = _rotation;}
  // --- méthode insertion_noeud() ---
  public int insertion_noeud(CNoeudAVL s_arbre,int nombre,CNoeudAVL pere)
  {int retour=0 ;
   if (s_arbre == null) // c'est la racine de l'arbre
   {// création d'un nouveau noeud
    pt_racine = new CNoeudAVL(nombre) ;
    System.out.printf("-%4d : racine - \n",pt_racine.valeur()) ;
   }
   else // parcours du sous-arbre pour trouver la position d'insertion
   {if (nombre < s_arbre.valeur())
    {// insertion à gauche
     if (s_arbre.gauche() == null)
     { // création d'un nouveau noeud
       CNoeudAVL nouveau_noeud = new CNoeudAVL(nombre) ;
       System.out.printf("-%4d : fils gauche de",nouveau_noeud.valeur());
       System.out.printf("  %4d -\n",s_arbre.valeur()) ;
       s_arbre.change_gauche(nouveau_noeud) ;
       retour=VERS_GAUCHE ;
     }
     else retour=insertion_noeud(s_arbre.gauche(),nombre,s_arbre) ;
     if ( !rotation)
     {  if (retour<0) retour=-retour;
        s_arbre.change_facteur_equilibre(s_arbre.facteur_equilibre()+
                                         (retour)) ;}
     retour=s_arbre.facteur_equilibre() ;
    }
    else // nombre > s_arbre.valeur
```

```
  {// insertion à droite
   if (s_arbre.droit() == null)
   { // création d'un nouveau noeud
     CNoeudAVL nouveau_noeud = new CNoeudAVL(nombre) ;
     System.out.printf("-%4d : fils droit  de",nouveau_noeud.valeur());
     System.out.printf("  %4d -\n",s_arbre.valeur()) ;
     s_arbre.change_droit(nouveau_noeud) ;
     retour=VERS_DROITE ;
   }
   else retour=insertion_noeud(s_arbre.droit(),nombre,s_arbre) ;
   if ( ! rotation)
   {  if (retour<0) retour=-retour;
      s_arbre.change_facteur_equilibre(s_arbre.facteur_equilibre()-
                                    (retour)) ;}
   retour= s_arbre.facteur_equilibre() ;
  }
  if (retour>VERS_GAUCHE) retour=rotation_gauche(s_arbre,pere) ;
  else if (retour<VERS_DROITE) retour=rotation_droite(s_arbre,pere) ;
 }
 return retour ;
}
// ----Rotation gauche ----
public int rotation_gauche(CNoeudAVL s_arbre,CNoeudAVL pere)
{ int retour=0;
  CNoeudAVL fils_gauche, petit_fils;
  rotation=true ;
  System.out.printf("====ROTATION À GAUCHE DE %d\n",s_arbre.valeur());
  fils_gauche= s_arbre.gauche() ;
  if (fils_gauche.facteur_equilibre() == VERS_GAUCHE)
  { petit_fils= fils_gauche.gauche() ;
    System.out.printf("==> G_GAUCHE fils (%d) ", fils_gauche.valeur());
    System.out.printf(" petit_fils (%d)\n", petit_fils.valeur()) ;
    // on affecte au pointeur gauche de s_arbre
    // le pointeur droit de fils_gauche
    s_arbre.change_gauche(fils_gauche.droit()) ;
    // on affecte s_arbre au pointeur droit de fils_gauche
    fils_gauche.change_droit(s_arbre) ;
    // on fait pointer le père de s_arbre vers fils_gauche
    if (pere != null)
    { if ((pere.gauche()) == s_arbre) pere.change_gauche(fils_gauche);
      else pere.change_droit(fils_gauche) ;
    }
    else // on a changé la racine
      pt_racine=fils_gauche ;
    // on met à jour les facteurs d'équilibre
    fils_gauche.change_facteur_equilibre(EQUILIBRE) ;
    s_arbre.change_facteur_equilibre(EQUILIBRE) ;
    retour=(fils_gauche.facteur_equilibre()) ;
  }
  else if (fils_gauche.facteur_equilibre() == VERS_DROITE)
  { petit_fils=fils_gauche.droit();
    System.out.printf("==> G_DROITE fils (%d) ", fils_gauche.valeur());
    System.out.printf(" petit_fils (%d)\n", petit_fils.valeur()) ;
    // on affecte au pointeur droit de fils_gauche
    // le pointeur gauche de petit_fils
    fils_gauche.change_droit(petit_fils.gauche()) ;
    // on affecte au pointeur gauche de petit_fils, fils_gauche
    petit_fils.change_gauche(fils_gauche);
    // on affecte au pointeur gauche de s_arbre
    // le pointeur droit de petit_fils
    s_arbre.change_gauche(petit_fils.droit());
    // on affecte au pointeur droit de petit_fils, s_arbre
    petit_fils.change_droit(s_arbre);
    // on fait pointer le père de s_arbre sur petit_fils
    if (pere != null)
```

```
      { if ((pere.gauche()) == s_arbre) pere.change_gauche(petit_fils);
        else pere.change_droit(petit_fils);
      }
      else // on a changé la racine
        pt_racine=petit_fils ;
      // on met à jour les facteurs d'équilibre
      if (petit_fils.facteur_equilibre() == VERS_GAUCHE)
      { s_arbre.change_facteur_equilibre(VERS_DROITE);
        fils_gauche.change_facteur_equilibre(EQUILIBRE);
      }
      else if (petit_fils.facteur_equilibre() == EQUILIBRE)
      { s_arbre.change_facteur_equilibre(EQUILIBRE);
        fils_gauche.change_facteur_equilibre(EQUILIBRE);
      }
      else if (petit_fils.facteur_equilibre() == VERS_DROITE)
      { s_arbre.change_facteur_equilibre(EQUILIBRE);
        fils_gauche.change_facteur_equilibre(VERS_GAUCHE);
      }
      petit_fils.change_facteur_equilibre(EQUILIBRE);
      retour=(petit_fils.facteur_equilibre()) ;
    }
    return retour;
  }
  // ----Rotation droite ----
  public int rotation_droite(CNoeudAVL s_arbre,CNoeudAVL pere)
  { int retour=0;
    CNoeudAVL fils_droit, petit_fils;
    rotation=true ;
    System.out.printf("====ROTATION À DROITE DE %d\n",s_arbre.valeur());
    fils_droit= s_arbre.droit();
    if (fils_droit.facteur_equilibre() == VERS_DROITE)
    { petit_fils= fils_droit.droit();
      System.out.printf("==> D_DROITE fils (%d) ", fils_droit.valeur());
      System.out.printf(" petit_fils (%d)\n", petit_fils.valeur()) ;
      // on affecte au pointeur droit de s_arbre
      // le pointeur gauche de fils_droit
      s_arbre.change_droit(fils_droit.gauche()) ;
      // on affecte s_arbre au pointeur droit de fils_gauche
      fils_droit.change_gauche(s_arbre);
      // on fait pointer le père de s_arbre vers fils_droit
      if (pere != null)
      { if ((pere.gauche()) == s_arbre) pere.change_gauche(fils_droit);
        else pere.change_droit(fils_droit);
      }
      else // on a changé la racine
        pt_racine=fils_droit ;
      // on met à jour les facteurs d'équilibre
      fils_droit.change_facteur_equilibre(EQUILIBRE);
      s_arbre.change_facteur_equilibre(EQUILIBRE);
      retour=(fils_droit.facteur_equilibre()) ;
    }
    else if (fils_droit.facteur_equilibre() == VERS_GAUCHE)
    { petit_fils= fils_droit.gauche() ;
      System.out.printf("==> D_GAUCHE fils (%d) ", fils_droit.valeur());
      System.out.printf(" petit_fils (%d)\n", petit_fils.valeur()) ;
      // on affecte au pointeur gauche de fils_droit
      // le pointeur droit de petit_fils
      fils_droit.change_gauche(petit_fils.droit());
      // on affecte au pointeur droit de petit_fils, fils_droit
      petit_fils.change_droit(fils_droit);
      // on affecte au pointeur droit de s_arbre
      // le pointeur gauche de petit_fils
      s_arbre.change_droit(petit_fils.gauche());
      // on affecte au pointeur gauche de petit_fils, s_arbre
      petit_fils.change_gauche(s_arbre);
```

```
      // on fait pointer le père de s_arbre sur petit_fils
      if (pere != null)
      { if ((pere.gauche()) == s_arbre) pere.change_gauche(petit_fils) ;
        else pere.change_droit(petit_fils);
      }
      else // on a changé la racine
        pt_racine=petit_fils ;
      // on met à jour les facteurs d'équilibre
      if (petit_fils.facteur_equilibre() == VERS_DROITE)
      { s_arbre.change_facteur_equilibre(VERS_GAUCHE);
        fils_droit.change_facteur_equilibre(EQUILIBRE);
      }
      else if (petit_fils.facteur_equilibre() == EQUILIBRE)
      { s_arbre.change_facteur_equilibre(EQUILIBRE);
        fils_droit.change_facteur_equilibre(EQUILIBRE);
      }
      else if (petit_fils.facteur_equilibre() == VERS_GAUCHE)
      { s_arbre.change_facteur_equilibre(EQUILIBRE);
        fils_droit.change_facteur_equilibre(VERS_DROITE);
      }
      petit_fils.change_facteur_equilibre(EQUILIBRE);
      retour=(petit_fils.facteur_equilibre()) ;
    }
    return retour;
  }
  // ----méthode de recherche d'un noeud ----
  public CNoeudAVL recherche_arbre(int nombre)
  { CNoeudAVL noeud_trouve=null, noeud_courant=this.racine() ;
    while (noeud_courant != null)
    { if (noeud_courant.valeur() == nombre)
      { noeud_trouve= noeud_courant ;
        noeud_courant = null ; }
      else if (nombre < noeud_courant.valeur())
         noeud_courant = noeud_courant.gauche() ;
      else
         noeud_courant = noeud_courant.droit() ;
    }
    return noeud_trouve ;
  }
  // ----Parcours par niveau en mode itératif  ----
  public void ParcoursParNiveau(CNoeudAVL noeud_courant)
  { CFile File=new CFile();
    File.enfiler(noeud_courant) ;
    while ( ! File.file_vide())
    { noeud_courant=File.defiler() ;
      System.out.printf("[%2d ",noeud_courant.valeur());
      System.out.printf("%+2d ",noeud_courant.facteur_equilibre());
      if ((noeud_courant.gauche())==null) System.out.printf("(Gnull ");
      else System.out.printf("(G%d ",(noeud_courant.gauche()).valeur());
      if ((noeud_courant.droit())==null) System.out.printf("Dnull)] ");
      else System.out.printf("D%d)] ",(noeud_courant.droit()).valeur());
      if (noeud_courant.gauche() != null)
         File.enfiler(noeud_courant.gauche()) ;
      if (noeud_courant.droit() != null)
         File.enfiler(noeud_courant.droit()) ;
    }
  }
}
// === Classe pour la File ===
 class CFile {
   static final int TAILLE=100;
   private CNoeudAVL[] file;
   private int debut_file, fin_file ;
   // constructeur
   public CFile(){debut_file=0;fin_file=0;file=new CNoeudAVL[TAILLE];}
```

```
   // autres méthodes
   public void initialiser_file() {debut_file=0; fin_file=0 ;}
   public void enfiler(CNoeudAVL noeud_courant)
            {file[fin_file++] = noeud_courant ;}
   public CNoeudAVL defiler() {return file[debut_file++] ;}
   public boolean file_vide() {return (debut_file == fin_file) ;}
}
// ====programme principal====
public class arbre_AVL2 {
 public static void main(String[] args) {
  CArbreAVL ArbreAVL = new CArbreAVL();
  System.out.printf("Entrez une suite de valeurs entières ");
  System.out.printf("terminée par -1 :\n");
  // --- construction de l'arbre de recherche ---
  Scanner Entree = new Scanner(System.in);
  int nb=0;
  while (nb != -1)
  { nb = Entree.nextInt() ;
    if (nb != -1)
    { // --- insertion dans l'arbre ---
     ArbreAVL.change_rotation(false);
     ArbreAVL.insertion_noeud(ArbreAVL.racine(),nb,null);
     // --- Affichage de l'état de l'arbre ---
     ArbreAVL.ParcoursParNiveau(ArbreAVL.racine()) ;
     System.out.printf("\n") ;
    }
  }
  System.out.printf("\nEntrez le nombre entier a rechercher : ");
  nb=Entree.nextInt() ;
  Entree.close();
  // --- recherche dans l'arbre ---
  CNoeudAVL noeud=ArbreAVL.recherche_arbre(nb);
  if (noeud == null) System.out.printf("Valeur non trouvée  \n");
  else System.out.printf("%d trouvée\n",nb);
 }
}
```

Voici un exemple d'exécution sur les valeurs 26, 41, 33, 50, 65, 20, 22, 18. L'affichage entre crochets présente les informations de chaque nœud, soit sa valeur et son facteur d'équilibre, et entre parenthèses, son fils gauche (préfixé par G) et son fils droit (préfixé par D).

```
$ java arbre_AVL2
Entrez une suite de valeurs entières terminée par -1 :
26 41 33 50 65 20 22 18 -1
-  26 : racine -
[26 +0 (Gnull Dnull)]
-  41 : fils droit  de    26 -
[26 -1 (Gnull D41)] [41 +0 (Gnull Dnull)]
-  33 : fils gauche de    41 -
====ROTATION À DROITE DE 26
==> D_GAUCHE fils (41)  petit_fils (33)
[33 +0 (G26 D41)] [26 +0 (Gnull Dnull)] [41 +0 (Gnull Dnull)]
-  50 : fils droit  de    41 -
[33 -1 (G26 D41)] [26 +0 (Gnull Dnull)] [41 -1 (Gnull D50)] [50 +0 (Gnull Dnull)]
-  65 : fils droit  de    50 -
====ROTATION À DROITE DE 41
==> D_DROITE fils (50)  petit_fils (65)
[33 -1 (G26 D50)] [26 +0 (Gnull Dnull)] [50 +0 (G41 D65)] [41 +0 (Gnull Dnull)] [65
+0 (Gnull Dnull)]
-  20 : fils gauche de    26 -
[33 +0 (G26 D50)] [26 +1 (G20 Dnull)] [50 +0 (G41 D65)] [20 +0 (Gnull Dnull)] [41 +0
(Gnull Dnull)] [65 +0 (Gnull Dnull)]
-  22 : fils droit  de    20 -
====ROTATION À GAUCHE DE 26
```

```
==> G_DROITE fils (20)  petit_fils (22)
[33 +0 (G22 D50)] [22 +0 (G20 D26)] [50 +0 (G41 D65)] [20 +0 (Gnull Dnull)] [26 +0
(Gnull Dnull)] [41 +0 (Gnull Dnull)] [65 +0 (Gnull Dnull)]
-  18 : fils gauche de    20 -
[33 +1 (G22 D50)] [22 +1 (G20 D26)] [50 +0 (G41 D65)] [20 +1 (G18 Dnull)] [26 +0
(Gnull Dnull)] [41 +0 (Gnull Dnull)] [65 +0 (Gnull Dnull)] [18 +0 (Gnull Dnull)]
```

Entrez le nombre entier à rechercher **:18**

18 trouvée

L'arbre final obtenu avec cette suite de valeurs est totalement différent de celui présenté à la figure 7.4 lorsque aucun rééquilibrage n'est effectué. La figure 7.9 présente les étapes de cette construction.

Figure 7.9

Étapes de construction d'un arbre AVL.

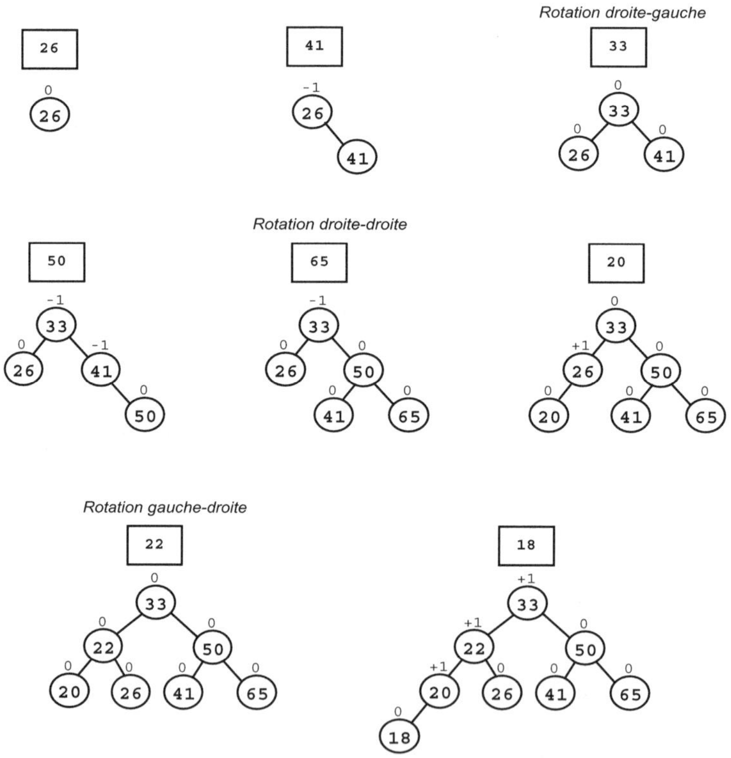

Index

T

W

Dépôt légal : juin 2006 - IMPRIMÉ EN FRANCE
Achevé d'imprimer le 8 juin 2006 sur les presses de l'imprimerie «La Source d'Or» - 63200 Marsat - Imprimeur n° 9976